Wider die Wohlfahrtsdiktatur

Zehn liberale Stimmen

Wider die Wohlfahrtsdiktatur

Zehn liberale Stimmen

herausgegeben von Roland Baader

RESCH REIHE

*Dieses Buch ist Herrn Heinz Heiler und seinem Unternehmen,
der Firma G. A. Müller GmbH + Co. KG, Waghäusel, gewidmet,
die anläßlich ihres 75. Firmenjubiläums (1995)
die Herausgabe des Bandes II der Reihe „Freiheitsdenker der Gegenwart"
finanziell gefördert und damit der Idee der Freiheit gedient haben.*

1. Auflage 1995
© 1995 Dr. Ingo Resch GmbH
D-82166 Gräfelfing, Maria-Eich-Straße 77
Alle Rechte vorbehalten
Umschlag: Norbert Dinkel, München
Satz: Filmsatz Schröter GmbH, München
Druck: Jos. C. Huber KG, Dießen/Ammersee
Printed in Germany
ISBN 3-930039-34-6

Inhalt

Vorwort
des Herausgebers

Heute noch, ja heute erst recht – und wahrscheinlich für alle Zeit – haben die Sätze Gültigkeit, die uns Ortega y Gasset 1927 in seinem berühmten Werk „Aufstand der Massen" hinterlassen hat. „Der Liberalismus", schreibt er dort, „ist das politische Rechtsprinzip, nach welchem die öffentliche Gewalt, obgleich sie allmächtig ist, sich selbst begrenzt und, sei es auch auf ihre eigenen Kosten, eine Stelle für jene frei läßt, die anders denken und fühlen als sie, das heißt als die Starken, als die Majorität. Der Liberalismus … ist die äußerste Großmut; er ist das Recht, das die Majorität der Minorität einräumt, und darum die edelste Losung, die auf dem Planeten erklungen ist. Er verkündet den Entschluß, mit dem Feind, – mehr noch: mit dem schwachen Feind – zusammenzuleben. Die Wahrscheinlichkeit war gering, daß die Menschheit eine so schöne, geistreiche, halsbrecherische und widernatürliche Sache erfinden würde. So ist es kein Wunder, wenn nun dieselbe Menschheit entschlossen scheint, sie aufzugeben. Ihre Ausübung ist allzu schwierig und verwickelt, als daß sie auf dieser Erde Wurzel schlagen könnte."

Nun hatte der feinfühlige Philosoph seinen deprimierenden Schluß zu einer Zeit gezogen, als die Welt sich tatsächlich anschickte, auf den Abgrund und auf ihre wohl finsterste Epoche zuzusteuern. Doch heute, nach dem Zerfall jenes Sowjetmolochs, den Ronald Reagan „das Reich der Finsternis" genannt hatte, und nach dem Zusammenbruch aller sozialistischen Unrechts- und Elends-Staaten des Ostens, befinden wir uns nicht endlich auf dem Pfad der Freiheit? Ist es wirklich noch zeitgemäß, die Sache des Liberalismus als „allzu schwierig und verwickelt" zu betrachten „als daß sie auf dieser Erde Wurzel schlagen könnte"?

Vieles, ja Entscheidendes hat sich natürlich zum Besseren gewandelt. Besonders wir Deutsche konnten die längste Friedens- und die höchste Wohlstandsperiode unserer Geschichte genießen. Und doch besteht wenig Anlaß, am resignierenden Urteil Ortegas über das Schicksal des Liberalismus zu zweifeln. Wir können beispielsweise, um bei unserem

Land zu bleiben, ganz aktuell beobachten, wie durchschlagend die Strategie des medienbeherrschenden Linkskartells aufgeht, die Bevölkerung auf dem linken Auge blind und auf dem rechten schielend zu machen, wie – anders gesagt – mit dem Trick der Durchsetzung eines einäugigen antifaschistischen Konsenses der klar- und vollsichtige antitotalitäre Konsens aufgelöst wird. Mit dem Ergebnis, daß die Gefahren einer am Horizont sich abzeichnenden Volksfront nicht mehr erkannt werden, daß die keimende Saat eines neuen Totalitarismus im ökologischen, grün-alternativen, feministischen und radikal-emanzipatorischen Gewand zunehmend aufblühen kann, und mit der Folge, daß jede politische Figur – von Jenninger über Heitmann bis Eggert – verbal exekutiert werden kann, die auch nur einen Zentimeter rechts des dunkelroten Meridians steht. Hierher gehört auch der Erfolg des uralten Täuschungsmanövers der sozialistischen Desinformazia-Eliten, Systemkritik zu vermeiden, indem man der Personenkritik eine grandiose Bühneninszenierung bereitet. Die versteckte und überaus wirksame Botschaft lautet (am Beispiel der Ex-DDR vorgeführt): Der „zutiefst humane, edle und moralische Kern" der sozialistischen Idee behält seine Gültigkeit, weil das Scheitern des real existierenden Sozialismus nicht seiner theoretischen Grundlage zuzuschreiben ist, sondern der menschlichen Schwäche seiner Exegeten namens Stasi und Stasi-Mitläufer. In Wirklichkeit jedoch waren die KGB- und Stasi-Häscher des roten Sozialismus und die Gestapo-Schächer des braunen Sozialismus nicht Perversionen seiner Systemlogik, sondern deren Perfektion.

Auf diese Weise wurde und wird auch die einzigartige historische Chance verpaßt, die viertel-, halb- und dreiviertelsozialistischen Subsysteme (bspw. Gesundheits- und Bildungswesen, Wohnungs- und Agrar-„markt") des angeblich „kapitalistischen" Westens gegen das korrespondierende Raster des zusammengebrochenen Voll-Sozialismus zu kontrastieren, sowie die Chance, dabei feststellen zu können, daß sich die „soziale" Marktwirtschaft des westlichen Sozial- und Wohlfahrtsstaates nur noch graduell von den Zerstörungsökonomien des vormaligen Ostblocks unterscheidet, und daß wir uns – aus eben diesem Grund – auf demselben schlüpfrigen Pfad in den Niedergang befinden, wenngleich mit der angezogenen Handbremse einiger (noch) funktionierender Märkte.

Um so hartnäckiger kann sich der Irrglaube halten und ausbreiten, der Sozialstaat sei die „humane", „aufgeklärte", „moralische" und „menschenwürdige" Variante der eigentlich „kalten" und „erbarmungslosen" kapitalistischen Marktwirtschaft. Tatsächlich jedoch handelt es sich hierbei um den gleichen fatalen Irrtum und um denselben inbrünstig verbreiteten Aberglauben wie bei der Mähr vom edlen und menschenwürdigen Sozialismus, die sich auch durch die Hunderte von Millionen Opfer dieser Art von „Menschlichkeit" nicht grundlegend erschüttern läßt. In Wahrheit handelt es sich beim einen (dem „hard core"-Sozialismus) wie beim anderen (dem Sozial- und Wohlfahrtsstaat) um einen quasi-religiösen Götzenkult, um eine Ersatz-Religion, deren tiefenpsychologische Macht in der Logik der Abkehr des (im Marxschen Sinne) materialistischen Zeitalters von jeglicher Metaphysik begründet liegt.

Ohne meinen Co-Autoren vorgreifen zu wollen (sondern eher, um erhöhte Aufmerksamkeit auf ihre Beiträge zu lenken), sei hier kurz umrissen, in welch grundlegender und vielfältiger Weise der Sozial- und Wohlfahrtsstaat – abgesehen von seiner ökonomischen Ineffizienz – das wahrhaft „Soziale" verstellt, verschüttet und zerstört:

1. Der Sozialstaat verstellt die **Sicht** auf Not.
Weil sich das Machtkalkül und die Stimmenfangstrategie der politischen Kasten auf jeweils größere Wählergruppen richtet, wurden die Sozialhilfe und alle sonstigen zweifelhaften Wohltaten des Wohlfahrtsstaates entpersönlicht und anonymisiert bzw. auf holistische Entitäten (Bevölkerungsgruppen) ausgerichtet. Wer in solchen schwammig definierten Ganzheiten wirklich hilfsbedürftig ist – und in welchem Maße, warum und wie lange, ist nicht mehr erkennbar. Also muß mit der Gießkanne ausgeteilt werden. Die in tatsächlicher Not lebenden Menschen kommen hierbei meistens zu kurz oder gar nicht in den Genuß des Sprühregens; je mehr Zeit verstreicht (und sich also die Verhältnisse innerhalb der „begossenen" Gruppen ändern), desto weniger. Auch lernen die Cleveren innerhalb des Empfänger- und Nutznießer-Blocks rasch, den Segen auf sich zu ziehen und die weniger skrupellosen Mitglieder leer ausgehen zu lassen. Schließlich ist weder innerhalb des begünstigten Bevölkerungssegments noch in der aus vielen umhätschelten Gruppierungen bestehenden ganzen

Wohlfahrtsgesellschaft mehr erkennbar, wer wo, wann und in welchem Ausmaß zu den Nettonutznießern oder zu den Nettozahlern des großen Umverteilungsspiels gehört. Jasays „Butterfaßgesellschaft" (churning society) ist installiert und verstellt die Sicht auf echte Armut und tatsächliche Not.

2. Der Sozialstaat zerstört den **Willen** zur Hilfe.

Die Einwohner des Sozialstaates (und insbesondere die seines Perfektionsmodells, des Wohlfahrtsstaates) erkennen im Lauf der Zeit, daß es sich bei der allgegenwärtigen Sozialparole um ein politisches Schwindeletikett handelt. Die Großrhetoren der Parteien und Interessenverbände sagen „Sozialpolitik" und meinen Umverteilung zugunsten der jeweils eigenen Klientel. Die mit pharisäerhafter Scheinmoral vorgetragenen Funktionärsphrasen vom „gerechten Anspruch auf ..." erzeugen bei einigen Bevölkerungsschichten die Neigung zu immer dreisterem Fordern, bei anderen das Gefühl, schamlos ausgebeutet und zur Melkkuh des politischen Stimmenschachers zu werden. Auf diese Weise wird inmitten der friedlichen Marktgesellschaft Klassenkampfstimmung erzeugt und ganze Berufs-, Einkommens-, Vermögens-, Alters-, Familienstands- und Geschlechts-Gruppierungen gegeneinander aufgebracht. Die Bereitschaft zur Hilfe und zur karitativen Zuwendung sinkt rapide. Der Blick für wirkliches Elend und echte Not wird stumpf, das Gefühl der Nächstenliebe und des menschlichen Erbarmens erkaltet.

Hinzu kommt, daß mit den staatlich erzwungenen Kollektivversicherungen gegen nahezu alle Lebensrisiken die Notwendigkeit zum zwischenmenschlichen Beistand schwindet – und damit auch der Wille zur helfenden Tat. Jene kleinen Einheiten und Institutionen, in denen menschliche Wärme, Zuwendung, Hilfsbereitschaft, Liebe und Beistand geboren, gelehrt, eingeübt, erprobt, vermittelt und bewahrt werden, nämlich Familie, Sippe, Nachbarschaft, Freundeskreis, Kirche und karitative Vereinigung: sie zerfallen, lösen sich auf und verwandeln sich bestenfalls in Rückzugsnischen für Eigenbrötler. Erkranken und degenerieren aber diese eigentlichen Zellen des wahrhaft „Sozialen", so siecht auch der große Sozialkörper, die Gesellschaft, dahin.

3. Der Sozialstaat verschüttet die **Fähigkeit** zur Hilfe.

Weil es, wie gesagt, im ideologisch-politischen Machtkampf des demokratischen Sozialstaates nicht wirklich um das Karitativ-Soziale geht, sondern um egalitaristisch und wahltaktisch motivierte Umverteilung, werden immer neue Bevölkerungsgruppen und immer mehr Lebensbereiche – und endlich das *gesamte* Leben *aller* Bürger – vom doppelgesichtigen Prozeß der fiskalischen Ausbeutung einerseits und des Vollkasko-Transfers andererseits erfaßt. Schließlich arbeiten die „demokratischen" Steuersklaven zur Hälfte oder zu drei Vierteln und mehr ihres Lebens für den Staat und für den illusorischen Machbarkeitswahn und die Regulierungs-, Subventions-, Protektions- und Interventionswut seiner Funktionärskasten und Interessenkartelle. Die der eigenen Vorsorge und der freiwilligen privaten Fürsorge dienenden Budget-Teile schrumpfen und werden mit fortschreitendem Wuchern des Wohlfahrtsstaates sogar negativ; das heißt: der Bürger ist nicht nur finanziell nicht mehr in der Lage, für sich und die Seinen hinsichtlich Alter, Krankheit, Arbeitslosigkeit, Invalidität, Ausbildung der Kinder etc. eigenverantwortlich vorzusorgen, sondern er wird sogar zur Bestreitung seines normalen Lebensunterhalts von staatlicher Hilfe und von der Unterstützung durch das Kollektiv abhängig. Hinzu treten die „moral hazard"-Verführungen und die ungezügelten Selbstausbeutungs-Anreize des Systems „Öffentlicher Güter", welche den Sozialstaat nun seinerseits in den Bankrott treiben. Neben dem (angeblich dem Schutz von allem und jedem dienenden) krebsartigen Wuchern der Vorschriften und „Sozial"-Gesetze steuern explodierende Lohnnebenkosten, Abgaben, Inflation und uferlose Staatsverschuldung ein übriges bei, um das Unternehmertum zu entmutigen, den Mittelstand auszurotten, das Kapital zu vertreiben, die Ersparnisse aufzuzehren, das Investitionsrisiko unkalkulierbar zu machen und die Effizienz des sozio-ökonomischen Systems „Marktwirtschaft" insgesamt zu ruinieren. Weil aber der Antriebsriemen des Marktes genau aus jener „Ungleichheit" der Einkommen und Vermögen besteht, welche sich in einer freien Wirtschaftsordnung als das Resultat unterschiedlicher Leistungen, Fähigkeiten und Kenntnisse, aber auch als das Resultat unterschiedlichen Glücks oder Unglücks, sowie unterschiedlicher Aufstiegsmotivationen und Lebensziele herausbilden, ist

die offene oder versteckte Gleichheitsmanie des Sozialstaates auch genau der harzige Pich, der die Maschinerie zum Erliegen bringt. Der
einzige Mechanismus, der dem wahrhaft „Sozialen", dem Ausmerzen
von Armut, Not und Abhängigkeit dienen kann, wird sukzessive ab-
gewürgt. Um so mehr steigt die Bedürftigkeit vieler Menschen, um so
lauter werden die Rufe nach staatlichen Transfers, um so schneller
dreht sich die bürokratische Spirale aus Ausbeutung und Umverteilung, und um so rascher versinkt deshalb wiederum die Ökonomie im
Morast der Ineffizienz. Der Teufelskreis schließt sich, immer wieder
und immer tiefer. Parallel zum geschwundenen *Willen* zur Hilfe
kommt nun auch die *Fähigkeit* zu nahezu jeglicher wirksamen Hilfe
zum Erliegen. Der Götze des Kollektiv-Sozialen hat das göttliche
Feuer des wahrhaft Menschlichen ausgelöscht.

4. Der Sozialstaat erodiert den Willen und die Fähigkeit zur **Selbsthilfe**
   und zur Übernahme von **Eigenverantwortung**.
   Der Mensch ist ein soziales – und das heißt ein gesellschaftliches, auf
   Kommunikation physisch, psychisch, emotionell, seelisch und existenziell angewiesenes Wesen. Wenn er dies aber sein will (und er *muß*
   es sein, um leben und überleben zu können), so darf er nicht nur „sozial" im Sinne der Hinwendung auf andere sein, sondern dann muß er
   für diese anderen auch ernst zu nehmender Partner, verläßlicher Kon-
   trahent und selbständige Person sein. Anders gesagt: Er muß Eigeninitiative, individuelle Persönlichkeit, Selbsterhaltungskraft und
   Eigenverantwortlichkeit entwickeln. Nur dann hat er auch die Zeit,
   die geistige und körperliche Potenz, die intellektuelle und emotionale
   Kapazität, sich anderen zuzuwenden und Partner, Freund, Gefährte
   oder verläßlicher Helfer sein zu können. Die angeführten Aspekte, die
   sich auf das Soziale als Objektphänomen konzentrieren (im Sinne der
   Hinwendung zu anderen), gelten deshalb auch spiegelbildlich für dessen subjektive Seite (im Sinne der Hinwendung des Sozialwesens
   Mensch zu sich selber). Wenn der Kern des Sozialen die Abwesenheit
   von Not ist, dann sind auch das Erkennen der Notwendigkeit von
   Eigenverantwortung und der Wille und die Fähigkeit zur Selbsthilfe
   und zur Eigenvorsorge notwendige Voraussetzungen und begleitende
   Bedingungen zu diesem Ziel. In spiegelbildlicher Konsequenz zer-

stören, verstellen und verschütten die Mechanismen und Implikationen des Sozialstaats auch diese Komponenten des wahrhaft Sozialen.
Die auf das menschliche Zusammenleben wirkende Erosionsdynamik
des Sozialstaats ist kein Phänomen der sich addierenden, sondern der
sich potenzierenden Zerstörungskräfte.

Soviel zur grundsätzlichen Thematik des vorliegenden Bandes. Das alles
darf jedoch keineswegs zu Resignation verführen. Im Gegenteil: Da es
keinen deterministischen Geschichtsverlauf gibt und alle gesellschaftlichen Entwicklungen Menschenwerk sind, und gerade weil die angesprochenen Fehlentwicklungen meistens das Werk falscher Information
und (oft absichtlich herbeigeführter) Meinungsmanipulation sind, bleibt
die Chance bestehen, all dem mit wissenschaftlich fundierter und seriö-
ser Aufklärung entgegenzuwirken. Die Freunde der Freiheit müssen sich
der Aufgabe stellen, ihre kritischen Analysen und ihre Erkenntnisse über
die wahren Funktionsmechanismen der Wirtschafts- und Gesellschaftsordnungen über die engen akademischen Zirkel hinaus in ein breites
Publikum zu tragen. Und der interessierte und freiheitsliebende Bürger
bleibt aufgerufen, seinerseits als Multiplikator und Mitstreiter im ewigen
Ringen um die Wahrung und Mehrung des stets gefährdeten Kleinods
namens Persönliche Freiheit zu wirken. Im Vorwort zu seinem berühmten Buch „Brave new world" (1949) hat Aldous Huxley uns allen die
Mahnung hinterlassen: „Die größten Triumphe der Propaganda wurden
nicht durch Handeln, sondern durch Unterlassen erreicht. Groß ist die
Wahrheit, größer aber, vom praktischen Gesichtspunkt, ist das Ver-
schweigen der Wahrheit." Aber auch ein zweiter Satz an gleicher Stelle
ist unvermindert aktuell, nämlich: „Nur eine große Dezentralisierung er-
strebende Volksbewegung könnte die gegenwärtige Tendenz zur Staats-
allmacht aufhalten." Was Aldous Huxley wohl zur im Maastricht-Vertrag angelegten Reise in ein zentralistisches Großeuropa gesagt hätte?
    Im Vorwort zum ersten Band der Reihe „Freiheitsdenker der Gegen-
wart" hatte der Herausgeber an die deutsche Unternehmerschaft appelliert, anläßlich von Jubiläen, Weihnachtsfeiern u.ä. mehr für die Verbreitung freiheitlichen und marktwirtschaftlichen Ideenguts zu tun als (wie
bislang) zur Verbreitung von Weinflaschen, Kalendern und Kugelschrei-
bern. Zumindest in einem Fall hat der Anstoß gewirkt, weshalb der vor-

liegende Folgeband – dank des großherzigen Sponsorbeitrags zu den
Druckkosten – rascher erscheinen konnte als ursprünglich geplant war.
Die Unterstützung hat es auch ermöglicht, daß hier einige der besten
Köpfe des stringenten Liberalismus aus dem angelsächsischen Raum und
herausragende Vertreter des amerikanischen 'libertarianism' (trotz der
hohen Übersetzungskosten) vorgestellt werden können. Angesichts des
Diaspora-Schicksals, das die Idee der Freiheit in Deutschland erleiden
muß und angesichts der geistigen Wüste, die der über hundert Jahre alte
Wohlfahrtsstaat hierzulande hinterlassen hat, kann man eine solche
Chance nicht hoch genug schätzen. Was in Großbritannien und vor
allem in den USA von einem runden Dutzend marktwirtschaftlicher
„think tanks" (= von privaten Spenden getragene Denkfabriken) wahrgenommen wird, nämlich die Verbreitung tausender aufklärender
Schriften und die Organisation ebenso vieler Vortrags- und Schulungs-
veranstaltungen, das ist leider in Deutschland – gewissermaßen en minia-
ture – der seltenen und kostspieligen Initiative Einzelner überlassen –
mit entsprechend geringer Wirkung auf die öffentliche und veröffent-
lichte Meinung. Als um so wichtiger erweist sich das Bemühen, den
deutschen Leser auch einmal in die reiche freiheitliche Denktradition der
englischsprechenden Welt „hineinschnuppern" zu lassen. Zumal die akademische Fachliteratur der Nationalökonomie inzwischen zu nahezu
einhundert Prozent aus Publikationen in englischer Sprache besteht und
das nicht-fachgeprägte Publikum deshalb erst recht aus der qualifizierten
ökonomischen Diskussion ausgegrenzt bleibt.

Besondere Freude hat es dem Herausgeber und den Co-Autoren bereitet, daß der tschechische Regierungschef, Václav Klaus, seine Mitwirkung am vorliegenden Band zugesagt hat und den Reigen der Beiträge
anführt. Ist er doch für sein vom roten Sozialismus ruiniertes Land das
idealtypische Pendant zu dem, was Ludwig Erhard für das vom braunen
Sozialismus zerstörte Deutschland gewesen ist. Geistig gestählt in der
freimarktwirtschaftlichen Ideenschmiede Walter Euckens und Wilhelm
Röpkes, begleitet von Charakterstärke und politischer Standfestigkeit
ebenso wie vom glücklichen Zufall der historischen Umstände, hat
Erhard – und nur er allein (gegen den Widerstand *aller* Parteien!) – die
ordnungspolitischen, institutionellen und währungstechnischen Voraussetzungen dafür geschaffen, daß das ausgeblutete, vom Krieg völlig zer-

störte und von Flüchtlingsmassen überlastete Deutschland innerhalb nur
weniger Jahre zu einem weltweit bestaunten „Wunderland" werden
konnte. Und weil Freiheit und Marktwirtschaft (sprich: Wohlstand) sia-
mesische Zwillinge sind, ist es dem Erhardschen Wirtschaftswunder gleichermaßen zuzuschreiben, daß die Bundesrepublik auch eine in der
deutschen Geschichte einzigartige Periode der Freiheitsmehrung erleben
durfte (eine Entwicklung, die seit der Nach-Erhard-Zeit und insbesondere seit der sogenannten „68er-Revolution" leider wieder in der Gegen-
richtung verläuft).

Die Parallelen in der politischen Figur des tschechischen Ministerpräsidenten sind geradezu verblüffend. Auch er ist in der Ideenwelt Walter
Euckens verwurzelt (siehe seinen Beitrag in diesem Band), auch er ist in
historischer Stunde an die Spitze eines vom kollektivistischen Ungeist
ruinierten Landes berufen worden, und auch er leistet kraft seines un-
beugsamen Charakters unermüdliche Aufklärungs- und Überzeugungs-
arbeit, um sein marktwirtschaftliches Reformwerk gegen ungezählte
Widersacher und politische Widerstände durchsetzen zu können. Und er
ist es auch, der den lauen Dritt- und Mittelweglern, den Zauderern und
Zweiflern am steinigen Weg in eine adjektivlose Marktwirtschaft den
Satz entgegenstellt: „Der ‚dritte Weg' zwischen Marktwirtschaft und
Sozialismus: das ist der schnellste Weg in die Dritte Welt." So betrachten
es Herausgeber und alle Mitwirkenden als hohe Ehre, sich mit ihm als
Co-Autor unter demselben Einband versammelt zu wissen.

Nicht minder bedeutsam ist der geistige Leckerbissen, den Anthony
de Jasay dem interessierten Leser anzubieten hat. Von vielen Insidern der
Politischen Ökonomie als der bedeutendste Sozialphilosoph unserer
Jahrhunderthälfte gepriesen, sind seine (fast ausschließlich in Englisch
verfaßten) Schriften im deutschsprachigen Raum – jedenfalls außerhalb
der rein akademischen Fachzirkel – dennoch weitgehend unbekannt geblieben. (Es ist dem Ullstein/Propyläen-Verlag und der brillanten Über-
setzungskunst Monika Streisslers zu danken, daß in Kürze wenigstens
seine bahnbrechende Publikation „Choice, Contract, Consent" in
Deutsch greifbar sein wird.) Man darf an dieser Stelle getrost eine Pro-
gnose wagen: Was Anthony de Jasay im vorliegenden Band mit seinem
(vom Trierer Philosophen Dr. Hardy Bouillon meisterlich ins Deutsche
übertragenen) Beitrag „Über Umverteilung" vorstellt, wird sich binnen

kurzer Zeit als *der* themenspezifische Standardtext herausstellen, an dem
kein Student, kein Diplomand und kein Doktorand eines Fachbereichs
der Politischen Ökonomie wird vorbeigehen können. Der Herausgeber
hegt jedoch die Hoffnung, daß die hier vorgelegte Anthologie dazu bei-
tragen möge, das Thema „Umverteilung" und seine verheerenden Implikationen für den politischen und sozio-ökonomischen Zeitgeist des gesamten zwanzigsten Jahrhunderts auch einem breiteren gebildeten Publikum nahezubringen.

Viele der weiteren Co-Autoren stehen den genannten an Prominenz
nicht nach, sollen jedoch an dieser Stelle nicht gesondert erwähnt werden, weil der Leser sich aus den den Beiträgen angehängten Autorenpor-
traits (und natürlich anhand der Beiträge selbst) sein eigenes Urteil bilden kann und soll. Bedeutsamer ist, was *alle* Mitwirkenden verbindet,
nämlich – jenseits der vergänglichen mehr oder weniger großen Prominenz – die zeitlose fachliche Kompetenz, eine jeweils überragende
Qualifikation, welche die Buchreihe „Denker der Freiheit" zum hohen
Anspruch erhoben hat. Was sie darüber hinaus verbindet, ist – ökonomisch ausgedrückt – ihre „Knappheit", denn die Zahl der *wirklich* liberalen Geister und der *echten* Freunde der Freiheit unter den Intellektuellen ist gering im sozialdemokratischen zwanzigsten Jahrhundert. Neben
ausbildungsspezifischen Ursachen (welche der überfüllten Lieblings-
fächer an unseren Hochschulen, den eigentlichen Kaderschmieden unserer Funktionärskasten, führt denn zu handfesten Broterwerbs-Berufen?)
mag ein Hauptgrund in dem Umstand begründet liegen, daß Konsumgüter bei den meisten Menschen höher im Kurs stehen als Gedanken.
(Was wiederum damit zu tun hat, daß Gedanken und Phantasie bei
weitem nicht so knapp sind wie physische Ressourcen.) Deshalb – und
weil der Markt seine Entlohnungen nach Knappheitskriterien zuteilt –
werden die Anbieter von Waren und physischen Diensten in aller Regel
besser entlohnt als die Anbieter geistigen Outputs. Und das ist wiederum
die wohl tiefste Quelle der Markt- und Kapitalismusfeindlichkeit der
meisten Intellektuellen. Wenn die „second hand dealers in ideas"
(F. A. von Hayek) dann auch noch entdecken, daß sie vom Mangel an
fundierten ökonomischen Kenntnissen ihres Publikums profitieren können, indem sie ihre Aversionen lautstark äußern, dann wird diese Feind-
schaft gegen den Markt zum dividendenträchtigen Selbstläufer. Erich

Weede hat hierzu den schönen Satz geprägt: „Weil Intellektuelle von der Kritik, nicht zuletzt von der Sozialkritik, leben, wird die intellektuelle Gefahr für die Bourgeoisie nicht einfach verschwinden." (Weede 1990, S. 67) Zu allem Unglück – jedenfalls im vorstehenden Zusammenhang – ist der Kapitalismus noch dazu so hocheffizient und erzeugt im Gefolge seiner Produktivität so viel kaufkraftgefüllte Freizeit, daß er die Clowns und Popanze unter den Ensembles auf den geistig-kulturellen Bühnen auch noch multipliziert und fürstlich alimentiert. Eine Entwicklung, die bereits Schumpeter (1950) vorhergesehen hat.

So bedarf es denn – neben fundierten Kenntnissen – eines hohen Maßes an Unabhängigkeit, an Verzichtsbereitschaft auf Einfluß, Macht, Renommee und Einkommenschancen, sowie ganz allgemein an Mut, sich zur relativ kleinen Schar der wahrhaftigen „Freunde der Freiheit" zu gesellen. Mut ist jedoch der Leitgedanke der hier versammelten Autoren und generell der Buchreihe „Freiheitsdenker der Gegenwart", deren erstem Band der Spruch des Perikles vorangestellt ist: „Wir halten das Glück für die Frucht der Freiheit und die Freiheit für die Frucht der Tapferkeit."

Über den Dank an alle Mitwirkenden hinaus geht mein besonders herzliches Dankeschön an Herrn Professor Gerard Radnitzky, ohne dessen freundschaftlichen Rat und ohne dessen vielfältige Unterstützung die Herausgabe dieser Reihe nicht möglich gewesen wäre.

Roland Baader (August 1995)

Literatur

Weede, Erich 1990: Wirtschaft, Staat und Gesellschaft (Mohr: Tübingen).
Schumpeter, Joseph A. (1950): Kapitalismus, Sozialismus und Demokratie.

Über Umverteilung*⁾

von Anthony de Jasay

> *Das Prinzip der Gravitation ist nicht sicherer als die*
> *Tendenz jener Gesetze, Wohlstand und Macht in Elend*
> *und Schwäche zu verwandeln ... David Ricardo 1817*

Es gibt drei glaubhafte Gründe gegen Umverteilung. Alle drei klingen immer noch irgendwo in den Hinterköpfen der Öffentlichkeit nach, auch wenn ihr Klang im Verlaufe der Zeit verhallt. Zwei von ihnen führen letzte Werte ins Feld: die Unantastbarkeit redlich erworbener Rechte und die Aufrechterhaltung von Freiheiten. Der dritte Grund ist instrumental und hat mit ökonomischer Effizienz in einem weiten Sinne zu tun.

Der erste Grund behauptet im wesentlichen, daß entweder Einkommen unter der Berücksichtigung gültiger Verträge erzielt und Vermögenswerte im rechtsgültigen Besitz sind oder nicht. Folglich ist die Verteilung von Einkommen und Wohlstand entweder rechtmäßig, entsprechend der in Kraft befindlichen Eigentums- und Vertragsrechte, oder sie ist es nicht. Falls sie es nicht ist, muß die Verteilung wieder rückgängig gemacht werden. Aber falls sie es ist, gibt es einen unschönen Mißklang zwischen der Pflicht und dem Mandat der politischen Autorität: der Pflicht zur Wahrung rechtmäßiger Ansprüche und dem Auftrag, dieselben gewaltsam umzuverteilen. Die Pflicht ist konstitutiv für den Staat und, so mag man meinen, dem Auftrag vor- und übergeordnet. Das Mandat hängt davon ab, welcher Teil der Gesellschaft darin Erfolg hat, seinen Willen dem Rest aufzuzwängen. Die Pflicht und das Mandat widersprechen einander.

---

*⁾ Übersetzt aus dem Englischen von Dr. Hardy Bouillon

Der zweite Grund ist weniger scharf umrissen, jedoch nicht bar jeglicher Plausibilität. Sein Tenor ist, daß ein Umverteilungsstaat in dem Maße, in dem er ein Wählermandat zum Schutz einiger Bürger gegen Bedürftigkeit, Mißgeschick und viele andere Lebensrisiken auf Kosten anderer Bürger wahrnimmt, daran scheitert, eben diese vor seiner eigenen Macht zu schützen, vor allem um so mehr es der Auftrag ist, umzuverteilen.[1]

Der dritte Grund ist recht banal, insofern als er sich nicht auf einen letzten Wert bezieht, sondern rein auf die instrumentale Vernunft in der Form eines „*falls* du dieses willst, dann tu nicht *jenes*". Er behauptet, daß Umverteilung kontraproduktiv sei und vereitle, was sie zu erreichen trachte. In einer von freiwilligem Tausch geleiteten Wirtschaft sind Produktion und Verteilung zusammenhängend bestimmt. Ohne John S. Mill und seinen unzähligen Nachfolgern zu nahe treten zu wollen: Es gibt keinen Grund zu erwarten, daß die Verteilung durch eine wie auch immer herbeigeführte politische Entscheidung geändert werden kann, ohne die Produktion nicht gleichfalls zu ändern. Das ist, neben anderen Gründen, der Grund, warum Faktoreinsätze, Faktorproportionen und Faktorerträge von Faktorentlohnungen abhängen und umgekehrt. Es gibt eine auf der Theorie des allgemeinen Gleichgewichts basierende Annahme, daß Umverteilung die Wahrscheinlichkeit, eine Pareto-effiziente Faktorverteilung zu erreichen, reduziert. *Inwieweit* dies bedeutsam ist, ist eine empirische Frage. Einige würden dazu neigen, das Ausmaß als leicht aufzubringende Kosten abzutun, andere urteilen, daß es den Kuchen und dessen künftiges Wachstum ernsthaft genug schmälert, um den eigentlichen Zweck der Umverteilung zu zerstören. Die Theorie kann den einen oder anderen deduktiven Versuch unternehmen, die Schwerkraft oder sonstige Wirkung dieses Problems vorherzusagen. Abschnitt III dieses Aufsatzes skizziert einen solchen Versuch. Der instrumentale Hauptgrund gegen Umverteilung ist ökonomischer Natur, hat aber Hilfsgründe als Ableger, die vor allem ethisch oder soziologisch sind: Sorglosigkeit, Drückebergerei, „moral hazard", Abhängigkeit und der Zerfall der traditionellen Familie sind die am häufigsten ins Feld geführten Gründe.

Welche intrinsischen Werte auch immer sie haben mögen, diese Gründe haben eine unzulängliche Überzeugungskraft, gemessen am geringen effektiven Gewicht, das ihnen in unserer modernen Zeit zukommt. Mit einer

gewissen Berechtigung wird argumentiert, Umverteilung sei jederzeit und
überall in der Welt, so wie Verstöße gegen das sechste Gebot jederzeit und
überall in der Welt vorkämen. Nur wenige Priester, und noch weniger weise unter ihnen, halten es für angebracht, eine weltweite Praxis aktiv zu
bekämpfen, solange sie moderat und nicht in aller Öffentlichkeit ausgeübt
wird. Sie ist dann nur eine läßliche Sünde, eine Jugendsünde, um nicht zu
sagen ein *péché mignon* (eine kleine Schwäche). Dementsprechend verwei-
gern nur wenige der heute noch existierenden politischen Moralisten und
ökonomischen Puristen, jeden, auch den geringsten Grad der Umverteilung zu entschuldigen. Gleichwohl akzeptieren sie ihn eher, wenn er nicht
egalitäre Ziele zur Schau trägt, sondern statt dessen als scheinbar unmittelbare Folge der Linderung von Armut, als Absicherung gegen Unglück
oder als Bereitstellung öffentlicher Güter daherkommt.

Diese angepaßte Sichtweise ist nicht, wie man vielleicht leichtfertig
vermuten würde, unverfroren pragmatisch und zynisch. Es gibt echte
moralische und instrumentale Argumente, welche sie unterfüttert, Argumente, die es verstehen, sich innerhalb der breiten konservativen und
klassisch liberalen Tradition zu bewegen. Innerhalb dieser Tradition ste-
hend, machen sie keine großen Zugeständnisse an den Egalitarismus.
Anders als es andere Traditionen täten, stimmen sie nicht darin überein,
daß eine Umverteilung eines weithin gewünschten Aggregats, wie z.B.
Einkommen, Wohlstand, Wissen oder Chancen, ethisch lobenswerter
oder gesellschaftlich zu bevorzugen sei, falls es zu mehr Gleichheit führe. Dennoch verzeihen sie die politischen Gepflogenheiten oder scheinen
deren umverteilenden Charakter zu ignorieren. Die intellektuelle Toleranz gegenüber der Umverteilung, sogar in Kreisen, in denen man erwarten würde, sie stieße auf ernsthafte Verdammung, ist ein Phänomen,
dem eine genauere Analyse gebührt. Es bringt etwas hervor, von dem ich
glaube, daß es interessante Einsichten sind.

I

Absolution wird routinemäßig für die bescheidene Umverteilung zum
Zwecke nichtkontroverser Ziele erteilt. Hayek, der offensichtlich wie
jeder andere auch die einzelnen glaubhaften Gründe gegen Umverteilung

schätzte, hat diese bei vielen Gelegenheiten in zusammenhängender Form dargestellt. Dennoch hat er die Umverteilung entschuldigt und ihre Praxis sogar als positiv empfohlen. Sein Fall ist musterhaft für die unerwartete Toleranz.

„[D]aß die Regierungstätigkeit auf die Aufrechterhaltung von Recht und Ordnung beschränkt sei, kann ... nicht durch das Prinzip der Freiheit gerechtfertigt werden. Nur die mit Zwang verbundenen Maßnahmen der Regierung müssen streng begrenzt sein. Wir haben schon gesehen (in Kapitel XV), daß es zweifellos ein weites Feld für nicht mit Zwang verbundene Betätigungen für die Regierung gibt und daß natürlich die Notwendigkeit besteht, sie durch Besteuerung zu finanzieren". (Hayek 1971, S. 328)

Indem er diese sonderbare Unterscheidung zwischen Zwangsmaßnahmen und nicht mit Zwang verbundenen Maßnahmen der Regierung trifft, scheint Hayek die Besteuerung selbst als eine nicht mit Zwang verbundene Maßnahme einzustufen – ein Urteil, das eine offensichtliche Auswirkung auf seinen Standpunkt zur Umverteilung hat. Dementsprechend setzt er fort:

„daß mit zunehmendem Reichtum jenes Existenzminimum, das die Gemeinschaft für die, die sich nicht selbst erhalten können, immer geboten hat, und das außerhalb des Marktes geboten werden kann, allmählich steigen wird, oder daß die Regierung in nützlicher Weise und ohne Schaden anzurichten, in solchen Bemühungen hilfreich oder sogar führend sein kann. Es gibt auch kaum einen Grund, warum die Regierung nicht auf Gebieten wie der Sozialversicherung ... eine Rolle spielen oder gar die Initiative ergreifen ... sollte". (Hayek 1971, S. 329)

Wie auch immer, es ist eine Sache, daß der Staat ein unkürzbares und gleiches Minimum für alle sichern soll, und es ist eine andere, daß er garantieren soll, jedwedes persönliche Interesse, das nun mal jeder hat oder zu verdienen glaubt, zu wahren:

„Hier muß aber zwischen zwei Bedeutungen von Sicherheit eine wichtige Trennungslinie gezogen werden: einer beschränkten Sicherheit, die für alle erreicht werden kann und daher kein Privileg darstellt, und einer absoluten Sicherheit, die in einer freien Gesellschaft nicht für alle erreicht werden kann. Die erste ist Sicherung gegen schwere physische Entbehrung, Zusicherung eines gegebenen Existenzminimums für alle;

und die zweite ist die Zusicherung eines gegebenen Lebensstandards, der durch Vergleich des von einer Person oder einer Gruppe genossenen Standards mit dem anderer bestimmt wird. Der Unterschied ist also der zwischen der Zusicherung eines gleichen Mindesteinkommens und der Zusicherung eines bestimmten Einkommens, das einer Person angeblich zukommt". (Hayek 1971, S. 330)

Letztere ist jene Umverteilung, die Hayek ablehnt, erstere ist die Umverteilung, die er für unvermeidlich und akzeptabel hält, in einigen Fällen sogar für empfehlenswert. Für einen Antiegalitaristen ist es bemerkenswert, daß er der Sicherung eines *gleichen* Minimums für jedermann seine Zustimmung gewährt, während er den Anspruch einer absoluten Absicherung ablehnt, weil diese nicht für *alle* erreicht werden könne. Würde er den Anspruch unterstützen, falls sie es *könnte*? Knapp zwanzig Jahre später führt er unter den legitimen Aufgaben der Regierung die „Sicherung eines bestimmten Einkommensminimums für jedermann" auf. (Hayek 1973–1979, Vol. 3, S. 55) Mehr noch, das besagte Einkommensminimum ist nicht ein bestimmtes Existenzminimum, bemessen nach physischen Erfordernissen für das menschliche Überleben und die menschliche Fortpflanzung, sondern eine soziale oder politische Variable. Einige Kritiker des Wohlfahrtsstaates haben versucht, die Umverteilung in einem Rahmen zu halten, der dem Diktat der Nächstenliebe, des Mitleids und der gesellschaftlichen Solidarität entspricht und diesen nicht sprengt. Die damit gesetzten Grenzen sollten dem Wildwuchs von „Wohlfahrtsrechten" Einhalt gebieten, welche die Ausweitung und das scheinbar endlose Hochschrauben von Ansprüchen forcieren. Das Argument, welches, sollte es sich durchsetzen, das „gesellschaftlich" zugesicherte Einkommensminimum an einer bestimmten absoluten Grenze fixieren und die „relative Entbehrung" beenden würde, appelliert an die Befriedigung von Grundbedürfnissen. (Raz 1986, S. 235–244; Gray 1992) Man mag über die Kraft des Argumentes der „Grundbedürfnisse" und der „zu befriedigenden Bedürfnisse", mit dem ein Übereinkommen über das festzulegende garantierte Grundniveau des Wohlergehens oder der Ressourcen erzielt werden soll, denken, was man will. (Wie schmackhaft muß die Essensration sein, die genug Kalorien zum Überleben enthält? Wie weit sollte auf medizinische Ressourcen zurückgegriffen werden können, um bestehende Beschwerden zu behandeln? Welcher Art ist die

Absicherung, auf die jede Familie zurückgreifen kann? Wie lang ist ein
Stück Schnur?), Hayek trachtet eindeutig und weise nicht danach, sich
gegen die Ansprüche eines relativen Standards, vergleichsweisen Wohlergehens und eines steigerungsfähigen Minimums zu sperren. Er akzeptiert
es als eine Tatsache des politischen Lebens, daß „der Beitrag der Unterstützung, der jetzt in einer verhältnismäßig wohlhabenden Gesellschaft
gegeben wird, höher ist, als zur Erhaltung des Lebens und der Gesundheit absolut notwendig ist. Es ist auch zu erwarten, daß die Verfügbarkeit
dieser Unterstützung manche dazu verleiten wird, solche Vorsorge gegen
Notfälle, die sie hätten treffen sollen, zu verabsäumen". (Hayek 1971,
S. 361f.)
    In einer schönen Illustrierung dessen, wie in einer Kette, von deren
Ende, sofern sie eins hat, wir nicht einmal die blasseste Ahnung haben,
eins zum anderen kommt, führt ihn diese Beobachtung dazu, die Existenzberechtigung der Pflichtsozialversicherung zu unterschreiben:
    „... scheint es eine auf der Hand liegende Schlußfolgerung zu sein, sie
zu zwingen, sich gegen diese allgemeinen Gefahren des Lebens zu versichern oder sonst vorzusorgen. Die Rechtfertigung in diesem Fall ist
nicht, daß die Menschen in ihrem eigenen Interesse gezwungen werden
sollen, sondern daß sie durch Verabsäumung der Vorsorge der Allgemeinheit zur Last fallen würden. ...
    Wenn der Staat verlangt, daß jeder in einer Weise Vorsorge trifft, in der
es früher nur einige taten, scheint es nur recht und billig, daß der Staat
auch die Entwicklung geeigneter Institutionen unterstützt. ...
    Bis hierher kann die Berechtigung des ganzen Sozialversicherungs-
apparates wahrscheinlich auch von den konsequentesten Verteidigern
der Freiheit akzeptiert werden". (Hayek 1971, S. 362)
    Schritt für Schritt, vom Ei über die Kaulquappe bis hin zu dem zum
Zerplatzen aufgeblasenen Frosch, geht die Gestalt des ausgewachsenen
Wohlfahrtsstaates aus einem Argument hervor, das mit der „unerzwun-
genen" Vorsorge eines Existenzminimums beginnt. An diesem Punkt an-
gelangt, liefert Hayek eine Reihe von verblüffenden Reflexionen, ähnlich
seiner Beschreibung der steuerlich finanzierten Regierungsaktivitäten,
also der gewaltmäßigen Umleitung von Ressourcen von einem Eigner
und einem Gebrauch zu einem anderen als „nicht mit Zwang verbunden". Grundsätzlich versucht er die Pflichtversicherung, und zu diesem

Zweck die Wohlfahrtsfürsorge im allgemeinen, von der Umverteilung zu trennen, als ob das erste ohne das zweite logisch denkbar und praktisch möglich sei:

„Obwohl Umverteilung der Einkommen nie der zugegebene ursprüngliche Zweck des Sozialversicherungsapparates war, ist sie nun überall das tatsächliche und anerkannte Ziel. Keine monopolistische Pflichtversicherung hat der Umwandlung in etwas ganz anderes, nämlich in ein Instrument zur zwangsweisen Umverteilung der Einkommen, widerstanden. ...

Doch ist es ganz wesentlich, daß wir uns der Trennungslinie klar bewußt werden zwischen einem Zustand, in dem die Gemeinschaft die Pflicht anerkennt, wirkliche Not zu verhüten und für ein Minimum an Wohlfahrt zu sorgen, und einem Zustand, in dem sie sich die Macht anmaßt, jedermanns „gerechte" Stellung zu bestimmen, und jedem zuweist, was er ihr zu verdienen scheint". (Hayek 1971, S. 365f.)

Um es klar zu sagen: Es ist empirisch nicht zu unterscheiden, ob man jedem einen Anspruch auf ein bestimmtes Minimaleinkommen zuerkennt oder jedem einen Anspruch auf das zugesteht, was er „nach Meinung der Gemeinschaft" verdient hat. Die Motivation mag unterschiedlich sein: Rücksicht auf Bedürfnis im ersten Fall, Rücksicht auf Verdienste im zweiten. Es mag außerdem zugestanden sein, daß während das erste Zugeständnis das Bedürfnis, oder was dafür gehalten wird, voll befriedigt, das zweite dem Verdienst nur teilweise gerecht wird: Jeder Begünstigte verdient *mindestens* das allgemeine Minimum, und das ist alles, was zugestanden wird. Während zwar keiner weniger verdient, mag die Gemeinschaft sehr wohl „meinen", daß einige mehr verdienen, ohne sich darum zu scheren, daß diese in der Tat mehr bekommen.[2] Diese Unterscheidungen existieren sozusagen innerhalb des Kopfes der „Gemeinschaft", ohne sich an irgendeiner Stelle in den legislativen Entscheidungen widerzuspiegeln, also in dem, was von den einen genommen und den anderen gegeben ist. Wie auch immer, Ressourcen von ihren Eignern zu denen umzuleiten, die sich anderwärts nicht daran erfreuen würden, *ist* Umverteilung, ganz gleich welchem höheren Motiv sie dienen mag, und ganz gleich ob man dünkt, Not oder Gerechtigkeit zu befriedigen.

Zu glauben, eine Sozialversicherungspflicht sei zumindest möglicher-

weise nicht-redistributiv, *sei* in ihrer ursprünglichen Form non-redistri-
butiv *gewesen* und es sei nur die Politik gewesen, die sie zu einem Gene-
rator der Umverteilung deformiert habe, heißt wesentliche ihrer Eigenschaften auslassen. Es ist eine Binsenweisheit, daß in jeder Versiche-
rungskasse, in jedem Versicherungspool, die Versicherungsbeiträge einiger „umverteilt" sind, um die Ansprüche anderer zu begleichen. Dennoch gibt es eine starke Vermutung, daß, falls die Versicherungsmit-
glieder der Prämienzahlung frei zugestimmt haben, sie die Versicherung
zumindest so sehr wertgeschätzt haben wie deren Kosten. Auch wenn es
unwissenschaftlich sein mag, zu bestätigen, daß sie für das Versichertsein
„eine Präferenz offengelegt" haben, so ist es doch sicherlich richtig, zumindest ihren freiwilligen Akt als gewichtigen Anhaltspunkt dessen zu
verstehen. Beide Klassen von Versicherten – solche, die Verlustansprüche
angemeldet haben, und solche, die es nicht haben – haben einen Pareto-
verbessernden Handel abgeschlossen. „Subjektiv" – und wie sonst kann
die Angelegenheit bewertet werden? – hat keine Umverteilung vom
einen zum anderen stattgefunden.

Wie auch immer, eine Pflichtversicherung, in der jeder, der einer Art
von Schadensfall ausgesetzt ist, gedeckt sein muß, wie auch immer seine
eigene Einschätzung der Wahrscheinlichkeit und Bedeutung des Scha-
dens sein mag (d. h., was auch immer dessen Bayesianischer erwarteter
Wert, künftig „subjektive Verlusterwartung" sein mag), wie auch immer
die statistische Wahrscheinlichkeit (künftig „versicherungsmathematische Verlusterwartung") sein mag, und wer auch immer die Versicherungsbeiträge und die Ansprüche bezahlt, ist unvermeidlich redistributiv. Da diese Überlegungen in ein Argument münden, das ich in
Abschnitt III anführen werde, werde ich versuchen, einige Wohlfahrts-
aspekte der Versicherung mit einer gewissen Sorgfalt zu klären.

Unter der Herrschaft freiwilliger Tauschakte ist die Nachfrage nach
Versicherungen neben anderen Dingen eine Wachstumsfunktion der
subjektiven Verlusterwartung und ihr Angebot eine abnehmende Funktion der versicherungsmathematischen Verlusterwartung. Für den gegenwärtigen Zweck seien alle anderen Dinge Parameter. Die effiziente Prämie in einem kompetitiven Versicherungsmarkt (wobei wir annehmen, es
gäbe keine Verwaltungskosten, kein Investmenteinkommen und keine
Operationen zur Kostendeckung, die gute mit schlechten Jahren ver-

rechnen) befindet sich auf einer Ebene, auf der sie und die zwei Arten marginaler Verlusterwartungen (die subjektive und die versicherungsmathematische) sich gegenseitig entsprechen. Auf dem Niveau der effizienten Prämie bleibt ein Teil der Risiken bezeichnenderweise unversichert. Falls jedoch statt uniformer Preisbildung Preisdiskriminierung praktiziert wird und der Markt in Kategorien entsprechend der Risikoqualitäten segmentiert ist (der „moral hazard" wird durch auf Erfahrung basierende Strafprämien abgeschreckt), wird der unversicherte Teil kleiner sein, aber das Prinzip bleibt dasselbe: die versicherungsmathematische Verlusterwartung ist nicht höher und die subjektive Verlusterwartung ist nicht niedriger als die Prämie.

Bei einer Pflichtversicherung darf dieser Auswahlmechanismus nicht wirken, und die Effizienzbedingung (als Regel) wäre dort nicht erfüllt. Jeder, der einem Risiko ausgesetzt ist, ist versichert, was immer er und was immer seine Versicherer über sein Risiko denken mögen. Zwei Lösungen sind möglich. Falls ein uniformer Versicherungsbeitrag auf den Durchschnitt der versicherungsmathematischen Verlusterwartung festgesetzt wird[3], wird sich eine Umverteilung von „guten" zu „schlechten" Risiken ergeben, von solchen, deren Prämie höher liegt als die für ihren relevanten Sonderfall versicherungsmathematische Verlusterwartung, zu solchen, deren Prämie geringer ist. Das kann durch Preisdiskriminierung gemildert werden. Außerdem wird es aus einem anderen, nicht mildernden Grund eine Umverteilung geben: In einer typischen pflichtversicherten Bevölkerung wird es einen Teil von Personen geben, deren subjektive Verlusterwartung geringer ist als ihre Prämie, und falls alle zur Zahlung der gleichen Prämie angehalten werden, werden diese Personen letztlich einen erzwungenen Transfer zu solchen leisten, für die das Gegenteil zutrifft.

Die andere mögliche Lösung liegt in der Aufgabe der Idee eines selbst-finanzierten Vesicherungspools (oder -poole), in dem Mitglieder einer dem Risiko ausgesetzten Bevölkerung sich gegenseitig gegen ihr Risiko ohne jegliche Beteiligung des dem Risiko nicht ausgesetzten Teils der Bevölkerung versichern. Falls diese Beschränkung aufgehoben wird, kann der Versicherungsbeitrag (oder das Spektrum der Versicherungsbeiträge) auf jedem Niveau zwischen null und sehr hoch fixiert werden. Bei einer Nullprämie oder sehr niedrigen Prämie müssen die dem Risiko

nicht ausgesetzen Personen das versicherungsmathematische Defizit ausgleichen, und bei einer sehr hohen Prämie erhalten sie einen Mehrwert.
Das Versicherungsprogramm ist, kurz gesagt, in diesem Fall redistributiv, sowohl *innerhalb* des versicherten Bevölkerungsteils als auch *zwischen* den Versicherten und den Unversicherten. Es ist nicht einsichtig,
warum jemand, wie es Hayek offensichtlich getan hat, sich dazu entscheiden sollte, nur die letzte der beiden Lösungen als redistributiv zu
betrachten.

Klar, die gegen eine gewisse Risikoart Unversicherten sind oft in anderen Pools versichert, in anderen Plänen der Sozialversicherung gegen
andere Risikoarten. Indem sie einen Hut tragen, unterstützen sie andere;
und indem sie verschiedene andere Hüte tragen, sind sie unterstützt.
Einer dieser Hüte ist der des gemeinen Steuerzahlers, der Sozialversiche-
rungspläne mitfinanziert, die in den roten Zahlen stecken. Ein weiterer
dieser Hüte ist der des Arbeitgebers, der Arbeitnehmer unterstützt, falls
beabsichtigt wird[4], die Prämien von der Sozialversicherungssteuer zu bezahlen.

Im Grenzfall der Nullprämien verliert die Sozialversicherung die letzte Spur eines (obgleich unterstützten) Pools von solchen, und nur von
solchen, die einem Risiko ausgesetzt sind, und erscheint als eine reine
Umverteilungsmaßnahme, in der die „Gesellschaft" die Opfer diverser
Widrigkeiten kompensiert: von schlechter Gesundheit über Arbeitslosigkeit bis hin zum Altwerden. Die Berechtigung zur Kompensation ist
weder ganz (noch teilweise) die Konsequenz eines Pflichtkaufes der
Versicherung, sondern einzig die Mitgliedschaft des Opfers in der festgelegten Klasse, ziemlich genau so wie im Fall des garantierten Mini-
mumeinkommens. Dieser Fall kann als ein vereinigter Multi-Risiko-
Pool mit allgemeiner Beteiligung betrachtet werden, der so oder so von
seinen Mitgliedern einsammelt, was immer er für Ansprüche auszahlt.
Was er aber von einem einzelnen Mitglied einsammelt, steht in keiner
Relation mehr zum egal wie dürftigen, versicherungsmathematischen
Risiko, welches das besagte Mitglied für den Pool darstellt.

Je diversifizierter und fortgeschrittener die Institution der Sozialversicherung ist und je mehr Arten von Schadensfällen sie kompensieren soll,
desto schwieriger ist es, auch nur den wahrscheinlichen (ganz zu schweigen vom eigentlichen) Nettobegünstigten vom Nettobeitragzahler zu

unterscheiden und den umverteilenden Effekt zu quantifizieren. Daß der Nettonutzen aus dem Umstand, gegen ein in keiner bestimmten Zeitspanne oder gar nie eintretendes Ereignis versichert zu sein, vollkommen subjektiv ist und bei Pflichtversicherungen bei jeder Transaktion „unaufgedeckt" bleibt, ist nur eine der vielen Ursachen unserer unvermeidlichen Unkenntnis darüber, wer tatsächlich von wem was kriegt. Alles, was wir mit annähernder Gewißheit wahrnehmen können, ist, daß ein großer Teil von Steuern und Kompensationen umgewälzt wird, oft von und zur selben Person, Klasse oder Einkommenskategorie.

Wir wissen, daß, abgesehen von den Kosten für das Hin- und Herschieben, die Geldnutzen und Geldbeiträge sich für die Gesellschaft als Ganzes gegenseitig aufheben.[5] Wir können außerdem mutmaßen, und zwar gemäß der in diesem Abschnitt erörterten deduktiven Gründe, daß sie, einige außergewöhnliche Fälle ausgenommen, sich kaum für kleinere Untergruppen der Gesellschaft aufheben. Warum Hayek denkt, daß allein die Korruption der Politik dafür verantwortlich sei, daß die Pflichtprogramme zu Umverteilungstricks verkommen, ist schwer zu verstehen. Vielleicht empfindet er es so, daß Umverteilung erst dann Umverteilung ist, wenn sie viel umverteilt, und moderne, in der Hitze der Wahlkampfschlacht vorgebrachte Sozialversicherungsprogramme mehr umverteilen als die frühen Modelle, die in der prädemokratischen politischen Stille ausgedacht wurden.

Neben dem Zuerkennen eines Minimumeinkommens und dem Einrichten einer Pflichtsozialversicherung (welche die Neigung zu Sorglosigkeit, hervorgerufen von dem gesicherten Minimumeinkommen, notwendig macht) gesteht Hayek dem Staat eine weitere legitime Funktion zu. Es ist eine, die, obwohl sie über die Durchsetzung der „allgemeinen Regeln des gerechten Verhaltens" hinausgeht, „keine Bedrohung der Freiheit" darstellt und „keinen Zwang beinhaltet, abgesehen vom Einziehen der Steuer". (Hayek 1978, S. 144, cf. 111) Diese Aufgabe ist die Herstellung öffentlicher Güter.[6] Die orthodoxe Position beziehend, öffentliche von privaten Gütern durch das Kriterium der Nicht-Ausschließbarkeit zu trennen, verlangt er von der Regierung das Anbieten von

„Dienstleistungen, die sonst überhaupt nicht bereitgestellt würden (gewöhnlich, weil es nicht möglich ist, sie nur jenen zukommen zu lassen, die bereit sind, sie zu bezahlen)". (Hayek 1971, S. 288)

Des Staates Auftrag erscheint vollkommen einfach:
„... die einzige auftauchende Frage ist, ob die Nutzen die Kosten wert
sind". (S. 435)
In der Tat, *tout est là* (alles ist da), und was zu tun ist, ist ziemlich klar,
sobald wir Kosten und Nutzen sowohl als miteinander vergleichbar als
auch sauber meßbar definiert und geeicht haben. Es bleibt nur noch
übrig zu schauen, was größer ist. Bevor diese angenehme Formalität zu
Ende gebracht werden kann, sind, wie auch immer, viele andere Fragen
zuerst zu beantworten, und während sie ohnehin in jeder Sprache schwer
zu beantworten sind, sind sie in der Sprache des methodologischen Individualismus absurd und haben keine Antworten, die es wert wären, gegeben zu werden. Einen Ausgleich zwischen individuellem Nutzen und
den individuell getragenen Kosten für öffentliche Güter zu finden, setzt
zwei Arten von Verträglichkeit voraus, eine starke und eine schwächere,
aber immer noch außerordentlich anspruchsvolle. Was immer man als
Motiv für die Entscheidung zwischen zwei Zuständen nehmen mag –
egal ob Ziele, Präferenzen, Nützlichkeit oder Seligkeit – es muß entweder auf einer einzigen Skala vom Ursprung bis zur Linearfunktion
kardinal meßbar sein oder es muß zumindest interpersonalen Differenz-
vergleichen zugänglich sein. In dem ersten, strengen Fall können jedermanns Präferenzbefriedigungen oder Nutzen vor und nach der Herstellung des öffentlichen Gutes aufaddiert und die beiden Summen
verglichen werden.
    Im letzten und schwächeren Fall müssen wir, für eine Population von
n, *n-1* interpersonale Differenz-Vergleiche einer bestimmten Form
durchführen, und zwar der Form: A's Nutzen am öffentlichen Gut übersteigt seinen Kostenanteil um mehr als B's Nutzen unter den Kosten
bleibt, die er trägt, und dieser Mehrnutzen, eine Art vorläufiges Zwi-
schenergebnis, ist größer als der Betrag, um den C's Nutzen unter seinen
Kosten bleibt, und so weiter. Der resultierende Nettoausgleich[7] hat mindestens so viele Freiheitsgrade wie die Zahl der Richter, die ihn bewerten,
und es gibt so viele Richter, wie Personen von den Kosten und Nutzen
betroffen sind. Das gilt nicht nur für den absoluten Maximalwert des
Ausgleichs, sondern auch für dessen erstes Anzeichen. In einem gewissen Sinn, der allerdings gar nicht so leicht festzulegen ist, kann man
sagen, daß Umverteilung stattfindet. Wenn alle Kosten und Nutzen

Geldsummen wären, könnten wir Umverteilung von Geldeinkommen
oder Vermögen festlegen. Wie auch immer, öffentliche Güter sind ohne
Preis, und die Nutzen, welche sie für Individuen erzielen, in Geldsummen zu übersetzen, ist fragwürdig, um es gelinde zu formulieren. Es ist
weder notwendig noch profitabel, sich gründlicher mit dem Windei von
Kosten-Nutzen-Kalkülen für öffentliche Güter zu befassen, es sei denn,
um sich über Hayeks Arglosigkeit zu wundern, mit der er dieses Terrain
betritt.

Wie auch immer, er spricht öffentliche Güter von der Sünde der Umverteilung los, vielleicht weil er denkt, diese sei nur eine läßliche Sünde,
die man so einfach abtun könne. Er neigt dazu zu glauben, daß öffentliche Güter in einer non-redistributiven Art angeboten werden können,

„... sofern die befriedigten Wünsche kollektive Wünsche der Gemeinschaft als Ganzes sind und nicht nur kollektive Wünsche einer bestimmten Gruppe" (Hayek 1978, S. 111)

und (selbstverständlich) sofern die von ihnen benötigte Besteuerung
nicht für die Umverteilung des Einkommens genutzt wird. (Hayek 1978)
Die letzte Bedingung hält Hayek für erfüllt, sofern die Besteuerung als
Ganzes (sowohl direkte wie indirekte Steuern eingeschlossen) nicht pro-
gressiv ist. (Hayek 1960, S. 307) Er bemerkt korrekterweise, daß sogar
proportionale Besteuerung redistributiv ist, falls die entsprechenden
Aufwendungen einigen Personen mehr nutzen als anderen. Dennoch,
nach seiner Auffassung muß das nicht generell der Fall sein. Seine Idee
„der Wünsche der Gemeinschaft als Ganzes" impliziert den Vorschlag,
daß wenn die Ausgaben der Befriedigung solcher Wünsche dienen, alle
gleichermaßen Nutzen haben (durch gleiche absolute Mengen? oder im
selben Verhältnis zu ihrem Auslagenbeitrag? oder durch irgendein anderes Rezept proportionaler Gleichheit?). Diese optimistische Sichtweise
hinsichtlich der Möglichkeit verteilungsneutraler Staatsausgaben ein-
nehmend, fährt er fort, ein verteilungsneutrales Staatseinkommen in der
proportionalen Besteuerung zu finden. Die Kombination dieser beiden
erlaubt ihm, sogar hoher Besteuerung zuzustimmen, falls sie der Finanzierung von Regierungsaufgaben dienen soll, der er aus davon unabhängigen Gründen zustimmen würde.

All dies nährt den Verdacht, daß für Hayek ein Weg zur Entschuldigung der redistributiven Züge einer gesellschaftlichen Einrichtung oder

von ihm akzeptierten Regel dahin läuft, ihren redistributiven Charakter
zu leugnen. Es gibt immer ein plausibles Verteilungskriterium, das durch
ein gegebenes Besteuerungsmuster verletzt ist. Nimmt man z. B. das Kriterium des frei verfügbaren Einkommens, dann neigt eine proportionale
Steuer dazu, das Muster der Vorsteuerverteilung aufzuheben. Ist die Progression auf einer der Vorsteuerverteilung angepaßten Rate, dann ist es
exakt die progressive Steuer, die dazu neigt, das *relative* frei verfügbare
Einkommen kaum zu ändern. Beim Kriterium des „Realeinkommens"
oder der „Nützlichkeit" wiederum kann eigentlich alles über eine entsprechende Verteilungs-Vorsteuer und -Nachsteuer sicher bestätigt werden, weil diese Begriffe sich auf das beziehen, was in den Köpfen der
Leute vorgeht und oftmals nicht durch deren Handlungen offengelegt
und auch nicht anderweitig aufgedeckt ist.

II

Es ist zweifellos eine Selbsttäuschung, anzunehmen, daß eine Gesellschaft mit einer selbstgewählten Regel zur Entscheidung gesellschaftlicher Fragen[8] Umverteilung vermeiden könne oder diese davon abhal-
ten könne, die Schwelle der Sichtbarkeit zu überschreiten und das zentrale Thema der Politik zu werden. In dem Maße, in dem Umverteilung
als Brennpunkt des politischen Konflikts erkannt wird, verlangt das
Harmonisieren des Glaubens in seine Legitimität mit dem Glauben an
die Ordnung des Gesetzes und an den Wert der Effizienz eine Erklärung.
Die Umverteilung muß zeigen, daß sie vorzuziehende Trade-offs hat, um
den Konsequentialisten zu beruhigen. (Der Deontologe, welcher von
den deontischen Regeln abhängt, denen er sich verschrieben hat, kann
entweder nicht beruhigt werden oder braucht es nicht.)
        Es reicht nicht zu behaupten, wie es Hayek versucht hat, daß öffentli-
che Ressourcennutzung und unfreiwillige Transfers von Individuen zur
Regierung verteilungsneutral sein können. Denn diese werden immer
einige, zumindest relativ, auf Kosten anderer bevorzugen. Auch ist es
unzureichend, die Umverteilung im Zuge moderner Politik als eine Tatsache des Lebens, auf das der Weise ein blindes Auge werfen wird, abzutun. Ein blindes Auge ist um so weniger entschuldbar, desto mehr man

mit Blick auf die gegenwärtigen Anhaltspunkte entdeckt, daß Umverteilung, falls sie es jemals war, nicht mehr länger ein unerwünschter Folge-
effekt der Regierung ist, die verschiedene löbliche Aufgaben ausführt,
sondern vielmehr der Grund dafür, daß einige dieser Aufgaben durch sie
ergriffen wurden; Umverteilung ist die Belohnung, welche Gewinner-
koalitionen für die Ermächtigung einer bestimmten Regierung erhalten.

Abgesehen von dem Gleichheitsargument, welches gewissen Gleichheiten[9] einen Wert, in einigen seiner Varianten sogar übergeordneten
Wert, zuschreibt oder als deontologische Imperative setzt, kann Umverteilung auch von instrumentellen Gründen verteidigt werden. Ich schla-
ge vor, den Egalitarismus als Doktrin zu überspringen. Er ist weder
gänzlich uninteressant noch ein vollkommen alberner Versuch, Umverteilung zu legitimieren, aber ich habe meinen Teil dazu bei anderen An-
lässen gesagt. Bei der jetzigen Gelegenheit beabsichtige ich, allein die
instrumentelle oder konsequentialistische Verteidigung zu bedenken.
Drei prinzipielle Trade-offs der Form „Umverteilung mag manch
Schlechtes bewirken, aber es bewirkt bestimmt mehr Gutes als Schlechtes" bilden ihr Rückgrat.

1. Der „Unterdrückung-des-Trittbrettfahrers"-Trade-off

Das Argument ist, daß wir alle zusammengenommen reich genug sind,
um uns um die weniger vom Glück Gesegneten zu kümmern. (Inwiefern
die Gemeinschaft als große Familie, Gemeinde, Land oder die gesamte
Menschheit definiert wird, hat eine gewisse Auswirkung auf die Stärke
des Argumentes. Je größer die Gemeinschaft, desto mehr spricht für die
erzwungene Nächstenliebe.) Der viktorianische Mühleneigner, so wie er
im Buche steht, zermalmte angeblich das Gesicht seiner Arbeiter im
Staub, verwendete aber mit zunehmendem Reichtum Teile seines Profi-
tes für gute Werke im Mühlendorf und richtete sie bzw. ihre Witwen
oder Waisen so wieder auf. Die meisten von uns neigen dazu, Ähnliches
zu tun. Wie auch immer, diese Neigung ist zum großen Teil durch die
Versuchung gezügelt, auf der Neigung der anderen Trittbrett zu fahren
bzw. durch die uns entrüstende Beobachtung, daß andere, derselben Versuchung erliegend, uns einen „unfairen" Teil der Last tragen lassen. Der
Standardauffassung zum Gefangenendilemma folgend sähe es jede wohl-

habende Person lieber, daß Armut ohne ihr Zutun gelindert würde, aber
jede würde es vorziehen, einen Beitrag zu leisten, wenn es alle täten, als
die Armut ungemildert zu sehen. Folglich fänden alle eine Situation vor,
in der sie zum Beitrag gezwungen wären, statt eine, in der jede Caritas
freiwillig ist.[10]

Caritas ist Gegenstand eines Gefangenendilemmas und erfordert folglich erzwungene Kontribution: Das ist eine These, welche die Schwäche
teilt, die allen orthodoxen Theorien der öffentlichen Güter gemein ist,
nämlich die Annahme (die normalerweise unausgesprochen bleibt), daß
die Wahrscheinlichkeit eines Nutzens (z. B. Erleichterung der Armut),
der von einer gegebenen Kontribution (die z. B. ich gebe oder die mein
Club oder Geschäftsverband für Caritas gibt) abhängt, gleich null oder
bestenfalls unmerklich klein ist. Damit diese Annahme schlüssig bleibt,
müssen andere Bedingungen ebenfalls gelten: Zuerst muß das öffentliche
Gut kontinuierlich teilbar sein. Dies ist nicht der Platz für eine vollständige Kritik der Standardthese der öffentlichen Güter, um so weniger als
es noch eine andere Stelle gibt, an der die Verteidigung des Umvertei-
lungsfalles gleichermaßen angreifbar ist.

Für den Moment wollen wir jedoch einmal zugestehen, daß es in der
Tat einen Trade-off zwischen erzwungener Umverteilung und Armutserleichterung gibt. Und weiter wollen wir die Analogie mit dem unbekannten viktorianischen Mühleneigner bedenken. Er zermalmt die
Gesichter der Armen. Das beschreibt, wie er sein Geschäft angeht, seine
Gewinn- und Verlustrechnung. Er kann und wünscht sich, Armut zu lin-
dern. Dieser Wunsch spiegelt sich in seiner Zueignungsrechnung wider.
Wie er seinen Profit auf Reserven, seine persönliche Konsumption und
gute Werke verteilt, folgt seiner Entscheidung über Preis, Output, Technik und so weiter. Während die Aneignung des Ergebnisses die Effizienz
der Ressourcenverteilung nicht berührt, tun es eben diese Entscheidungen, welche erfordern, daß er, den üblichen Bedingungen des Wettbewerbs und Externalitäten unterworfen, den Profit maximieren
sollte.[11]

Wie auch immer, das Verhalten der Gesellschaft unterscheidet sich we-
sentlich von dem des individuellen Mühleneigners. Der unfreiwillige
Beitrag der Gesellschaft zur Caritas ist insofern anders als der freiwillige
Beitrag des Mühleneigners, als er, wie jede andere Steuer (die legendäre,

eher Yeti gleiche Pauschalsummen-Steuer ausgenommen), Belohnungen und Kosten im Grenzbereich beeinflußt. Er ist vermeidbar, falls die entsprechende ökonomische Aktivität vermieden wird. Er wirkt sich sozusagen auf die Gewinn- und Verlustrechnung von Personen aus, statt auf die Aneignung dessen, was sie verdient haben. Man kann schwerlich den Anspruch aufrechterhalten (falls er erhoben würde), daß angesichts einer Anhebung der Steuer auf Faktoreinkommen, oder auch diesbezüglich eine Anhebung anderer Steuern, die betriebswirtschaftliche Effizienz erhalten bliebe. Folglich: einen vorzuziehenden Trade-off abzuleiten, erzählt nur die Hälfte der Geschichte. Trittbrettfahren unterdrücken wollen impliziert, daß die Menschen lieber zum Geben gezwungen werden. Mithin erhält das Schlechte die Absolution, während das Gute der Armutserleichterung bleibt. Die unerzählte andere Hälfte mag die Waage brutal zum Kippen bringen.

2. Der „kommutative-gegen-distributive-Gerechtigkeit"-Trade-off

Jedermanns rechtmäßiges Eigentum an Vermögenswerten und Einkommen zu schützen, ist eine Forderung der kommutativen (ausgleichenden) Gerechtigkeit; Umverteilung läuft auf die Aufhebung dieser Forderung hinaus.

Befürworter der Umverteilung kontern mit der Behauptung, daß es die Forderung der ausgleichenden Gerechtigkeit falsch darlege und die Forderung der distributiven (austeilenden) Gerechtigkeit ignoriere. Das diesbezügliche Argument hängt hauptsächlich von den Ideen eines herrenlosen, in Hülle und Fülle positive Externalitäten ausschüttenden Reichtumspools ab.

Das gegenwärtige von den Mitgliedern der Gesellschaft produzierte und genossene Einkommen, so wird gesagt, sei zum großen Teil ein angefüllter Pool aus greifbarem und ungreifbarem Wohlstand. Er ist Ihrer genausowenig wie meiner. Er enthält die dauerhaften Ergebnisse der gesellschaftlichen Zusammenarbeit seit Menschengedenken. Die individuelle Produktivität schuldet diesem Pool genausoviel oder gar noch mehr als den Anstrengungen des Produzenten (Feinberg 1984, S. 16).[12] Diese Ansicht ist verführerisch plausibel und eignet sich für eloquente Formulierungen:

„... Produkte sind nicht mehr einfach mein Werk oder gehören dir, mir, ihm und ihr in identifizierbaren Proportionen. Die Gesellschaft leistet nun ihren eigenen wichtigen Beitrag; die Tradition ebenfalls. Nicht einmal die Produkte des Denkens bewahren viel Reinheit. Ein Forscher der Medizin mag eine Entdeckung von großem kommerziellen Wert machen. Er mag furchtbar hart gearbeitet haben, um es zustande zu bringen. Aber wenn schon, wer hat ihn trainiert? Wer hat die Angelegenheit bis zu dem Punkt gebracht, an dem die Entdeckung möglich wurde? Wer hat das Labor errichtet, in dem er gearbeitet hat? Wer unterhält es? Wer bezahlt für es? Wer ist für die bestehenden sozialen Institutionen verantwortlich, welche die kommerziellen Möglichkeiten bereitstellen? Jemand, der das soziale Rahmenwerk geschickt ausnutzt, hat sowohl seinem Geschick als auch dem Rahmenwerk zu danken". (Griffin 1986, S. 288)

Diese Argumentationslinie soll mit Nachdruck nahelegen, daß die ausgleichende Gerechtigkeit dem Produzenten eigentlich kein Eigentum an den Produkten verleihe. Die riesige Bedeutung des „Reichtumspools" vorausgesetzt, hebt das Argument an, zu zeigen, daß die Regel der ausgleichenden Gerechtigkeit, welche in dem Trade-off leidet, tatsächlich schlecht begründet und unpassend ist, nicht wert, eine Träne darüber zu vergießen. Wir mögen nicht genau wissen, welchen Teil der gegenwärtigen Produktion wir den von ihren Produzenten auf sich genommenen Opportunitätskosten verdanken und welcher Teil den allgemeinen sozialen und ökonomischen Bedingungen zuzuschreiben ist, die bildlich in den „Reichtumspool" eingebaut sind. Sehr wahrscheinlich können die entsprechenden Teile nicht „gewußt" werden, sondern müssen durch den politischen Prozeß, der die austeilende Gerechtigkeit verwaltet, entschieden werden.

Ich weiß von keinem Autor, der dieses Argument zur Verteidigung der Umverteilung gänzlich vorbringt. Wie dem auch sei, viele nutzen verschiedene Aspekte davon. Dies erleichtert zumindest implizit Schlußfolgerungen, die auf andere Weise nur sehr schwer aufrechtzuerhalten wären. Diese sind einige der besten Beispiele:

• Enteignung ohne Kompensation ist nicht, aber Besteuerung ist vollkommen mit der Achtung vor Eigentumsrechten konsistent.
• Eigentumsrechte sind nicht absolut, sondern durch alle anderen Inter-

essen begrenzt, welche die Gesellschaft zu wahren entscheidet. Es ist die Gesellschaft, die Recht und Ordnung aufrechterhält und Eigentumsrechte durchsetzt, was auf solche Rechte hinausläuft, die durch die Gesellschaft tatsächlich *verliehen* werden; nach ihrer Durchsetzung *gegen* die Gesellschaft selbst zu verlangen, ist eine Absurdität.[13]

• Verteilungsgerechtigkeit muß an einer Grundlinie beginnen, die von moralisch willkürlichen Eigentumsansprüchen, die angeblich von ursprünglichen Begabungen und nachfolgenden vertraglichen Erwerbungen herrühren, unbelastet ist.

• Die Verteilungsergebnisse aus Prozessen des freiwilligen Tausches sind wegen des notorischen Versagens der Märkte, Externalitäten zu internalisieren, illegitim.

Die letzte der aus der Idee eines herrenlosen Reichtumspools stammende Ableitung kommt der Sache am nächsten. Die anderen sind hauptsächlich überflüssige Beteuerungen oder leere Worthülsen, aber das Externalitätsargument sieht so aus, als hätte es eine gewisse Kernsubstanz, die einer Analyse zugänglich ist. Die gesamte Reichtumspool-Verteidigungslinie greift man am besten an, indem man es attackiert.

Als Ausgangspunkt gilt mir, daß eine Externalität eine für eine dritte Partei gute oder schlechte Konsequenz ist, wenn sie der Ausführung eines Vertrages zweier Parteien (oder, was weniger typisch ist, allein aufgrund der Ausübung unilateralen Aktes) erwächst. Die Freiwilligkeit des Vertrages impliziert, sofern angemessen definiert, daß jede Vertragspartei das erhält, was sie als hinreichende Erfüllung ihrer Vertragsseite betrachtet. Das Gut oder Übel der dritten Partei ist kein Teil der Anreize oder Abschreckungen, welche zum Vertrag und seiner Ausführung motivieren. Die Parteien würden genau dasselbe tun, auch wenn es weder Gut noch Übel für eine beliebige dritte Partei gäbe. Es ist diese Beschränkung, welche den Namen „Externalität" angebracht sein läßt.

Die Angemessenheit dieser Überlegung, nämlich daß jede Vertragspartei einen ausreichenden Gegenwert für den Wert gibt, den sie erhält, hat entscheidende Bedeutung. Aufgrund des Prinzips *„ne bis in idem"*[14] steht der Drittempfänger einer positiven Externalität unter keiner Verpflichtung, die Verursacher in der einen oder anderen Form zu belohnen oder zu kompensieren. Falls die „Gesellschaft" oder vergangene Generationen diese positive Externalität verursacht haben, schulden ihre Empfänger der „Gesellschaft" oder den heutigen Erben der vergangenen Generationen nichts. Wer immer sie geschaffen hat, *ist bereits voll bezahlt worden.*

Zweitens, nach meinem Verständnis verweist die „herrenlose Pool"-Verteidigung der Umverteilung nicht auf ein, sondern auf zwei unterschiedlich behaupteten, umverteilbare Pools. Einer ist die positive „Summe" ursprünglich unbeabsichtigter Externalitäten, die von solch nützlichen Kooperationsprozessen generiert werden wie die Produktion von Gütern, Wissen oder Konventionen, welche wiederum die sie verursachenden gesellschaftlichen Kooperationen zusätzlich erleichtern. Der andere Pool ist die „Summe" staatlicher (oder para-staatlicher) Dienstleistungen, eine öffentliche Infrastruktur, die Durchsetzung von Recht und Verträgen und (möglicherweise) Dienstleistungen in den Bereichen „Sozial"versicherung, Gesundheit und Erziehung. Metaphorisch betrachtet werden diese Dinge durch die Umsetzung eines Quasi-Vertrages zwischen Staat und Steuerzahler bereitgestellt. Entspräche diese Metapher der Wirklichkeit, dann könnten die nützlichen Effekte dieser Dienstleistungen *über* den Nutzen *hinaus*, den die Steuerzahler für sich „gekauft" haben, als eine positive Externalität für die Nichtsteuerzahler durchgehen. Auf „*ne bis in idem*" berufend, hätten die Steuerzahler keinen Anspruch auf umverteilende Kompensation von den Nichtsteuerzahlen. Warum jemand denken sollte, daß Kompensation in der entgegengesetzten Richtung fällig sein mag, nämlich *von* Steuerzahlern, welche die nützliche Externalität bereitstellen, *zu* den Nichtsteuerzahlern, die sie erhalten (das ist für gewöhnlich die Richtung der meisten umverteilenden Vorschläge), ist ein Rätsel, über das zu sinnieren ich dem geneigten Leser überlasse.

Wenn allerdings das Bild vom Staat, der mit dem Steuerzahler paktiert, um Dienstleistungen zu liefern, als Erklärung dafür, wie es zum Bezahlen des sozialen Rahmenwerks kam, nicht akzeptiert wird, dann ist „*ne bis in idem*" auch nicht anwendbar. Es mag sein, auch wenn wir das nicht sicher sagen können, daß die Steuerzahler dabei schlecht behandelt wurden. Denn falls es keinen freiwilligen Vertrag gab, sondern statt dessen eine Kaufpflicht für staatliche Dienstleistungen, dürften sie zum Überbezahlen bewegt worden sein. Einen Teil der Steuern haben sie zu ihrem eigenen Nutzen gezahlt, einen zusätzlichen zum Nutzen der Nicht-

steuerzahler. Dann ist Kompensation der Steuerzahler durch die Nichtsteuerzahler fällig – platter gesagt: der Reichen durch die Armen. Wir
können sicher sein, daß auch dieser Vorschlag von den Protagonisten des
„Wohlstandpools", die der darin enthaltenen regressiven Umverteilung
flugs den Rücken kehren würden, abgestritten und heftig zurückgewie-
sen würde.

Es läuft darauf hinaus, daß es analytisch zwei „Pools" zu geben
scheint – einen infolge freiwilliger Tauschakte, der andere infolge der
Ausübung politischer Macht – die um des Argumentes willen ver-
schmolzen werden können. Der verbleibende gemeinschaftliche Pool ist
ohne Eigentümer. Für gewöhnlich zieht die Entstehung privater Güter
die Entstehung von Eigentumsrechten an diesen nach sich. Im Gegensatz
dazu werden Externalitäten nicht vom individuellen Faktoreigner erworben, wenn und falls sie überhaupt hervorgehen. Die „Gesellschaft"
besitzt deren vermeintlichen Pool nicht mehr als die einzelnen Individuen. Wie auch immer, der spätere, im Verlaufe ihres Erwerbslebens vor-
genommene, wissentliche oder unwissentliche Griff in den Pool strengt
an. Wenn die Externalität, welche das Einkommen einer Person erhöht,
oder allgemeiner gesagt, deren gesamtes Wohlergehen, „nicht überstrapaziert" („uncrowded") ist (um die Sprache der öffentlichen Güter zu
gebrauchen), dann gibt es eine enge Analogie zur Lockeschen Idee der
gerechten, ursprünglichen Aneignung: Es gibt „genug und gleich gutes
für andere" (oder auf jeden Fall für die nächste Person, um die es hier
letztlich geht).

Der Gebrauch von Wissen, das sich in der Öffentlichkeit findet, ist
eine reinere Illustration des Prinzips des „nicht überstrapazierten"
öffentlichen Guts als Lockes Besitznahme jungfräulichen Landes. Wenn
Sie sich aufmachen und ein Stück nützlicher Information in der öffentlichen Bibliothek nachschlagen, schmälern Sie nicht das Ausmaß nützlicher Information, die jedermann finden kann, der sich die gleiche Mühe
macht. (Es mag dessen Nutzen einschränken, wenn die Bedingung der
„Nicht-Überstrapazierung" *nicht* standhält, d. h., wenn Ihr Nutzen von
der Information den Nutzen, welchen die nächste Person aus dieser ziehen kann, schmälert.) Die Einlösung der Lockeschen Bedingung ist ganz
im Sinne der egalitären Vorannahme, daß der bevorzugte Zustand aus
den Ergebnissen hervorgeht, bei denen niemand mehr gewinnt als

irgendein anderer, weil der, der zuerst kommt, genug und gleich Gutes
für den hinterläßt, der als zweiter kommt. Aber mehr tut die Bedingung
nicht. Sie wird eine Erfordernis der Gerechtigkeit nur *wegen dieser egalitären Forderung, der erst noch zuzustimmen ist*, und es gibt keinen zwin-
genden Grund, warum man dies annehmen sollte.

Falls man es nicht annimmt, dann gilt das, was für „nicht überstrapa-
zierte" Externalitäten gilt, nicht mehr und nicht weniger auch für Externalitäten, die „überstrapaziert" werden. Der einzige Grund, aus dem
heraus jemand („die Gesellschaft"?) ein Recht ableiten kann, den frühen
Vogel davon abzuhalten, den Wurm (oder den fettesten von vielen Wür-
mern) zu fangen, den, der zuerst kommt, davon abzuhalten, das meiste
zu gewinnen, die Konsequenzen von Wachsamkeit und vor allem Glück
zu ächten, verschleiert die Frage, warum ungleiche Nutzen, um toleriert
zu werden, einer besonderen Rechtfertigung bedürfen oder, wenn sie das
nicht tun, umverteilt werden sollen. Nicht jeder würde dieses Recht einräumen und sich der entsprechenden Verpflichtung beugen, ungleiche
Gewinne aufzugeben, und viele tun dies in der Tat nicht. Bis nicht alle es
tun und die Lockesche Bedingung als selbstredendes Grundprinzip anerkannt ist – was weder sehr wahrscheinlich noch, wie ich denke, wünschenswert ist –, kann die Aneignung herrenloser Güter nur durch die
schon immer dagewesene gesellschaftliche Konvention „Wer zuerst
kommt, mahlt zuerst" gesteuert werden. Es ist die *Aufhebung* dieses
Prinzips, die durch bestimmte Gründe gerechtfertigt sein muß (ein Not-
fall, die bittere Not der Zuspätgekommenen), nicht dessen Anwendung.
In Abwesenheit solcher Aufhebungsgründe, gehört dem eine Sache, der
sie findet, ungeachtet dessen, ob genug oder gleich Gutes für andere
Sucher oder auch Nicht-Sucher übrig bleibt. Selbst wenn der „Reichtumspool", durch die Leute, die sich dort selbst bedienen, verkleinert
würde, würde nichts von dem Umstand, daß eine Externalität eine Externalität *ist*, der Umverteilung eines Nutzens, nachdem er einmal vom
Finder vereinnahmt ist, zu mehr Legitimität verhelfen.

Daher kommt es, daß, unter der Annahme eines gefüllten Pools an geschätzten Externalitäten, von den entsprechenden Prozessen der Produktion und des Tausches, welche durch Leute bereichert werden, die
sich selbst aus dem Pool bedienen und ihn auf diese Weise entleeren,
ebenso angenommen werden muß, daß sie den Pool mit geschätzten

Externalitäten wieder auffüllen, die *sie* hervorbringen. Denn wenn *vergangene* gesellschaftliche Zusammenarbeit einige die Gegenwart bereichernde Externalitäten hinterließ, warum sollten wir dann nicht annehmen, daß die *gegenwärtige* Zusammenarbeit in gleicher Weise die Zukunft bereichert? – auch wenn immer noch Raum bleiben dürfte für die nachgeordnete Frage, ob die Gegenwart *genug* für die Zukunft tue.

Ich glaube keineswegs, daß man *dies* als das letzte Wort in der Sache ansehen sollte. Das entscheidende Argument ist sicherlich, daß gute Externalitäten, genaugenommen niemandem geschuldet werden, weil die Handlungen, welche sie hervorgebracht haben, bereits vollständig entlohnt wurden und nicht nach erneuter Entlohnung rufen. Dies gilt genau so sehr oder wenig, wenn wir den unwissentlichen Wohltäter nicht identifizieren können. Externalitäten, die nicht sozusagen bis auf irgend jemandes Handlung zurückverfolgt werden können, stürzen uns nicht mehr in Schuld gegenüber der „Gesellschaft", als die Externalitäten, die bestimmten Personen untergeschoben werden könnten, uns *diesen* Personen gegenüber schuldig machen. Egal woher sie kommen, sie gehören erst dann jemandem, wenn er sie vereinnahmt hat. Die rechtmäßigen Eigentümer sind solche, die es, gleich welcher Verbindung von Glück und Verdienst, schaffen, sie zu vereinnahmen. Dennoch ist es vielleicht angenehm, sich zu vergegenwärtigen, daß „wer zuerst kommt, mahlt zuerst" nicht einschließen muß und es wahrscheinlich auch nicht tut, daß die später Kommenden einen ausgetrockneten Pool vorfänden.

3. Der Trade-off zwischen den „kapitalistischen Eigentumsrechten und dem sozialen Frieden"

Es ist eine beachtlich weitverbreitete, auf Marx zurückgehende, aber heute meist von Anti-Marxisten vertretene Annahme, daß die Umverteilung von den Reichen zu den Armen den Reichen hälfe. Sie gäben einiges von dem, was sie haben, auf und kauften sich davon sicheren Besitz und Freude am Rest. Wie wir wissen, nahm Marx diesen Trade-off so ernst, daß er letztlich die revisionistischen Sozialisten und alle Förderer „sozialer Reformen" als die schlimmsten „objektiven" Feinde der Arbeiterklasse betrachtete, weil jener Erfolg, den sie hatten, „notwendig" die totale Enteignung des Kapitals durch das Proletariat verzögerte (auch wenn dieser, glücklicherweise, sie nicht ganz verhindern konnte). Kapitalisten sind, jeder für sich genommen, nicht in der Lage, auf den Tradeoff Einfluß zu nehmen, egal wieviel sie davon profitieren würden. Verklärt sah Marx, was spätere Marxisten klarer sahen: daß man einen „Konstruktionsfehler" eingesteht, wenn man annimmt, daß individuelle Kapitalisten für gewöhnlich in ihrem Klasseninteresse handelten. Wie auch immer, ein umverteilender Staat, der einen Teil ihres Geldes nähme und den Arbeitern gäbe, zwänge sie zu ihrem eigenen Besten. Es ist ja auch recht plausibel, in Bismarcks „sozialer" Gesetzgebung den Staat die Rolle spielen zu sehen, die ihm in marxistischen Überlieferungen zugeschrieben wird. Der Charme dieses speziellen Kapitels der Geschichte ist, daß selbst wenn Bismarck ihnen „objektiv" gedient hätte, ihm an den kapitalistischen *Interessen* am wenigsten gelegen war.

Gewisse Ausformungen der Hypothese, daß die Bessergestellten mit der Aufgabe eines Teils ihrer von Natur aus bestehenden Vorteile eine günstige Verhaltensänderung bei den Schlechtergestellten kaufen könnten, liegen einer nicht-marxistischen Haltung der modernen Gesellschaftstheorie (wenn auch nicht dem Hobbeschen Ursprung) zugrunde. In Buchanans Version (1975) ist das Umverteilungsgeschäft die Gleichgewichtslösung eines Spiels, die andere Lösungen überragt, welche aufgrund von Mehrkosten für den Schutz ungleich verteilten Eigentums sich für reich und arm weniger auszahlen. Es ist möglich, auch wenn ich unsicher bin, ob man es sollte, in Gauthiers Version (Gauthier 1986; Gauthier und Sugden 1993), insbesondere in die Idee des „minimax relativen Zugeständnisses" einen vergleichbaren Handel hineinzulesen. Rawls, wie sollte es auch anders sein, erzielt eine bestimmte gerechte Verteilung durch ein Übereinkommen unter Personen, die sich jeglicher relevanter Unterschiede untereinander nicht bewußt sind. Das ist konsequenterweise kein Geschäft zwischen reich und arm, weil die Verteilung von ihnen beschlossen wird, wenn niemand weiß, ob er eher reich oder arm werden wird. Nichtsdestoweniger dringt der Glaube, daß die Befriedigung der Erfordernisse austeilender Gerechtigkeit „Bereitwilligkeit" zur gesellschaftlichen Kooperation hervorbringe, durch die weniger formalen Teile seines Textes. Wahrlich, sobald das Rawlsche Differenzprinzip in Kraft gesetzt ist, haben die weniger Privilegierten nichts mehr *von* den mehr Privilegierten zu gewinnen. Dann aber gewinnen vermutlich einige mehr von der Natur, weil alle in Arten und Weisen „bereitwilliger" kooperieren, die wir uns bestenfalls in unserer Phantasie ausmalen können.

Niemand hat, soviel ich weiß, erklärt, *warum* Umverteilung, die weit vor der strikten, universalen Gleichheit haltmacht, die weniger Privilegierten befrieden soll, wenn diese nicht von Anfang an beschwichtigt sind. Wenn die Geschichte eines lehrt, dann das Gegenteil. Öfter als umgekehrt haben Zugeständnisse die Empfänger, die merkten, daß die andere Partei in die Enge getrieben wurde, angespornt, mehr Zugeständnisse zu verlangen. Wenn dies nicht so wäre, würden sich Konzessionen nicht immer wieder als „zu klein, zu spät" entpuppen. Für gewöhnlich folgt vollständiges Scheitern beim Verhandeln (können wir sagen „es wird hervorgebracht"?), sei es in Sackgassen oder Revolutionen, nicht von Anfang an an unnachgiebigem Widerstand, sondern einer Serie von stückweisen Zugeständnissen, die plötzlich aufhören. Das bißchen, was wir von Revolutionen wissen, legt nicht nahe, daß Verteilungskonflikte und Klassenkonflikte am besten im Sinne von Geschäftsverhandlungen verstanden werden, wie es das Instrumentarium der Ökonomen durch eine Parteo-superiore Vertragskurve wiedergibt.[15]

So ist eine hochentwickelte Theorie, geziemt verwässert, angemessen in die Tiefen populärer Soziologie und politischer Anwaltschaft eingesickert. Es ist derzeit gängige Weisheit, daß der Kapitalismus irgendwann zwischen den beiden Kriegen vom Staat gerettet wurde, in dem dieser neue Regulierungskräfte durchgesetzt hat, neue Regeln zur Zügelung der Vertragsfreiheit, neues Wissen, um die Wirtschaft auf einem sanfteren Kurs zu halten und die „wilden Auswüchse" des freien Unternehmertums zu verhindern. Der Kapitalismus wurde ein zweites Mal gerettet, sogar noch entschiedener, indem der Staat die Verteilung des Wohlstandes und des Einkommens zunehmend formte und sich mit den Vorstellungen der Gerechtigkeit gutstellte, zu denen sich die demokratischen Mehrheiten bekennen. Dies hat zumindest einmal angefangen, den Besitzlosen die materielle Sicherheit zu geben, welche sicherzustellen der kapitalistischen Wirtschaft trotz ihrer bekannten Effizienz mißlang. Die angebliche Rettung, welche den Kapitalismus trotz seiner selbst vom Wege der Selbstzerstörung abbrachte, wurde geplant von all den Keynes, Laskis, Beveridges und Attlees im Großbritannien der Zeit nach der

Weltwirtschaftskrise, von den New Dealers, von den Sozialdemokraten
im deutschsprachigen und skandinavischen Europa, von Gewerkschaf-
tern und Intellektuellen überall in der Welt, die den Kapitalismus nicht
nur trotz *seiner selbst*, sondern auch wider den *eigenen* Willen gerettet
haben. Es ist nun *unerläßlich* zu meinen, daß die von ihnen zur Mode gemachte Gesellschaft „pluralistisch" sei, die den Ausgleich aller legitimen
Interessen reflektiere, statt nur einem freie Zügel zu lassen, die Schwachen schütze, Neid und Groll mäßige und die Prinzipien der Gerechtigkeit und Solidarität aufrechterhalte, wenn diesen Prinzipien drohe, von
den „blinden Kräften des Marktes" erschlagen zu werden. Indem sie all
dies und noch mehr tut, bewegt sich die „postindustrielle" Gesellschaft
angeblich auf einen großen Kompromiß zwischen Effizienz und Egalität
zu. Ein System, das die Effizienz maximiere, würde unter dem Druck
sozialer Unzufriedenheit, das es nun mal produziere, kollabieren. Die
teilweise Opferung erkauft ihr Überleben.[16]
    Die deutsche Theorie der *sozialen Marktwirtschaft* geht in einer Hin-
sicht sogar weiter als jede der vorher betrachteten Theorien eines „Ge-
sellschaftvertrages *mit* umverteilendem Trade-off". Was die Theorie
wirklich sagt, ist nicht leicht auf den Punkt zu bringen. Ludwig Erhard
sah es so, daß eine solche Theorie (und ein solches Ding) faktisch nicht
existierten. Das Zusammenfügen der Wörter „sozial" und „Marktwirtschaft" war lediglich ein „harmloser Pleonasmus"[17], der die Reform von
1948 versöhnlich, unbedrohlich, politisch weniger umstritten erscheinen
ließ. Trotz alledem betrachtete Ludwig von Mises (1966, S. 723) sie als
schlecht getarnten Sozialismus, was, mag dies sein, wie es will, einen
wiederum zu der Frage bewegt: Wie lange ist ein Stück Schnur? Wie
auch immer, was uns nun interessiert, ist, daß einige Anhänger der Theorie (angenommen, es gebe eine, ohne Erhard zu nahe treten zu wollen)
die Not eines Trade-offs zwischen Effizienz und sozialer Gerechtigkeit
oder zumindest sozialer Beschwichtigung leugnen. Umverteilung erzeugt, wie Rawls meinen würde, mehr Bereitwilligkeit zur Zusammenarbeit. Es befriedet Zwietracht und stiftet allgemeine Zustimmung
(Starbatty 1993, S. 24). Während der ca. drei Jahrzehnte wirtschaftlichen
Erfolgs im Nachkriegsdeutschland haben viele in der Tat gedacht, der
knospende Wohlfahrtsstaat habe zur Effizienz beigetragen, statt sie zu
behindern.

Falls Umverteilung mehr Zusammenarbeit, Zustimmung und Einigkeit produziert, dann müssen diese Dinge in bare Münze für bessere industrielle Verhältnisse, einfacheres Management, weniger bläuen und krankfeiern, eine bessere Arbeitsethik usw. umgewandelt werden, um die Effizienz zu erhöhen. Sie müssen sie wahrlich ausreichend erhöhen, um den hemmenden Einfluß auszugleichen, den die Umverteilung durch das Durcheinanderbringen der jeweiligen Faktoreinkommen, die nach den Regeln des Eigentums einzig und allein mit der effizienten Faktorallokation verträglich wären, auf sie ausübt.

Weil die sozialpsychologische Annahme, daß Arbeiter besser arbeiten und Manager besser managen würden, falls genug Umverteilung stattfände, aus nichts folgt, das wir über die Natur des Menschen wissen, kann nichts sie aufrechterhalten, solange nicht andere empirische Anhaltspunkte es tun. Wie auch immer, für die, welche die industriellen Verhältnisse im Großbritannien vor Thatcher nach Jahrzehnten intensivierter Umverteilung erlebt haben, Blaumachen und vorgetäuschte Arbeitsunfähigkeit in Holland in den 70er und 80er Jahren, den Zusammenbruch des „Schwedischen Modells" in den späten 80ern, das Verschlingen der öffentlichen Finanzen durch den Wohlfahrtsstaat, die schließlich drohende Gefahr des Untergangs in der öffentlichen Verschuldungs-Falle in Belgien, Italien, Griechenland, Spanien, Kanada und, mit geringerem Ausmaß, in den USA: für jene, die Zeugen dieser traurigen Symptome sind, klingt die Idee, Effizienz mit Umverteilung zu erkaufen, wie schwarzer Humor.

Sobald die Demokratie als Hauptmethode gesellschaftlicher Entscheidungen überall eingeführt ist und die Regel befolgt wird, daß über Entscheidungen abgestimmt wird und keine Stimme mehr zählt als jede andere, weder mit Rücksicht auf Qualität, Wohlstand, Intensität des Anliegens und Vorlieben bestimmter Wähler noch auf den Beitrag, den jeder zum Wohlergehen der anderen leistet, wird die Politik zunehmend umverteilender.[18] Darüber hinaus verlangen Stabilitätsbedingungen einer demokratisch veränderten Verteilung sehr viel und können entweder erfüllt werden oder nicht. Weitere Umverteilung kann provoziert werden. Dies ist eine nahezu mechanische Implikation des bestehenden Regelsystems gesellschaftlicher Entscheidungen und hat nichts mit irgendeinem großen Handel zu tun, bei dem die wenigen Reichen Lösegeld an

die Masse der Armen zahlt, um die Erhaltung des Kapitalismus zu ge-
statten. Nichts beweist, daß es jemals einen solchen impliziten Handel
gegeben hat oder daß ihn abzuschließen eine Gleichgewichtslösung
wäre, welche repräsentiere, daß die beste Strategie einer jeden Partei mit
der besten Strategie der anderen verträglich sei.

III

Praktisch veranlagte Menschen mögen, nicht weniger als ethische
Puristen, die in den letzten beiden vorangegangenen Abschnitten betrachtete Art der Umverteilungspolemik einfach beiseite rücken. Für
Pragmatisten gehört der Wohlfahrtsstaat zum modernen Leben. Es ist
undenkbar, ihn mit den in der herkömmlichen Politik vorhandenen Mitteln „umzukehren". Allerdings dürften außergewöhnliche Mittel ihn in
einer anderen Form beenden. Sie würden weiß Gott etwas an seine Stelle setzen. Für Moralisten kann man den Umverteilungs-Status-quo nicht
ungeschehen machen, ohne dessen Nutznießer ihrer erworbenen Ansprüche zu berauben. Selbst wenn es wahr wäre, daß eine von umverteilenden Verzerrungen freie Wirtschaft Pareto-superior ist, könnte dies
nicht ohne Durchführung des Experiments bewiesen werden. Die Träger
der Ansprüche gäben ihre Rechte nicht freiwillig ab und verböten das
Experiment, falls sie keine Zusicherung hätten, nachher nicht schlechter
dazustehen – eine Zusicherung, die, sofern gegeben, nicht glaubhaft sein
dürfte und, falls sie geglaubt würde, wohl nicht eingelöst würde. Die Abschaffung der Umverteilung hätte nahezu sicher in einer wohl rechtsver-
letzenden Art stattzufinden, welche eben jener Bedingung der Pareto-
Superiorität[19] widerspräche, die zu erfüllen ihr Zweck gewesen wäre.
   Sowohl die politische wie auch die ethische Position, es auf sich beruhen zu lassen und sich durchzuwurschteln, sind stark. Ich z. B. erach-
te sie für stärker als irgendeines der Umverteilungsplädoyers, die bislang
in diesem Aufsatz erörtert wurden. Eine Bedingung würde beiden dennoch viel von ihrer Kraft rauben: wenn sich nämlich herausstellte, daß
der Status-quo auf Dauer tatsächlich unhaltbar ist. Es gibt Anzeichen
dafür, daß er in der Tat unhaltbar ist. Und das heißt annehmen, daß Kriminalität, Schwangerschaft von Teenagern, Familien mit einem Alleiner-

ziehenden, das Versagen staatlicher Erziehung, endemische Haushaltsdefizite und der Rest der Litanei in entscheidendem Maße dem Umverteilungsstaat zuzuschreiben sind. Wie auch immer, einfach gesagt: Niemand könnte dies jenen schlüssig beweisen, die nicht aktiv wünschen, überzeugt zu werden. Die Zuschreibung ist eine empirische Angelegenheit, und die zur Debatte stehenden Tatsachen erlauben beliebig viele Interpretationen. Das Ziel dieses Abschnittes ist, ein anderes Anzeichen zu wählen, um die chronische und offensichtlich wachsende Langzeitarbeitslosigkeit und ihr kausales Verhältnis zur Umverteilung in einer Art zu umreißen, die sie so weit wie möglich für rein formale, nicht-empirische Kritik öffnet. Dieser Umriß enthält ein weitgehend deduktives Argument, dessen Prämissen, denke ich, die meisten ausgebildeten Ökonomen ziemlich ansprechend fänden.

Die erste Prämisse ist, daß die Nachfrage nach Arbeit eine absteigende und deren Angebot eine Wachstumsfunktion der Lohnrate ist oder, als Zugeständnis an den Realismus, des Spektrums der Lohnraten. In einem weiteren Schritt zum Realismus können wir die Arbeitsnachfrage auch in Abhängigkeit zu den Lohnzusatzkosten setzen und die Nachfrage in Abhängigkeit zum Lohnzusatznutzen, welcher der Beschäftigung anhängt. Lassen Sie uns nun Umverteilung einführen.

Wie kann die politische Führung, die im Auftrag der Gesellschaft handelt, Umverteilung in einer vereinfachten Zwei-Faktor-Ökonomie einbauen, in der das Kapital den Arbeitgebern gehört, die Arbeit den Arbeitnehmern, alles Einkommen Faktoreinkommen ist, die Renten vernachlässigbar sind und Vollbeschäftigung herrscht? Angenommen, die Arbeitgeber hätten eine zu ihrem Einkommen proportionale Steuer zu zahlen. Kurzfristig und vor jeder Kapital-Arbeit-Anpassung ist diese Steuer zufällig auch proportional zur Arbeit, die sie einführen. Sie funktioniert, wie eine Steuer auf Arbeit funktionieren würde und schlägt voll auf die Lohnzusatzkosten. Denken wir uns dennoch die Steuererträge als Unterstützung, die dem Arbeitnehmer proportional zu seinem Einkommen ausgehändigt wird. Diese werden ihrem Lohn denselben Lohnzusatznutzen zuführen wie die Lohnzusatzkosten, welche die Steuern auf die Arbeitgeberlohnkosten schlagen. Die Unterstützung ist also ein Gegenbild der Steuer. Ihr beider Effekt ist, daß die Arbeitsnachfrage sich im Sinne der üblichen Diagramme nach links verschöbe, ihr Angebot weiter

nach rechts. Dennoch, die beiden Verschiebungen, die mit den hinzu-
gefügten Lohnzusatzkosten respektive Lohnzusatznutzen korrespon-
dieren, wiegen sich gegenseitig vollständig auf. Die Arbeitskosten, das
Einkommen durch Arbeit, die Beschäftigungsrate und die gesamten
Faktoreinkommen, alle bleiben konstant. Der Umverteilungsversuch ist
nichtig, nichts ändert sich.

Nun wollen wir den Umverteilungsversuch eine andere Form annehmen lassen, wobei die Steuern bleiben wie gehabt, aber der Lohnzusatznutzen nicht als Geldtransfer, sondern als Gütergeschenk gegeben wird.
Das klassische Umverteilungsgut ist „Sicherheit", eingebettet in einem
Bündel „sozialer" Versicherungspolicen zum Nutzen der Arbeitnehmer,
wobei die Prämien direkt von den Arbeitgebern oder von der Regierung
aus deren Steuern bezahlt werden. Die Policen schützen gegen Risiken
wie Erkrankung, Arbeitslosigkeit, Mittellosigkeit im Alter und vergleichbare Widrigkeiten. Wie bewertet ein Arbeitnehmer diesen Lohnzusatznutzen?

Soweit er „Schutz" gegen einige dieser Risiken bereits privat gekauft
hat, kann er seine privaten Policen auslaufen lassen. Die vom Arbeitgeber bezahlte Versicherung ist ein vollständiger Ersatz und der Grenzwert
des Versicherten ist der Versicherungsbeitrag, den er für seine private
Versicherung nicht mehr länger zahlen muß. In Abhängigkeit von der
verhältnismäßigen Effizienz der beiden Wege, Versicherung bereitzustel-
len und der versicherungsmathematischen Verlusterwartung zwischen
privatem und öffentlichem Versicherungsplan (die wahrscheinlich diffe-
rieren, vor allem wenn der öffentliche Plan nicht nach Risikoqualität dis-
kriminiert, sondern eine uniforme Deckung für eine Standardprämie an-
bietet), mag die private Prämie entweder unter oder über den Kosten der
öffentlichen Versicherung liegen, und das wird auch der Wert der letzteren für den Arbeiter tun, der ein Käufer privater Versicherung war. Wir
dürfen allerdings als nächstes annehmen, daß ein beträchtlicher Teil der
Arbeiter keine Käufer privater Versicherungen waren, jedenfalls nicht
gegen alle ihre „sozialen" Risiken. Dies ist sogar ein prinzipieller Grund,
ihnen öffentlichen Versicherungsschutz in Form eines alles einschließen-
den unfreiwilligen Programms, das sie nicht kündigen können, zu geben.
Es ist dieser Arbeitnehmeranteil, dessen subjektive Einschätzung der
sozialen Sicherheit uns im folgenden beschäftigen wird.

Es ist verführerisch zu sagen, daß der Wert eines Gutes für den Empfänger, der, wenn er es zu kaufen gehabt hätte, es nicht erworben hätte, geringer sei als sein Geldwert. Dies ist, wie wir wissen, die ökonomische Begründung für die langjährige gesetzliche Verurteilung von „Naturalien", der anderen Form der Lohnzahlung, welche in einem vollkommenen Markt für das Lohngut den Arbeitgeber mehr kosten würde, als es dem Arbeitnehmer wert wäre.[20] Dem entgegen steht die gleichermaßen altehrwürdige Ansicht, daß die Präferenzordnung der sorglosen Armen und, in einer selbstsicheren Version des Paternalismus, aller übrigen ein irreleitender Führer für den Beitrag sei, den verschiedene Güter zu deren Wohlstand leisten. Konsequenterweise sind meritorische Güter ihnen mehr wert, als sie kosten. Auch ohne Annahme dieser paternalistischen Position mag man durchaus die Möglichkeit, wenn nicht gar die Wahrscheinlichkeit, einräumen, daß die öffentliche Bereitstellung von Sicherheit von einigen Unversicherten und Unterversicherten als ihren Preis wert angesehen wird, auch wenn sie das für eine vergleichbare private Versicherung nicht tun. Jene unversicherten Arbeiter, die so denken, dürften in der Tat die Sozialversicherung dem Geld vorziehen. Die Erkenntnis ihrer eigenen Willensschwäche – „Pflichtversicherung ist ihr Geld wert, weil ich das Geld, wenn ich es an ihrer Stelle hätte, für Bier und Wettrennen einfach auf den Kopf hauen würde", mag ein Grund sein, und es mag unzählige andere geben, die wir nicht ausschließen können.

Alles, was wir momentan brauchen, damit der Umriß einer Arbeitslosigkeitstheorie wächst und gedeiht, ist, daß die Bedingung „soziale Sicherheit ist genausoviel oder mehr wert als ihre öffentlichen Kosten, aber weniger als sie, privat erstanden, kosten würde" *nicht* für *jeden* gilt. Gilt sie nicht für jeden – und wir sollten nicht zögern, diese schwache Annahme zu treffen –, dann wird es eine marginale Arbeiterschaft geben, deren Lohnzusatzkosten im Anschluß an die Umverteilung höher sind als der Lohnzusatznutzen, den diese auf sie überträgt. Man kann es auch so ausdrücken: Für einen Teil der angestellten Arbeitskräfte ist die ihnen gegebene soziale Sicherheit weniger wert als die Kosten, die sie produzieren. Die öffentlich bereitgestellte Sozialversicherung wird – ganz gleich was sie sonst noch wird – einen Effekt erzielt haben: die Grenzkosten für Arbeit höher zu machen als den Grenznutzen der Arbeit.

Die blanken Knochen des resultierenden statischen Gleichgewichts ragen klar hervor. Es wäre hier so, wie es im vorigen Steuer- und Transfer-Fall sein würde: Die Nachfragekurve für Arbeit bewegt sich um das Maß nach links, das der Arbeitssteuer entspricht. Die Angebotskurve rückt nach rechts, *aber um ein geringeres Maß*, weil der Grenzlohnzusatznutzen in Naturalien kleiner ist als die Steuern, welche die Angestellten zu dessen Erwerb entrichten müssen. In dem scheinbar neuen Gleichgewicht ziehen die Arbeitsnachfrage und das Arbeitsangebot bei höheren Lohnkosten und geringerer Beschäftigung gleich. In der Folge wird ein Teil der Arbeitskraft im Zuge der „Umstrukturierung" des Unternehmens überflüssig gemacht.

Dieses scheinbar neue Gleichgewicht kann dennoch nicht bestehen und ist keines, weil es sich mit dem gängigen Versicherungsmechanismus nicht verträgt. Die Prämie, welche der Absicherung einer vollbeschäftigten Bevölkerung gegen verschiedene Risiken einschließlich der Arbeitslosigkeit angepaßt war (wobei das letztere Risiko in einer Wirtschaft mit Vollbeschäftigung eine geringe versicherungsmathematische Verlusterwartung hat), ist für die Bereitstellung derselben Versicherung für eine Bevölkerung mit teilweiser Arbeitslosigkeit ungeeignet. Den Grund kann man auf zwei Arten ausdrücken: Entweder können wir sagen, daß die versicherungsmathematische Verlusterwartung steigt, um die höhere Verlusterfahrung widerzuspiegeln, oder daß den Arbeitslosen ihre Police ausbezahlt werden muß. Der Prämienanstieg, welcher denselben Anstieg in den Lohnzusatzkosten der Arbeit einschließt, drückt weiterhin ihre Nachfrage: Höhere Arbeitslosigkeit impliziert eine noch höhere Versicherungsprämie, die wiederum eine noch höhere Arbeitssteuer, und die eine noch höhere Arbeitslosigkeit usw.

Falls der Prozeß zu gegenseitiger Annäherung führt, dann ist schließlich ein endgültiges Gleichgewichtsniveau erreicht, das stabil ist. Für den Fall, daß der Prozeß „chaotisch" ist, versuchen wir besser nicht zu sagen, was passierte, aber es wäre wahrscheinlich etwas weitaus Unangenehmeres.

Geleitet von diesen recht grundsätzlichen Überlegungen würde man erwarten, in der weniger grundsätzlichen, tatsächlichen Welt eine bestimmte Anzahl hervorstechender Merkmale zu finden. Ihre Anwesenheit würde der Theorie einen Grad der Bestätigung verleihen.

Erstens, die durch zyklische Veränderungen korrigierte Arbeitslosigkeit würde steigen oder sich auf einem historisch hohen Niveau einpendeln.

Zweitens, im Vergleich der Nationen untereinander würde die Arbeitslosigkeit und ihr Wachstumstrend vom Niveau und Wachstum der Umverteilung via Sozialversicherungen verschiedener Art positiv korrelieren. Im Gegensatz zum amerikanischen oder ostasiatischen Modell würde das sogenannte „Europäische Modell" die höchste Arbeitslosigkeitsquote zeigen. Unter den zum „Europäischen Modell" konformen Ländern würden alles in allem die am meisten Leidenden sich dennoch darum kümmern, die „sozialsten" zu sein.[21]

Drittens, in der informierten Öffentlichkeit würde die Einsicht einsetzen, daß der Anstieg der für Lohnzusatznutzen in *Naturalien* gezahlten Lohnzusatzkosten der Hauptgrund der Arbeitslosigkeit ist. Trotzdem wäre es politischer Selbstmord, gemäß dieser Einsicht zu handeln und die „sozialen Errungenschaften" der letzten zwei oder drei Jahrzehnte abzubauen. Die Umverteilung würde weitergehen und weiterhin von typischen Kommentatoren als eine hohe Tugend der modernen Demokratie betrachtet werden, die ihre Kosten vermutlich sehr wohl wert sei. Klassische Liberale würden sie weiterhin mit Unbehagen als Bestandteil des Lebens betrachten, als eine kleine Sünde, gegen die anzukämpfen keinen Zweck hat.

Viertens, intellektuell diskreditierbare, Heilmittel verbreitende Spinner fänden zunehmend eine sympathisierende Hörerschaft. Es gäbe eine Wiederauferstehung des Ludditischen Glaubens[22]: die Technologie verschlinge Arbeitsplätze, und es bleibe zu wenig an zu verrichtender Arbeit übrig. Es gäbe eine Zunahme an Neo-Protektionismus: ausländische, durch billige Arbeit produzierte Güter verschlängen Arbeitsplätze, sogar gieriger als die Technologie; Konkurrenz durch Länder, die weder etwas zum Schutz der Umwelt noch etwas für die Frauen oder gegen Kinderarbeit tun, stellten „soziales Dumping" dar.

Schließlich gäbe es eine Palette von vorsichtigen politischen Antworten zur „Bekämpfung" der Arbeitslosigkeit. Ermutigungen zur Arbeitsplatzteilung, Entmutigungen bei Extraschichten durch das Auferlegen von Strafabschlagskosten würden erprobt, und ein Versuch, die Last des „sozialen Schutzes" von einer Arbeitssteuer auf eine allgemeine Steuer abzuwälzen, würde unternommen. Diese Maßnahmen mögen die entsprechende Lastenquote verschieben, aber was sie gegen die endgültige Quote und deren Implikationen ausrichten können, ist eine offene Frage. Solange das Gut „soziale" Sicherheit letztlich von seinen Nutznießern weniger geschätzt wird, als es in der Herstellung kostet, muß irgend jemand den Verlust tragen. Technisch ausgedrückt: Das Problem ist, daß wegen eines großen Teiles des Sozialprodukts, der in den „sozialen Schutz" fließt, die Grenzraten für Substitution und Transformation von der Politik einer großzügigen Umverteilung in Naturalien auseinandergetrieben werden.

Die meisten dieser Vorhersagen der Theorie werden von der Geschichte der Gegenwart bestätigt. (Ich darf dem geneigten Leser, dem es ohne fremde Hilfe bisher entgangen ist, nicht vorenthalten, daß es für die Skizzierung der Theorie eine große Hilfe war, das gegenwärtige Syndrom tatsächlich zu sehen, das die Theorie vorherzusagen versucht.) Der Langzeitarbeitslose und der angstbefallene, vergeblich nach Karrieremöglichkeiten Ausschau haltende junge Mensch werden von der erklärten Freundlichkeit und dem sozialen Gewissen des umverteilenden politischen Systems erdrückt.

Wie auch immer, es ist einfacher, einen gewissen abstrakten Verlust an Pareto-Optimalität als Preis für die Umverteilung vorzuschieben, wenn nicht gar zu leugnen, als dessen sichtbaren Ausdruck, die Entstehung einer chronischen, großflächigen Arbeitslosigkeit zu akzeptieren. Am Ende dieser Reflexionen sind mir zwei Dinge völlig unklar: wie die demokratische Gesellschaft sich aus diesem selbstgemachten Schlamassel befreien könnte und wie sich der Zustand auf Dauer aufrechterhalten könnte.

Anmerkungen

1 „ ... der Staat schützt die Leute gegen jedes Desaster, ausgenommen solche, die er ihnen selbst zufügt". (Walzer 1983, S. 83) Walzer zielt mit seiner spitzen Bemerkung auf die „Volksdemokratien", trifft aber in gewissem Maße jede Art von Staat.
2 Eine politische Gemeinschaft neigt dazu, mehr darauf zu achten, daß jeder „nicht weniger als" bekommt. Bestenfalls ist sie bereit, es privaten, dezentralisierten Tauschmechanismen zu überlassen, mehr denen zuzuweisen, die mehr verdient haben. Schlimmstenfalls, so scheint es, weisen solche Mechanismen denen, die mehr verdient haben, mehr zu, als diese wirklich verdient haben, und gehen dazu über, zurückzuholen, was die „blinden Kräfte des Marktes" „zuviel zugewiesen" haben.

3 Mit diskriminierender Preissetzung wird die in einem bestimmten Marktsegment (Risikoqualität) kostendeckungssichernde Prämie den Durchschnitt der versicherungsmathematischen Verlusterwartung für dieses Segment bilden. Das Argument im Text gilt *sinngemäß*.

4 Ich sage bewußt „beabsichtigt". Eingedenk des erkenntnistheoretischen Handicaps der Gesellschaftswissenschaften können wir nicht sagen, wer die Sozialversicherungssteuer „wirklich" bezahlt, der Arbeitgeber, der Arbeitnehmer oder jeder in seiner Eigenschaft als Konsument oder Anbieter.

5 Man braucht es nicht extra zu sagen, daß dies nicht heißen soll, daß Nutzengewinne und -verluste sich aufhöben. Es gibt nichts, womit wir den „Ausgleich" der Nutzen deskriptiv darstellen könnten. Normative Urteile sind selbstverständlich immer möglich. Aber es gibt keinen zu rechtfertigenden Test, der solchen Urteilen „Gültigkeit verschaffen" könnte.

6 Hayek behandelt Recht und Ordnung nicht wie alle anderen öffentlichen Güter, sondern als eine separate Kategorie. Dieselbe Trennung wird in Buchanans Unterscheidung von „protektivem" und „produktivem" Staat beibehalten, wobei ersterer Recht und Ordnung und letzterer (andere) öffentliche Güter herstellt.

7 Dieser Ausgleich ist glaubhaft, falls er nicht als empirische, deskriptive Aussage ausgewiesen wird, sondern als Ergebnis paarweiser normativer Urteile. Für den Richter macht es vollkommen Sinn zu sagen, daß A's Gewinn mehr zur Zufriedenheit der Gesellschaft beitrage, daß er ein größeres moralisches Gut sei, daß er einen Zustand wesentlich verbessere und so weiter, als B's Verlust von der Zufriedenheit der Gesellschaft wegnehme und so weiter. Kein Schaden wird angerichtet, solange alle akzeptieren, daß ein anderer Richter nicht zustimmen muß, daß wir alle Richter sind und daß es keinen intersubjektiven, anwendbaren Test zur Lösung der Uneinigkeit gibt.

8 Unter „selbstgewählt" verstehe ich eine Regel mit einer auf sich selbst bezogenen Eigenschaft, die der Regel erlaubt, zu ihrer eigenen Änderung verwendet zu werden. Ein formales Beispiel ist eine Verfassung, die ein Verfahren bereithält, das, sofern es befolgt wird, in einer Verfassungsänderung mündet. In Wirklichkeit wählt die Gesellschaft immer ihre eigenen Regeln für gesellschaftliche Entscheidungen in dem Sinne, daß sie eine bestimmte ihr innewohnende Kapazität hat, jede Regel zurückzuweisen, die sie, sofern sie die Möglichkeit hätte, nicht wählen würde oder nicht in Einklang mit der Regel hinzufügen könnte. Die Aussage gilt für Regeln für gesellschaftliche Entscheidungen, die Verfassungen sind (die ein hohes Maß an Bereitwilligkeit und Zusammenarbeit brauchen, um zu funktionieren). Sie dürfte nicht auf eine Regel anwendbar sein, die auf eine Diktatur hinausläuft.

9 „Gewisse Gleichheiten" schätzen ist selbstverständlich etwas anderes als „alle Gleichheiten" oder einfach „Gleichheit" schätzen. Egalitaristen schätzen nicht jede oder gar eine Aristotelische „proportionale" Gleichheit. Die hinreichende Bedingung einer Aristotelischen Gleichheit ist, daß ein bestimmter, einem beliebigen erwachsender Nutzen dasselbe Verhältnis zu einem beliebigen, allen Klassenmitgliedern gemeinsamen Merkmal enthält wie der Nutzen jedes anderen Mitglieds. Klassische Beispiele sind „jedem nach seinem Bedürfnis", „jeder nach seinem Verdienst" oder „jeder nach dem Grenzprodukt seiner Arbeit". Die Bedingung des gleichen Verhältnisses ist offensichtlich mit jeder „ungleichen" Verteilung verträglich. Einige Zugehörige einer Klasse erhalten mehr Nutzen als andere, entsprechend dem, was sie gemäß der qualifizierenden Variable – Bedarf, Verdienst, Grenzprodukt und so weiter – erfolgreich beanspruchen können.

Ernsthafte Egalitaristen räumen nicht ein, daß ein Nutzen eine abhängige Variable sein solle. Um eine von ihren jeweiligen Merkmalen unabhängige Gleichheit unter einer Klasse von Personen zu erhalten, gestalten sie den Nutzen in Abhängigkeit von einer der Klasse gemeinsamen Konstante. Eine gemeinsame Konstante der Klasse „Arbeiter" ist selbstverständlich die, daß sie arbeiten. Gleichheit erfordert, daß alle denselben Lohn erhalten, ungeachtet ihrer unterschiedlichen Anstrengungen und Effektivität. Unter dieser Gleichheitsbedingung erhalten Nicht-Arbeiter eventuell nichts, und es ist irrelevant, was sie erhalten. Wie auch immer, die Aufgabe der proportionalen Gleichheit ist der erste, ernsthafte Schritt zum universalen Egalitarismus (wo z. B. Arbeiter und Nicht-Arbeiter dasselbe erhalten).

Der zweite Schritt ist, die Wahl der Klasse, in der die Gleichheit angestrebt wird, zu beschränken. Falls wir entscheiden, ein Universum in egal wie viele für die Verteilung bedeutsame Klassen zu teilen, dann erlaubt sogar die nicht-proportionale, absolute Gleichheit innerhalb jeder Klasse eine beliebige Anzahl von Ungleichheiten im Universum. Folglich ist das Bemühen, die bedeutsamen Klassen so groß wie möglich und bis zu einer bestimmten Grenze allumfassend, universal zu machen. Innerhalb dieser Grenze gibt es nur eine Klasse. Sie schließt jeden ein, und jeder erhält den gleichen Anteil am zu verteilenden Nutzen. Die *absolute* Gleichheit für eine *universale* Klasse ist die logische Endstation des Egalitarismus.

Für eine davon abweichende Argumentationsbasis, die zu einem ziemlich ähnlichen Ergebnis führt, vgl. Raz 1986, S. 225–227.

10 „Das Argument, Nächstenliebe habe einige Merkmale eines öffentlichen Gutes ... mündet in der vielleicht unüberprüfbaren Vorhersage, daß ein Parlament aus Spendern überein käme, mehr zur Nächstenliebe beizutragen, als in einem wettbewerblichen Markt herausschaute". (Wagner 1989, S. 172) Wagner ist lobenswerterweise hinsichtlich der Kraft dieses Arguments skeptisch. Vgl. die Untersuchungen von Karl-Heinz Paqué zum Effekt der Besteuerung auf private Nächstenliebe. (Paqué 1986)

11 Hier ist ein Wort über das „sozial verantwortliche" Unternehmen angebracht. Theoretiker der „Unternehmensethik" fordern vom Firmenmanagement, die Interessen des Eigentümers gegen die der „Anteilshalter", einschließlich der Angestellten, Lieferanten, Konsumenten, der Gemeinde vor Ort, der Benachteiligten usw. abzuwägen. Einige dieser Interessen zu berücksichtigen, dürfte, nach allem, was wir wissen, gängige Geschäftspraktik sein und nach keiner besonderen Ermahnung verlangen. Das „Abwägen", das die soziale Verantwortlichkeit angeblich mit sich bringt, weist das Management nicht an, eine gesunde Geschäftspraktik anzunehmen. Das zu tun, ist ohnehin die Pflicht des Managements. Vielmehr instruiert es das Management, von dieser Praktik *abzuweichen, weniger* als die Pflicht für die Eigentümer zu tun, um anderen Parteien zuliebe *mehr* zu tun. Dies ist ein Aufruf zum Mißbrauch des Auftrags, den das Management von den Eigentümern erhält, als auch zu einer überlegten Abkehr von der betriebswirtschaftlichen Effizienz. Diesem Aufruf Beachtung zu schenken, ist weder ethisch noch nützlich.

12 Es gibt einem zu denken, Feinberg, einen modernen Rechtsphilosophen allerersten Ranges, sich der gleichen konfusen Ansicht über Besitzansprüche anschließen zu sehen. Auch Marx hat für gewöhnlich sein eigenes Wasser mit ihr getrübt, denn er überließ es uns, darüber nachzudenken, ob es der Arbeiter alleine sei, der Wert schöpft, oder ob er das zusammen mit einem Schwanz von meist verblichenen Weisen, Erfindern, Gesetzgebern und Polizisten tut, wobei sich nicht sagen läßt, wer wieviel beigetragen hat. Auch unserer Zeit bleibt eine derart verworrene Darstellung erhalten, und zwar als Handwerkszeug des geistigen Normalverbrauchers beim sozialen Theoretisieren.

13 Vgl. Richter Posners Darstellung darüber, wie Rechtsrealisten (wenn man deren Meinungen in bestimmter Weise auslegt) staatliche Obrigkeit über private Handlungen betrachten: „Wenn ich einen Kartoffelchip esse, dann esse ich eigentlich den Kartoffelchip des Staates, weil es der Staat ist, der mein Eigentumsrecht am Chip schöpft, wahrnimmt und schützt". (Posner 1993, S. 569)

14 Grob gesagt: nicht zweimal für dasselbe.

15 Der eigentliche Grund dafür, warum die Anwendung der Theorie der Geschäftsverhandlung auf Umverteilung solche groben Fehler produzieren kann, ist, daß im ersten Fall die Parteien im sicheren Besitz ihres Eigentums, das sie zum Tausch vorsehen, verhandeln. Das Verhandeln bezieht sich auf die Tauschbedingungen, und jede Partei kann vom Verhandeln Abstand nehmen und zu einer sicheren Grundlinie zurückkehren. Klassenkonflikte beziehen sich auf die bloße Existenz der Eigentumsrechte der Reichen, nicht auf die Bedingungen, zu denen beide Parteien bereit sind, Rechte zu tauschen. Die Reichen können nicht zurück; es gibt keine sichere Grundlinie. Sie können nicht einfach zu den Armen sagen, daß sie dann halt eben ihre Reichtümer behalten werden. Die Armen haben einige Möglichkeiten, sie ihnen mit friedlichen oder gewalttätigen politischen Mitteln wegzunehmen. Auch gibt es keinen guten und unbefristeten Grund, warum ein einmal abgeschlossener Handel, der den Armen gewisse Reichtümer für das Versprechen, nicht begehrlich zu werden und den Rest zu erkämpfen, gibt, von den Armen einge-

halten werden sollte. Wie auch immer, dies sind tiefe Wasser und können jetzt nicht ergründet werden.

16 Eine maßgebende Studie über moderne ökonomische Entwicklung, die übrigens ein Musterbeispiel des Zusammenspiels zwischen sozioökonomischer Hypothese und Ökonometrie ist, führt die Behauptung an, Umverteilung mit einer bestimmten egalitären Ausrichtung sei eine Grundbedingung für die beständige öffentliche Akzeptanz des Kapitalismus und der Marktergebnisse. (Maddison 1991, S. 79–80) Diese ist m so mehr fehl am Platz, als es, in der Natur der Dinge liegend, keinen ökonometrischen Test gibt, der die Aussage „unzureichende Umverteilung führt zur Ablehnung des Kapitalismus" falsifizieren könnte. Wir können *bestenfalls* „verifizieren", daß ein bestimmtes Maß an Umverteilung mit der „Akzeptanz" des Kapitalismus verträglich war. Das Gegenteil bleibt unwiderlegbar. Wir wissen immer noch nicht, ob der Kapitalismus nicht genauso mit *weniger* oder *keiner* Umverteilung verträglich ist. Die Idee des Trade-offs bleibt schlichtweg haltlos.

17 In einem persönlichen Gespräch mit Hayek. (Radnitzky 1993, S. 471)

18 Die Demokratie ist eine verallgemeinerte und unreine Version des elementaren 3-Personen-Spiels der reinen Verteilung. In diesem Spiel ist die Verteilung der Spielsumme unter den drei Spielern das, worüber zwei Spieler einig werden. Dies führt zu dem wohlbekannten Ergebnis, daß jedes Mal, wenn das Spiel gespielt wird, eine Koalition von zwei Spielern gebildet wird, welche die verfügbare Summe in ihrem Sinne umverteilt, zum Nachteil des dritten Spielers. Um den Gewinn der Sieger-Koalition in einer gegebenen Spielrunde zu maximieren, muß der Verlierer jener Spieler sein, der als Bester aus der vorherigen Runde hervorgegangen ist.

19 Ausgehend von der üblichen Definition, ist von zwei Zuständen x und y x Pareto-superior gegenüber y für einen Satz von n Personen, sofern von n mindestens eine Person x y vorzieht und keine y x. Wie auch immer, es ist für jeden in n ein Selbstwiderspruch (irrational), sowohl x vorzuziehen als auch auf seinem Recht zu bestehen, falls es zutrifft, daß x ohne dieses Recht ist, das deshalb verletzt oder nichtig werden muß, um zu x zu gelangen. Rationalerweise verzichtet er auf sein mit x unverträgliches Recht freiwillig, falls er x vorzieht. Er ist immer frei, das zu tun. Aus diesem Grund ist die Forderung, die von vielen Kommentatoren gegen A. K. Sens „Unmöglichkeit eines Paretianischen Liberalen" (Sen 1970) erhoben wird, nämlich, daß Individuen eine gegen solche Ansprüche auf Pareto-Optimalität geschützte Privatsphäre an Rechten haben sollten, recht unverständlich. (Sen stellt selbstverständlich lediglich fest, daß die Ausübung dieser Rechte und die Pareto-Optimalität unverträglich sein können.) Falls x, einschließlich der Aufgabe eines Rechtes, in der „Privatsphäre" Pareto-optimal ist, dann ist es das, weil der Rechtsinhaber eher auf das Recht verzichten (es tauschen) würde, als es zu halten. Vor wem sollte es denn „geschützt" werden, wenn nicht vor dem Rechtsinhaber selbst?

20 Andererseits dürfen Arbeitgeber ihre Arbeitnehmer in einem unvollkommenen Markt für Lohngüter beschwindeln. Das war es, wogegen die Anti-Naturalien-Gesetzgebung ausgerichtet war.

21 Man muß nicht erwähnen, daß Länder mit höherer Arbeitslosigkeit mehr für Arbeitslosengelder ausgeben. Um nicht Wirkung und Ursache zu vertauschen, sollten wir bei der Wahl eines statistischen Stellvertreters für das Maß, zu dem sich ein Land für „sozialen Schutz" verpflichtet, vorsichtig sein. Falls wir die Ausgaben für Sozialversicherung wählen, sollten wir die Arbeitslosengeldzahlungen besser ausschließen.

22 Benannt nach seinem Urheber, dem englischen Arbeiter Ned Ludd (18. Jahrhundert), Anm. des Übersetzers.

Literatur

Buchanan, J. M. 1975: The Limits of Liberty, Chicago.

Feinberg, J. 1984: Harm to Others, Oxford.

Gauthier, D. 1986: Morals by Agreement. Oxford.

Gauthier, D. und Sugden, R. (Hg.). 1993: Rationality, Justice and the Social Contract, Hemel Hempstead.

Gray, J. 1992: The Moral Foundations of Market Institutions, London.
Griffin, J. 1986: Well-Being, Oxford.
Hayek, F. A. 1971: Die Verfassung der Freiheit, Tübingen; Original: 1960, The Constitution of Liberty, Chicago.
Hayek, F. A. 1973–1979: Law, Legislation and Liberty (3 Bände), Chicago.
Hayek, F. A. 1978: New Studies in Philosophy, Politics, Economics and the History of Ideas.
Maddison, A. 1991: Dynamic Forces in Capitalist Development, Oxford.
Mises, L. von. 1966: Human Action (2. Auflage), Chicago.
Paqué, K.-H. 1986: Philanthropie und Steuerpolitik, Tübingen.
Posner, R. A. 1993: „Leftist Legal Formalism", Critical Review 6.4.
Radnitzky, G. 1993: „Wie marktkonform ist die soziale Marktwirtschaft?", Schweizerische Monatshefte 73.6.
Raz, J. 1986: The Morality of Freedom, Oxford.
Ricardo, D. 1817: Principles of Political Economy and Taxation, London.
Sen, A. K. 1970: „The Impossibility of a Paretian Liberal", Journal of Political Economy 78.
Starbatty, J. et al. 1993: Adjektivlose oder Soziale Marktwirtschaft, Bonn.
Wagner, R. E. 1989: To Promote the General Welfare, San Francisco.
Walzer, M. 1983/1985: Spheres of Justice, Oxford.

Walter Eucken und die Transformationsprozesse der Gegenwart[*]

von Václav Klaus

Walter Eucken ist ein Ökonom, den die Welt ein wenig unterschätzt, namentlich die angelsächsische Welt, die doch praktisch während des ganzen zwanzigsten Jahrhunderts den Ton bei der ökonomischen Wissenschaft angibt. Bei der Vorbereitung dieses Beitrags habe ich die Register von einigen Dutzend Wirtschafts-Fachbüchern durchgeblättert, die ich gerade zur Hand hatte, und ich gestehe, daß dort nur wenige Hinweise auf Walter Eucken zu finden waren. Trotzdem meine ich, daß sein eigener Beitrag und der Beitrag der ganzen Freiburger Schule zur Entwicklung der Wirtschaftswissenschaften zu Unrecht übersehen wird. Eucken paßt nicht ganz in die heutige formalisierte und mathematisierte Wirtschaftswissenschaftswelt, er hat keine testbaren Hypothesen formuliert, hat sich nicht mit empirischer Analyse beschäftigt. Trotzdem hatte er etwas zu sagen.

1. Mein Verständnis von Walter Euckens Bedeutung

Euckens Beitrag zur Wirtschaftstheorie selbst, sein Nachdruck auf die Betrachtung des Wirtschaftssystems als einer Einheit, seine „Ordnungstheorie" als Versuch zur systematischen Analyse verschiedener Wirt-

[*] Erstveröffentlichung eines Vortrags, gehalten am 7. Juli 1995 im Eucken-Institut, Freiburg.

schaftsformen, seine Bemühungen um die Bestimmung und Definierung einer nicht nur standard-liberalen (d. h. mehr oder minder negativen) Linie der staatlichen Wirtschaftspolitik, sondern auch einer positiven Wirtschaftsverfassungspolitik, sein Nachdruck auf die Kontrolle mächtiger Interessengruppen, die durch ihr Verhalten den vollkommenen Wettbewerb zu zerstören drohen, seine Warnungen vor der Passivität des Staates, weil er – im Unterschied zu Hayek – überzeugt war, daß die Marktwirtschaft kein Naturprodukt ist –, das alles sind ungeheuer wertvolle Dinge, Dinge, die auch heute aktuell sind, sowohl für westeuropäische Länder, als auch für die Länder, die sich bemühen, ihr Wirtschaftssystem zu rekonstruieren und möglichst vollkommene Marktstrukturen zu schaffen.

Walter Eucken war in gewissem Sinne auch einer der geistigen Väter der deutschen Sozialen Marktwirtschaft und ich könnte hier nur fragen, wie weit er – und nicht nur er, sondern zum Beispiel auch Ludwig Erhard – mit dem ökonomischen System und mit der Wirtschaftspolitik des heutigen Deutschland zufrieden wäre. Dies zu bewerten ist jedoch unabhängigen Wirtschaftsexperten vorbehalten und fällt nicht in die Kompetenz von Ministerpräsidenten benachbarter Staaten. Euckens eminent positive Rolle beim Wiederaufbau der deutschen Gesellschaft und der deutschen Wirtschaft nach 1945 steht außerhalb jeder Diskussion.

Andererseits besteht kein Zweifel daran, daß seine theoretische Konzeption von der Zeit beeinflußt war, in der sie entstanden ist. Die wirtschaftliche Realität der zwanziger und dreißiger Jahre war durch das außerordentliche Maß an Industriekonzentration und durch die wirtschaftliche und politische Macht der Monopole und Oligopole in dominierenden Industriezweigen geprägt. Viele der damaligen Ökonomen sind dem Glauben an irgendeine eiserne Geschichtslogik (die dem Marxismus sehr nahe stand) verfallen – die Welt bewege sich von vollkommener, atomistischer Konkurrenz über Kartelle und Trusts, über Dumping und Protektionismus zur wachsenden Rolle des Staates und letztendlich zur Planwirtschaft. Erinnern wir uns, daß die Schlüsselbeiträge zur Wirtschaftswissenschaft der dreißiger Jahre (bis zur Publikation von Keynes' Allgemeiner Theorie) die Werke über die Theorie des unvollkommenen Wettbewerbs von J. Robinson und E. Chamberlain gewesen sind; erinnern wir uns, daß auch Schumpeter das Ende der historischen Rolle des Innovators (und damit auch der privat-kapitalistischen Marktwirtschaft) voraussah; erinnern wir uns an die utopischen Träume von Lange und Lerner, nach denen ein wallrasianischer Auktionator (der dann „Zentrale Planbehörde" genannt wird) den Betrieben die Preise diktieren wird; erinnern wir uns an die kritiklose oder kritikschwache Hinnahme des sowjetischen kollektivistischen Experiments und der radikalen Industrialisierung eines unterentwickelten Landes durch einen großen Teil der Berufsökonomen. Auch Walter Eucken ließ sich zu gewissen Vereinfachungen hinreißen; zwischen den amerikanischen Trusts und den russischen Planungsbehörden sah er nur einen kleinen Unterschied, und 1946 sagte er sogar, daß „sich zwar der Kapitalismus und Sozialismus unversöhnlich als Doktrinen einander begegnen, de facto jedoch ineinander übergehen".

Heute ist es im großen und ganzen evident, daß sich diese eiserne Logik nicht durchgesetzt hat – und damit meine ich nicht ausschließlich den Kollaps des Kommunismus und der zentralen Planung am Ende der achtziger Jahre. Schon nach dem Krieg begann sich die Wirtschaft ganz anders zu entwickeln und zu der vorhergesagten dramatischen Verschlechterung der Marktqualität ist es nicht gekommen. Die Position der Monopole und Oligopole wurde im Gegenteil mehr und mehr geschwächt. Es ist nicht nur ein Sieg der Ideen (auch Euckens Ideen), es ist nicht nur Folge einer anderen Phase der langfristigen, weltumspannenden Konjunktur (gegenüber der Depression der dreißiger Jahre), es ist auch eine Folge der Verschiebung innerhalb der ökonomischen (Branchen-)Struktur selbst. Es ist die Folge einer anderen Gewichtung der Konzentration anfälliger Wirtschaftszweige, es ist die Folge einer anderen Art von technischem Fortschritt, es ist die Folge des Übergangs zur Weltmarkt- (oder zumindest übernationaler) Dimension dank der Informatik- und Verkehrsrevolution.

Nicht im geringsten ist es jedoch ein Grund, auf Eucken und die ganze Freiburger Schule nicht zu hören: denn sie hatten recht – die Marktwirtschaft ist ein sehr zerbrechliches Wirtschaftssystem, das geschützt und gehegt werden muß. Auch darin hatten sie recht, daß dies zu tun eine Aufgabe des Staates ist – und zwar eine nicht delegierbare Aufgabe. Eucken wußte, daß sich ein demokratischer Staat in einen „Wirtschaftsstaat" verwandeln kann, der auf einer unkontrollierbaren Verflechtung der wirtschaftlichen und politischen Macht basiert, und deshalb betrachtete er die These, daß „die Politik des Staates darauf gerichtet sein sollte, wirtschaftliche Machtgruppen aufzulösen oder ihre Funktionen zu begrenzen", als eine seiner Hauptthesen. Jede wirtschaftlich-politische Entscheidung sollte danach beurteilt werden, wie sie zur Herstellung eines funktionsfähigen Preissystems vollkommener Konkurrenz beiträgt oder nicht beiträgt. Und das sollte auch eine der goldenen Regeln für die Entscheidungen einer beliebigen Regierung in einem beliebigen Land dieser Welt über ein beliebiges Problem sein.

2. *Walter Eucken und die Interpretation einer Zentralverwaltungswirtschaft*

Eucken, respektive seinem berühmten Artikel in der englischen Zeitschrift „Economica": „On the Theory of the Centrally Administered Economy: An Analysis of the German Experiment" aus dem Jahre 1948, bin ich das erste Mal im Jahre 1968 begegnet. Schon damals schien es mir ein unglaublich moderner Text zu sein, und als ich ihn 1995 erneut gelesen habe, hatte ich das gleiche Gefühl. Es ist schade, daß der Text relativ unbekannt geblieben ist, auch wenn ihm in den sechziger Jahren M. Bornstein in seinen bekannten „Readings in Comparative Economics" einen weiteren Leserkreis eröffnet hat.

Für mich – damals ein Wissenschaftler am Beginn seiner Laufbahn und letzten Endes ein nicht besonders begeistertes Objekt der Zentralplanung – war Euckens Artikel sehr aufschlußreich. Nicht nur deshalb, weil er die Parallele zwischen dem Wirtschaftssystem des Sozialismus sowjetischen Typs und dem des nationalen Sozialismus deutschen Typs aufzeigte, sondern auch wegen der dort enthaltenen Beschreibung der allmählichen Entstehung der deutschen Zentralverwaltungswirtschaft. Wir lebten in der damaligen Tschechoslowakei in einer Welt, von der wir glaubten, sie sei das Produkt einer ganz falschen Ideologie, es sei ein Versuch zu ihrer Realisierung. Wir dachten – und vielleicht ist es auch wahr (es ist jedoch offensichtlich, daß es weniger die Wahrheit über das sowjetische Rußland der zwanziger Jahre war) – daß auf die *Entstehung* dieses Systems (nicht auf seine folgenden Modifikationen und auf seine

Entwicklung) die Hayeksche „Spontane Ordnung" kaum einen Einfluß gehabt hatte, daß es sich nicht um Interessen, Pressionen, erzwungene Schachzüge handelte, daß völlig „intentionell" verfahren wurde. (Über die Beziehung zwischen Intention und Spontaneität bei der Errichtung von Gesellschaftssystemen: s. Literatur 2.) Walter Eucken hat mir mit seinem Artikel klar gemacht, daß es sich in Deutschland anders verhielt, daß die Zentralverwaltungswirtschaft „nicht ein Ergebnis bewußter Bemühungen, eine neue Form ökonomischer Organisation herzustellen" (S. 79) war, daß dieses System mehr oder weniger durch Zufall entstanden ist, daß seine allmähliche Herausbildung durch die Politik der Vollbeschäftigung eingeläutet worden ist und daß erst deren Erfüllung und die daraus sich ergebenden Konsequenzen – Schritt für Schritt – zur Entstehung der Zentralverwaltungswirtschaft geführt haben. Euckens Sicht machte die Enthüllung einer Reihe interessanter logischer Zusammenhänge möglich: Die Politik der *Vollbeschäftigung* (aus den Jahren 1932–33) führte bei expansiver Geldpolitik zu einem ungeheuren Preisdruck und deshalb wurden im Jahre 1936 *die Preise eingefroren* und eine Situation der *unterdrückten Inflation* geschaffen. „Die Preise hörten auf, die Signale der Knappheit der Waren und Dienste auf dem Markt zu sein", und *erst diese Tatsache* erzwang die Bildung eines Verwaltungsapparates, der die Lieferungen einzelner wichtiger Rohstoffe und Produkte zu leiten begann. Je mehr sich die Preise nach und nach von den Preisen des Gleichgewichts entfernten, desto mehr und mehr Fachbereiche und Zweige gerieten in Abhängigkeit zu dieser Verwaltungsleitung. Es ist jedoch wichtig zu sagen, daß viele Märkte lange außerhalb dieses Prozesses geblieben sind und nicht reguliert wurden.

Von Eucken inspiriert und motiviert, habe ich bereits im Jahre 1969, also nach der Invasion der Armeen des Warschauer Paktes in die Tschechoslowakei, einen Artikel geschrieben und in der Monatsschrift „Tvár" unter dem Titel „Ökonomie und Politik" publiziert (siehe Literatur 3). Für die damaligen Verhältnisse war es eine – sagen wir „ausgesprochen nicht-herkömmliche" Veröffentlichung. Ich versuchte darin – nach Eucken-Art – auch unser damaliges Wirtschaftssystem in seiner Beziehung zur Vollbeschäftigungspolitik als apriorität, alles determinierende politische Direktive zu interpretieren. Diese Einlassung ermöglichte es, jenen Ökonomie-Typus anders als üblich zu sehen. Das bedeutet auch, daß es nicht nötig ist, zum Zwecke des Begreifens und Interpretierens desselben einen neuen, anderen theoretischen Apparat zu konstruieren. Darin werde ich mich vermutlich von Eucken ein wenig unterscheiden. Bei meinem kürzlichen Vortrag anläßlich meiner Habilitation an der Ökonomischen Hochschule in Prag habe ich den Universalismus des ökonomischen Standard-Paradigmas (siehe Literatur 4.) und den methodologischen Individualismus der Österreichischen Schule verteidigt, ohne welche die Ökonomie (als behavioristische Wissenschaft) für mich absolut unvorstellbar ist. Auch zu diesen Fragen hat uns die gründliche deutsche Methodologie der Freiburger Schule manches Anregende gesagt.

Walter Eucken hat mit einem großen Zeitvorsprung vor der westlichen Sowjetologie viele Schlüssel-Aspekte der Zentralverwaltungswirtschaft beschrieben: Das statistische Problem, die Notwendigkeit übermäßiger Standardisierung und Aggregation für die Realisierbarkeit der Planung, die Bedeutung von Engpässen im Planungsprozeß, die Rolle der Verhandlungen im Planungsprozeß, die Unerläßlichkeit der Errichtung von Großbetrieben zur Erleichterung der Planung, das Verschwinden des „Businessman" und im Gegenzug die Aufwertung der Rolle der Techniker, die eigenartigen Aktivitäten der Haushalte und der Firmen, die das Grundsystem der zentralen Verwaltungswirtschaft ergänzen – und die dadurch bedingte Entstehung eines Gleichgewichts eigener Art. Wir finden bei ihm auch den Schlüsselsatz, nach dem sich „die Macht in einem System der zentralen Verwaltung zum Teil in den Händen großer Firmen befindet" (S. 183), was manchmal zur „Gruppenanarchie" führt, usw.

Heute neigen wir dazu, alles das zu vergessen, weil dem Anschein nach die Zentralverwaltungswirtschaft für immer der Vergangenheit angehört. Die Geschichte lehrt uns jedoch, daß sie sich wiederholt, wenn man ungenügende Lehren aus ihr zieht. Und das können wir uns nicht erlauben.

3. Anmerkungen zu heutigen Umwandlungsprozessen aus der Sicht der Bildung eines Euckenschen rationalen Wirtschaftssystems

Wenn wir uns die Realität der heutigen Welt ansehen, können wir nur von der Voraussetzung ausgehen, daß sich die postkommunistischen Länder in völlig verschiedenen Phasen der Systemveränderung befinden.

Alle Länder haben längst das System der Zentralplanung fallen gelassen, die Planverhältnisse wurden de facto abgeschafft. In einer ganzen Reihe jener Länder ist jedoch ein hohes Maß an Wirtschaftsverwaltung bestehen geblieben; geblieben sind auch Regulierungen und staatliche Interventionen verschiedenster Art; auf dem halben Weg stecken blieb da und dort die Liberalisierung der Preise, und in der erdrückenden Mehrheit der Länder verlief auch die Privatisierung nur halbherzig. Sehr ungleichmäßig ist die makro-ökonomische Lage, die Inflation und Arbeitslosigkeit, das äußere Gleichgewicht und die Stabilität der Wechselkurse, die Tiefe des primären Wirtschaftsverfalls und das Tempo des folgenden wirtschaftlichen Aufschwungs. Mit wachsendem Zeitabstand werden wir Gelegenheit haben, diese Unterschiede besser zu begreifen und zu erklären. Heute müssen wir damit anfangen, die gesammelten Erfahrungen zu verallgemeinern.

Die Errichtung eines rationalen Wirtschaftssystems – und das kann nichts anderes sein als die Marktwirtschaft mit einem Minimum an staatlicher Intervention, mit möglichst vollkommener Marktstruktur, mit bestens definierten Eigentumsbeziehungen, mit einer maximalen Offenheit und mit einer neutralen Geld- und Budgetpolitik des Staates – *ist ein Prozeß und kein einmaliger Akt*. Damit wäre Walter Eucken gewiß einverstanden.

Ein einmaliger systembildender Akt könnte hypothetisch als durchdachtes Vorhaben eines radikalen Revolutionärs oder Reformators realisiert werden, vorausgesetzt, er hätte diktatorische Rechtsbefugnisse in einem Ausmaß, von dem auch Hitler und Stalin nur zu träumen wagten, und ferner vorausgesetzt, die Umbildungsprozesse hätten eine Zeitdimension von der Größe Null. In der Realität jedoch erweist sich der Prozeß einer Systembildung als Kombination aus der Absicht einzelner und dem spontanen Verhalten der Millionen Prozeßteilnehmer. Die Umbildung vom Kommunismus zur freien Gesellschaft und zur Marktwirtschaft stellt keinesfalls eine Schocktherapie dar, es ist auch kein angeordneter Gradualismus, und deshalb war jenes, vor einigen Jahren so modische Dilemma bei der Frage, ob schnell oder langsam zu verfahren sei, so falsch. Natürlich kann der Umbildungsprozeß durch Fehler und Mangel an Courage mehr als nötig verlangsamt werden; dafür muß dann ein höherer Preis bezahlt werden (auch hier – wie stets in der Wirtschaft – ist es angebracht, über die Kosten zu sprechen); es ist aber unmöglich, einige Schritte nicht zu tun – wie es sich manche aus unserer Umgebung wünschen würden.

Ich habe begriffen, daß es unerläßlich ist, folgende systembildende Schritte zu unternehmen:

– Subventionen verschiedenster Art radikal begrenzen und somit den Dingen ihren wirklichen Wert (im ökonomischen Sinne) zurückgeben sowie die Idee des staatlichen Paternalismus zerschlagen – samt den mit ihm verbundenen behavioristischen Gewohnheiten;

– die Preise liberalisieren und sie somit frei dem Angebot und der Nachfrage aussetzen;

– durch Liberalisierung des Außenhandels (und der Devisenoperationen) die Wirtschaft für die Welt öffnen und in die (durch schwache, unvollkommene Märkte charakterisierten) Wirtschaften die nötige Konkurrenz von außen hineintragen;

– mit der Massenprivatisierung des dominanten Teils der Wirtschaft beginnen (und diese schnell realisieren);

und das alles bei Einhaltung eines möglichst hohen Maßes an makroökonomischer Stabilität.

Konzeptionell sind diese Dinge nicht so schwer wie oft angenommen wird. Es genügt, keine Fehler zu machen, und es „genügt", für diese Maßnahmen hinreichende politische Unterstützung zu gewinnen. Als Ökonom gebe ich der politischen Seite absolute Priorität und gerade ihr muß ein Maximum an Aufmerksamkeit gewidmet werden. Die Systemumbildung ist nicht trennbar in einen wirtschaftlichen und einen nichtwirtschaftlichen Teil.

Walter Eucken würde in diesem Augenblick die *Marktstruktur* und *die relative Kraft existierender Interessengruppen* betonen. Wir haben begriffen, daß es ein großer Fehler wäre, auf eine vollkommene Marktstruktur zu warten und liberalisierende und deregulierende Maßnahmen in einer unvollkommenen Marktstruktur zu unterlassen. In einer kleinen, offenen Wirtschaft gibt es keine wichtigere „frei-wettbewerbliche" Maßnahme als konsequente Liberalisierung des Handels und die Verwirklichung (wenigstens der Anfangsstufe) der Währungskonvertibilität. Innere antimonopolistische und gegen Trusts gerichtete Maßnahmen besitzen nur eine Randbedeutung; es genügt, das „free entry into the mar-

ket" zu sichern, anders gesagt, den freien Zugang zu den Märkten. Der Staat kann keine Firmen gründen, die auf dem Markt erscheinen sollen; der Staat kann jedoch ihren Eintritt in den Markt komplizieren, ja sogar ganz verhindern. Gerade in dieser Hinsicht haben wir – und zwar nicht nur in der Tschechischen Republik – eine große Aufgabe zu bewältigen:
– die bürokratische Behinderung der menschlichen Aktivität zu verhindern. Und das ist ein ewiges, fast systemneutrales Problem;
– die wuchernde Regulierungswut zu verhindern, die aus dem heutigen Europa zu uns durchsickert und die auf einer Unmenge außenwirtschaftlicher Beschränkungen der wirtschaftlichen Aktivitäten fußt (von sozialen – oder eher pseudosozialen bis zu ökologischen Normen oder Forderungen, vom Verbraucherschutz bis zum Schutz bestimmter Produzenten).

Dank den ungemein anregenden Texten der „Schule der öffentlichen Wahl" (public choice school) – von Tullocks „The Politics of Bureaucracy" (aus dem Jahre 1965) bis zu Niskanens „Bureaucracy and Representative Government" (aus dem Jahr 1971) haben wir manches über die Dynamik und das Wachstum der modernen Bürokratie erfahren, und deshalb können wir nicht sicher sein, wie das Duell zwischen dem demokratischen Staat und der Bürokratie endet. Unsere Bürokratie hat die „sanfte Revolution" für einige Jahre eminent geschwächt. Mit wachsendem Zeitabstand von der Erschütterung ihrer Position wird sie von Tag zu Tag wieder stärker. Für uns, die im Jahre 1989 „zurück nach Europa" wollten, bedeutet es eine Ironie des Schicksals, daß unsere Bürokratie von der verpflichtenden „Legislative" gestärkt wird, die aus der Europäischen Union zu uns kommt. Es darf nicht geschehen, daß bei uns der Beamtenstaat entsteht.

Ebenso wie die staatliche und die kommunale Bürokratie, wurden auch verschiedenste Interessen-, Berufs-, Gewerkschafts- oder Arbeitgeberorganisationen geschwächt. Ihre anfängliche Schwäche (und der dadurch bedingte schwache Widerstand) ermöglichte ein radikales Systemumbildungsmanöver mit einem Minimum an sozialer Spannung. Auch das gehört zu den Argumenten zugunsten der schnellen Durchführung des Manövers und gegen seinen Aufschub. Heute ist bei diesen Orgnisationen ein deutliches Wiedererstarken zu verzeichnen. Sie gewinnen einen immer größer werdenden Einfluß im Lande. Demjenigen

postkommunistischen Land, dem es nicht gelingt, die Mehrzahl der Um-
bildungsschritte vor einer Stabilisierung und Auswucherung dieser Interessengruppen zu tun, dem Land wird eine konsequente Durchführung von Umbildungsmaßnahmen fast unmöglich gemacht. In einer
Standard-Marktwirtschaft stellen die Marktqualität und die Kraft der Interessengruppen jene Schlüsselfaktoren dar, von denen die Höhe der
„natural rate of unemployment" und die Höhe der Inflation bestimmt
werden. In der sich umbildenden Wirtschaft können diese Faktoren jedoch grundsätzlich die Verwirklichung oder Nicht-Verwirklichung un-
erläßlicher systembildender Maßnahmen beeinflussen, wozu es in der
Tschechischen Republik glücklicherweise nicht gekommen ist.

Aus dem Gesagten geht klar hervor, daß die Mehrzahl der aktuellen
Probleme, die von Ländern wie der Tschechischen Republik gelöst werden müssen, bereits Probleme der *Posttransformation* sind. Probleme,
bei deren Lösung wir nicht alleine stehen und deren Lösung in der heutigen verflochtenen Welt wiederum eine gemeinsame Aufgabe ist bzw.
eine Lösung, bei der ein sehr starker „spillover effect" wirkt. Wir wollen
nicht auf der passiven Seite stehen, weil wir das Gefühl haben, daß die
Erfahrung von einem halben Jahrhundert Kommunismus uns in die Lage
versetzt, einige Dinge schärfer zu sehen als Länder, die diese Erfahrung
nicht haben.

Literatur

Erhard für ganz Europa, Die politische Meinung, August 1993.
Systemic change: The Delicate Mixture of Intentions and Spontaneity, in Václav Klaus:„Rebirth of
  a Country" (Praha: Ringier) 1994.
Ekonomika a politika (Wirtschaft und Politik), Tvár, Nr. 2, 1969.
Ekonomická teorie a realita transformacních procesu (Ökonomische Theorie und die Realität der
  Transformationsprozesse), Hochschule für Ökonomie, Prag, Juni 1995.

Ethik + Effizienz = Marktwirtschaft

von Norbert Walter

In der Welt außerhalb des Paradieses, also in der Welt, in der wir leben, sind Güter knapp. Es gibt konkurrierende Ansprüche auf die natürlichen und die von Menschen geschaffenen Produktionsmittel. Darüber hinaus verfügt jeder einzelne über spezifische Fähigkeiten, entwickelt jeder einzelne auch eigene Wünsche.

Wie muß eine Gesellschafts- und Wirtschaftsordnung aussehen, die dafür sorgt, daß möglichst viel Wohlstand geschaffen wird und daß für Selbstverwirklichung wie für Verantwortlichkeit möglichst viel Raum bleibt.

Wer diese Fragen beantwortet, der bezieht offen oder verdeckt auch Werturteile ein. Die Antworten sind abhängig davon, ob der Betreffende vorübergehende Beschränkungen der individuellen Freiheit oder temporäre soziale Härten ertragen kann, inwieweit er diese Vorgänge als mit der Menschenwürde vereinbar ansieht. Sie sind auch abhängig davon, welche Fähigkeiten und Werthaltungen der Beurteilende (Intellektuelle) dem einzelnen sowie den privaten und den – kleinen wie großen – gesellschaftlichen Gruppen zuschreibt und wie er entsprechend Kompetenzen und Rollen in Gesellschaft und Wirtschaft verteilt.

Wie Adam Smith, der Begründer der modernen Wirtschaftswissenschaften, schon vor über 200 Jahren erkannte, braucht ein auf Arbeitsteilung und freiem Tausch basierendes Wirtschaftssystem ein moralisches

Fundament. Denn das natürliche Selbstinteresse der Menschen, ihre Lage zu verbessern, in dem Smith zu Recht die zentrale Triebkraft wirtschaftlichen Handelns sah, ist nicht immer frei von negativen Wesenszügen wie Neid, Machtbegierde, Brutalität oder Täuschung. Um das Selbstinteresse nicht in Konflikt mit den Interessen anderer und letztlich mit dem Gemeinwohl kommen zu lassen, bedarf es korrigierender Einflüsse. Kräfte, die dem individuellen Handeln gewisse Schranken auferlegen sind Mitgefühl, freiwillig akzeptierte ethische Normen, Gesetzgebung und Wettbewerb. Der Staat hat für einen verläßlichen Rechtsrahmen und dessen Durchsetzung ebenso zu sorgen wie für die Etablierung des Wettbewerbs.

Der Markt, jenes Konstrukt, das die spontane Koordination individueller Ziele und Aktivitäten darstellt, gilt – insbesondere den Intellektuellen – gemäß diesem Zeitgeist als „Ort für grobe Menschen und unedle Motive". So charakterisiert, haftet diesem Ansatz das Odium einer unzivilisierten, rohen Haltung an. Ferner wird postuliert, übergeordnete Gesichtspunkte, soziale Haltung sowie die Weitsicht seien ihrem Wesen nach einer marktwirtschaftlichen Ordnung fremd. Aus diesem Grund wird in der Korrektur und in der Gestaltung durch den Staat ein ethisches – und oftmals auch ein wirtschaftliches – Muß gesehen.

Was kann diesem Vorurteil von der Überlegenheit, ja dem Monopol für Ethik beim Staat, von der überlegenen Moral der großen und anonymen (Zwangs-)Gruppen entgegengehalten werden? Und wie ist es zu begründen, daß das Individuum wie auch die natürlich gewachsene Gruppe ein *moralisches* Recht auf Selbstverwirklichung besitzt, daß eine marktwirtschaftliche Ordnung auch unter ethischen und sozialen Gesichtspunkten überlegen ist?

Während das moralische Recht auf Selbstverantwortung normativ aus dem Axiom der Menschenwürde abzuleiten ist, ist es schwieriger nachzuweisen, daß ein auf Koordination privater Wünsche aufbauendes System unter Effizienzgesichtspunkten und sozialen Erwägungen überlegen sei, ist doch ein solches System wegen der Vielzahl staatlicher Eingriffe kaum irgendwo als „Beleg" verfügbar. Dagegen ist es relativ leicht nachzuvollziehen, zu welchen Ergebnissen es führt, wenn Gesellschafts- und Wirtschaftsordnung vom Staat vorgeschrieben werden. Alle Macht dem Staat und seinen Institutionen – die Ergebnisse dieses Denkens und

Handelns wurden gegen Ende der achtziger Jahre weltweit sichtbar: Verbunden mit der wirtschaftlichen Funktionsunfähigkeit, ist der Sozialismus oft noch nicht einmal in der Lage, die Grundbedürfnisse des Menschen zu befriedigen (wodurch ein hohes soziales Sprengstoffpotential geschaffen wird). Wenn nun eine systematische Kollektivwirtschaft dazu führt, Mangel zu „produzieren" – auch den im sozialen Bereich –, so wird selbst eine moderne Industriegesellschaft in dem Maße Mangel „produzieren" – gerade im Hinblick auf Ethik und Moral -, wie sie in einem dirigistischen Rahmen steckt.

Vor diesem Hintergrund erscheint es daher einfacher, jene Position zu erschüttern, die behauptet, es gäbe ein natürliches Monopol für Ethik beim Staat, ferner ein überlegenes staatliches Wissen, eine staatliche Kompetenz, welche die Effizienz des Wirtschaftens mittels staatlicher Eingriffe erhöhe. Dies soll im folgenden dadurch geschehen, indem einige Positionen der „Interventionisten" kritisch hinterfragt werden.

Erstens: Wie sieht es mit der moralischen Qualität von Vorschlägen aus, die nur die eine Seite einer Medaille betrachten? Ist es nicht in jeder Hinsicht nachteilig, eine Einkommensumverteilung vorzuschlagen, die auf längere Sicht auch den relativ Begünstigten ärmer macht, als er es sonst wäre? Genau das tritt aber oft ein, weil jene, die zwangsweise zu erhöhten Abgaben verpflichtet werden, ihre Anstrengungen, Leistung zu erbringen, vermindern und weil Eigeninitiative, Fleiß und Phantasie beim Leistungsempfänger verkümmern.

Wird also versucht, „sozial vertretbare Lösungen", „angemessene Verteilungsrelationen", „mehr Gerechtigkeit" durch Subventionen, Transfers, Preisregelungen, Marktschranken (und was es an Regulierung sonst noch gibt) herzustellen, so ist zum einen keineswegs sicher, daß die gewünschten Effekte zugunsten jener, die begünstigt werden sollen, auch eintreten[1], noch ist zum anderen garantiert, daß es jenen, die *relativ* bessergestellt werden sollen (gemessen anhand von Verteilungskennziffern) infolge der Maßnahmen dann auch *absolut* bessergeht, wird doch in der Regel durch die Intervention die Effizienz des Systems vermindert. Auf die *absolute* Verbesserung aber kommt es an, wenn es um die Beseitigung sozialer Not geht.

Zweitens: Ist es nicht unmoralisch, Maßnahmen vorzuschlagen, die lediglich den Aspekt der Bedürfnisgerechtigkeit, nicht aber jenen der

Leistungsgerechtigkeit berücksichtigen? So ist es eben nicht allein moralisch, dem Ärmeren freiwillig etwas vom eigenen Reichtum zu geben, sondern es ist vielmehr auch moralisch, jenen hohe Einkommen zuzugestehen, die viel leisten, hart arbeiten, sparsam mit ihren Mitteln umgehen, die bereit sind, hohe Risiken auf sich zu nehmen.[2] Letztlich stellen sie durch ihren Einsatz ja Erwerbsmöglichkeiten bereit und schaffen somit Spielraum für eine bessere Versorgung aller, auch der unteren Einkommensgruppen.

Drittens: Ist es nicht moralisch, das Ethik- und Interventionsmonopol des Kollektivs anzuzweifeln, wenn dieses erfahrungsgemäß zu Versorgungsproblemen und Engpässen führt? Und können sich höherrangige Bedürfnisse, also das Streben nach „noblen" Gütern, um in der Terminologie des Aristoteles zu sprechen, nicht erst dann entfalten, wenn die existentiellen Bedürfnisse gedeckt sind? Können wir uns nicht erst dann dem hilfsbedürftigen Menschen widmen, und zwar so, daß die Hilfe menschenwürdig und ursachenbezogen ist?

Viertens: Ist die kollektive Moral, umgesetzt in anonyme Umverteilung, nicht zugleich auch Ursache dafür, daß die moralische Haltung der Unterstützten untergraben wird? Ist eine solche Ordnung nicht eher ein moralisches Glücksspiel? Ist sie darüber hinaus nicht eine Maßnahme, die dem als hilfsbedürftig Definierten ein Stück Selbstverwirklichung, ein Stück Glück durch Eigenanstrengung und durch persönliche Erfolgserlebnisse raubt?[3]

Fünftens: Besteht nicht die Gefahr, daß eine Gesellschaft, die Moral kollektiv definiert und ihre Ordnung entsprechend gestaltet, die leistungsfähigen Menschen ausgrenzt und die Zivilisation gefährdet, daß eine solche Gesellschaft die Herrschaft manipulierbarer Mehrheiten über Minderheiten provoziert – somit also letztlich dem Totalitarismus den Weg bereitet?

Sechstens: Die Moralvorstellungen kollektiver Systeme sind in aller Regel statisch orientiert. Sie beziehen sich auf Zustände, auf Verteilungskennziffern, nicht auf Prozesse. Momentaufnahmen von Einkommens und Vermögensverteilungen zwischen Personen, Gruppen, Branchen und Regionen sagen möglicherweise über Entwicklungsgesetze ebensowenig aus wie die Fotografie von einer bestimmten Phase eines Wettlaufs über die Siegeschancen der Läufer. Eine (vermeintliche) Schwäche mag eine Herausforderung für kreative Antworten sein, eine diagnostizierte Unterversorgung mag auch Ausdruck einer gewollt individuellen Lebensform sein (Stichwort Aussteiger), doch Eingriffe in ein so komplexes System von „checks and balances" können leicht zu Ineffizienzen, Enttäuschungen und Ungerechtigkeiten führen.

Moral: Jenseits von Angebot und Nachfrage?

Mit der Auseinandersetzung der Begriffe Moral und Ethik wird versucht, einen gesellschaftlichen Konsens zu finden. Als Ergebnis solch eines Prozesses stehen Normen. Normen sind demnach gewissermaßen Synthesen verschiedener Strömungen, haben diese nun im religiösen, politischen, kulturellen oder im gesellschaftlichen Bereich ihre Wurzeln. Keiner der angesprochenen Bereiche kann isoliert betrachtet werden, keiner ist in bezug auf seine „wertbestimmenden" Qualitäten natürlich überlegen. Entsprechend gibt es auch keine Norm, die als absolut gelten kann. Dennoch wird innerhalb einer Gemeinschaft ein Großteil der Normen von einem Großteil der Menschen, die jener Gemeinschaft angehören, anerkannt – schließlich funktioniert eine Gemeinschaft vor allem deshalb, weil jene Normen zu den Rahmenbedingungen gehören, an denen sich der einzelne orientieren kann. Durch all diese Einflüsse wird auch das individuell ausgerichtete Gewissen jedes einzelnen geprägt – und ständig einer Beurteilung unterzogen, die an gewissermaßen allgemeingültigen Kriterien ausgerichtet ist.

Der Begriff Ethik zielt auf das Motiv einer Handlung. Wer gut und böse aber daran mißt, was mit einer Handlung beabsichtigt ist, welcher Gesinnung sie also entspricht, der trägt faktisch oft zu Ergebnissen bei, die unerfreulich sind.

Eine solche Interpretation von Gut und Böse ist deshalb ungeeignet zur diesseitigen Beurteilung von Handlungen. Nach der Gesinnung zu fragen und zu urteilen, das mag im kleinsten Kreise und vor dem ewigen Richter eine angemessene Maxime sein, doch zur Gestaltung des Diesseits ist wohl eher eine Betrachtungsweise angemessen, die auf Ergebnisse abgestellt ist. Eine Handlung sollte an ihren Wirkungen gemessen werden, nicht an ihrer – tatsächlichen oder vermeintlichen – *Absicht*. Ein solches Urteil hat auch eine moralische Dimension.

Verantwortungsethik – und nicht Gesinnungsethik – sollte demnach Kriterien zur Wahl von Alternativen liefern, sollte Entscheidungsgrundlage auch für die Wahl von Wirtschaftsordnungen sein.

Wird moralisches Handeln nicht als etwas definiert, das auf der guten Absicht eines Menschen basiert, sondern als ein Handeln, das aller Erfahrung nach den als erstrebenswert anerkannten Zielen dient, so erscheint die Debatte um die geeignete Wirtschaftsordnung in einem neuen Licht. Es wird dann schwieriger, utopische Vorstellungen auf der Grundlage eines unzutreffenden Menschenbildes zum allein selig machenden Credo emporzustilisieren. Dabei wird deutlich, welche moralische Grundlage eine auf den ersten Blick hartherzig wirkende Entscheidung haben kann. Führt eine solche Entscheidung dazu, daß letztlich durch sie die von Theologen, Philosophen und Wirtschaftlern genannten sozialen Ziele besser erreicht werden, so ist die hartherzig wirkende Entscheidung moralisch gerechtfertigt. Wenn also nicht Gesinnung, sondern Verantwortung für das Ziel die Richtschnur für die Beurteilung der moralischen Qualität einer Entscheidung wird, dann gibt es eine Chance für gesellschaftlichen, kulturellen und zivilisatorischen Fortschritt.

Wäre es möglich – ohne nachhaltige Schäden für alle, einschließlich der sozial Bedürftigen – eine weitere Gewährung von Sozialleistungen und Erhaltungssubventionen – einschließlich eines aufwendigen Systems zur Verwaltung sozialer Gerechtigkeit – aufrechtzuerhalten, so sollte sich unsere Gesellschaft dies leisten. Wenn aber Gefahr besteht, daß Subventionen und Sozialleistungen – so wie sie ausgestattet und gestaltet sind –, verbunden mit Überregulierung und Beschneidung von Optionen für den einzelnen, die Leistungsfähigkeit des Systems ständig aushöhlen, so ist eine Korrektur vorzunehmen, auch wenn sie schmerzt.

Hat der Geber das Samariter-Dilemma erkannt, kann er nicht mehr moralisch rechtfertigen, einen Menschen fortgesetzt zu unterstützen, der aufgrund der Unterstützung potentielle Eigenanstrengungen unterläßt und damit weder für sich selbst erreichbares Lebensglück realisiert, noch seiner Verantwortung gegenüber dem Geber gerecht wird. Letztlich wird die Wohlfahrt beim bequemen Nehmer wie auch beim Geber, der seine soziale Absicht nicht erreicht, vermindert.

Aber nicht nur die positive Begründung der moralischen Qualität jener Entscheidung für den Markt ist in dieser Diskussion um die angemessene Wirtschaftsordnung nützlich, sondern es erscheint auch hilfreich, einmal zu überprüfen, wie es um Glaubwürdigkeit und Konsistenz der Argumente für eine kollektive bzw. dirigistische Ordnung bestellt ist.

- Das Vorurteil jener, die eine kollektive Ordnung bevorzugen, der am anonymen Markt wirtschaftende Mensch handele ethisch fragwürdig und der in das staatliche (Zwangs- und Macht-)Kollektiv eingebundene agiere moralisch, führt zu der paradoxen Implikation des schizophrenen Individuums: Als Privater sei der Mensch gierig, raffsüchtig, eigensinnig und kurzsichtig, als Mitglied des Kollektivs dagegen mildtätig, verbindlich, vertrauenswürdig und weitsichtig. Nach dieser Lesart ist also jeder individuelle Saulus gleichzeitig ein kollektiver Paulus.

- Wer vorgibt, Gesinnung sei alles, das Kriterium der direkten und indirekten Wirkungen bezüglich des Ziels dagegen unbedeutend, der steht erstens vor der Frage, was eine Gesinnung wert ist, die einem selbst und den Mitmenschen nichts nützt, zuweilen sogar schadet, und zweitens vor der Schwierigkeit, in den Menschen hineinzusehen, um dessen Gesinnung zu erkennen. In der kleinen, vertrauten Gruppe mag es noch weitgehend möglich sein, sich ein zutreffendes Bild von der charakterlichen Disposition des Mitmenschen, von seiner Gesinnung, zu machen. Bei größerer Distanz zwischen den Menschen – und dies ist der Normalfall in einer arbeitsteiligen, modernen Großgesellschaft – ist es jedoch mit Sicherheit falsch, anzunehmen, es bestünde die realistische Chance, die Gesinnung der Mitmenschen zutreffend einzuschätzen.

- Wer sich als Verfechter einer dirigistischen Ordnung statt dessen auf die immanente Moral der großen Institutionen verläßt, der sollte bedenken, welche Schäden eine solche Sicht haben kann: Wo „gute Gesinnung" artikuliert und verordnet werden kann, ohne daß damit den jeweiligen individuellen Handlungen entsprochen wird, das heißt, ohne daß jene Gesinnung nachprüfbar zu persönlichen Opfern, zu „willingness to pay", führt, wo im Gegenteil die Kosten einer solchen Gesinnung von (unbekannten) Dritten getragen werden müssen, sind Zweifel an der Integrität angebracht. Anonymität und Nulltarife kor-

rumpieren in der Regel. Wo ohne finanzielle Verantwortlichkeit und
ohne Erfolgsnachweis entschieden wird, wo ohne Beleg Superiorität
und Kompetenz behauptet werden kann, weil ein Monopol legalisiert
ist, dort ist kaum der Ort für eine moralische Instanz. Für solche Einrichtungen ethische Überlegenheit zu postulieren ist daher mehr als
fragwürdig.

• In vielen Fällen ist jedoch nicht allein die moralische Überlegenheit
  kollektiver Instanzen in Frage zu stellen, sondern es ist im Gegenteil
  die Vermutung berechtigt, ihre moralische Qualifikation sei inferior.
  Jedenfalls sind Lippenbekenntnisse für eine soziale Gesinnung oftmals
  lediglich ein Mittel, um Macht zu erlangen und auszuüben.[4] Ist die ge-
  wünschte Machtposition erst einmal erlangt, so erlischt in der Regel
  das Interesse an einer sachgerechten Vertretung derjenigen, deren Interesse angeblich wahrgenommen wird. „Macht korrumpiert, absolute
  Macht korrumpiert absolut." Dieses Wort von Lord Acton wird wohl
  für immer Bestand haben. Die Paradiesillusion einer Geschenkwirt-
  schaft zu verbreiten, gleichzeitig aber die Bürger mit hohen Steuern
  und Abgaben zu belasten, ist kein konstruktiver Beitrag zur Bewälti-
  gung irdischer Knappheiten und zur Minimierung von Konflikten. Es
  scheint aber ebenso eindeutig, daß solches Handeln letztlich wenig mit
  Ethik, wenig mit Nächstenliebe, wenig mit Christenpflicht zu tun hat.
  Ein solches Wirtschaftssystem entmutigt, verleitet zu Indolenz und legalisiert wachsende Ansprüche auf das Eigentum Dritter (des Nächsten) – und führt zur Degeneration menschlicher Grundwerte, zur
  Aufgabe privater Verantwortlichkeit, zerstört letztendlich auch die private Bereitschaft, Hilfe zu leisten, vernichtet somit die Basis für das Soziale schlechthin.

Verantwortungsethik: Orientierungsmaßstab für Wirtschaftsordnung und private Hilfe

Christliche Ethik ist als Verantwortungsethik zu begreifen und in politisches Handeln umzusetzen. Es ist verantwortliches Handeln, die Wirtschaftsordnung so zu gestalten, daß bedrückende Knappheiten überwunden, daß die Lebensbedingungen humaner werden. Das heißt: Es
ist ein System zu installieren, das nachhaltig dafür sorgt, daß Menschen

weniger hungern, weniger arbeitslos sind, eine bessere Wohnung und eine größere Chance zur Bildung haben, sich also weiterentwickeln und letztlich selbst verwirklichen können.

Nicht die kostenlose Speisung, nicht die staatliche Vollbeschäftigungsgarantie, nicht die Sozialwohnung, nicht die Bildung zum Nulltarif, nicht die Subventionen und verdeckten Finanzhilfen zum (angeblichen) Schutz von Arbeitsplätzen, auch nicht die rechtlichen Schutzzäune sind die Instrumente, die zu den oben genannten Zielen führen. Da solche Leistungen und Regelungen Kosten verursachen, die von jemandem getragen werden müssen, ist die Leistungsbereitschaft gefährdet, zumal die innere Bereitschaft zum Geben schwindet, wenn die Mittel anonym, also nicht nachvollziehbar, verteilt werden, wenn darüber hinaus keine Kontrolle besteht, ob der wirklich Hilflose oder aber lediglich der Faule oder der Simulant in den Genuß jener Gelder kommt. Auch werden kostenlose Leistungen in der Regel übermäßig in Anspruch genommen und weniger geschätzt als selbst erarbeitete. Die Verantwortlichkeit des einzelnen ist einfach nicht da entwickelt, wo Steuergelder ausgegeben und kollektive Einrichtungen kostenlos genutzt werden. Somit klafft eine Lücke zwischen künstlich übersteigerter Nachfrage nach Hilfen und Privilegien und einem aus Unwilligkeit der Leistungsträger oder aus Mangel an Handlungsalternativen verringertem Angebot.[5]

Erklärt sich die öffentliche Hand für nahezu alles kompetent und verantwortlich und gibt sie vor, natürliche Lebensrisiken ausschalten zu können, so führt dies zu einer Teilentmündigung erwachsener Bürger, führt aber auch zu Unzufriedenheit, da der Staat oftmals nicht in der Lage ist, seine gegebenen Versprechen auch einzuhalten. Darüber hinaus verlernen diejenigen, welche jene Versprechen einklagen wollen, ihre Tatkraft zu gebrauchen. Eine solche Lebensauffassung führt letztendlich zur kollektiven Flucht aus der Verantwortung, führt in die Passivität. Verantwortungsethik als Maßstab für eine moderne Gesellschaftspolitik bedeutet einerseits einen Rückzug des Staates aus dem unmittelbaren Wirtschaftsgeschehen, eine Reduzierung von Ausgaben, Zwangsabgaben und staatlicher Neuverschuldung, bedeutet einen Verzicht auf die Monopolisierung der Daseinsvorsorge, den Abbau von regulierenden Vorschriften über Preise, Mengen und den Marktzutritt oder Marktaustritt. Dieser Maßstab für ethisches und zugleich effizientes Handeln führt andererseits zur Rückbesinnung auf die eigentlichen natürlichen und klassischen Staatsaufgaben[6], nämlich die Bürger nach innen und außen vor Übergriffen zu schützen sowie die Neutralität des Rechtsrahmens zu etablieren, der den Wettbewerb regelt.

Konkurrenz ist für den einzelnen wie für etablierte Gruppen ein unbequemes Prinzip, das gern umgangen wird. Das Prinzip wird nur dort gesichert, und die Ordnung funktioniert nur dann reibungslos, wenn gleiches Recht für alle Marktteilnehmer gilt und die Staatsführung nicht der Versuchung unterliegt, Mehrheiten zu begünstigen, organisierten Gruppen nachzugeben oder Einzelfälle kasuistisch regeln zu wollen. Entspricht der Rechtsrahmen indes nicht diesen Maximen, so sind die Verzerrungen und Ungleichgewichte nicht auf Marktversagen zurückzuführen; sie sind vielmehr in der verfehlten staatlichen Ordnungspolitik begründet. Ein funktionierender Markt, der einen neutralen und zuverlässigen Rahmen voraussetzt – gleichsam als Weichenstellung für einen dynamischen Kreativitäts-, Lern- und Anpassungsprozeß –, ist besser als jede Alternative geeignet, Knappheiten zu vermindern. Als System oder Organisationsprinzip ist der Markt in einem mehr allgemeinen und abstrakten Sinne gleichzeitig sozial, weil er mehr als jedes andere System hilft, die Lage der Schwachen (und der Starken) zu bessern, wobei die Dynamik des Systems relative Positionen stets zur Disposition stellt und so zukunftsorientiertes Denken und Handeln hervorbringt. Solch ein System ist auf die potentiellen Wünsche der übrigen Marktteilnehmer ausgerichtet.

Höchstmögliche Effizienz, für die ein funktionierender Markt und ein kontrolliertes oder „geläutertes" Eigeninteresse sorgen, sind keine Garantie dafür, daß denjenigen geholfen wird, die nicht am Markt teilnehmen (können) oder die mit persönlichen Problemen belastet sind. Das heißt: Das anonyme Prinzip des Marktes, das Wirtschaftlichkeit sichert, muß durch andere Grundsätze für menschliches Verhalten ergänzt werden, damit auch im Einzelfall für Menschlichkeit gesorgt ist.

Bei dieser Aufgabe traut in der Regel – zumindest in Kontinentaleuropa – der einzelne der Initiative natürlich gewachsener Gruppen oder karitativen Verbänden sehr wenig zu. Vertrauen wird hingegen dem Staat entgegengebracht, kann er doch aufgrund von Hoheitsrechten ein soziales Netz (bei gleichzeitiger Zwangsbesteuerung bzw. Zwangsmitgliedschaft in kollektiven Versicherungen) flechten. Dieses Vorurteil soll anhand einiger Überlegungen überprüft werden.

Erstens: Jene, die verordnete, kollektive Hilfe gegenüber freiwilliger, privater Initiative beim Helfen für überlegen halten[7], begründen dies oft damit, daß soziales Engagement für den einzelnen nicht attraktiv sei, weil sein Altruismus nicht nur den Unterstützten, sondern auch den übrigen potentiellen Unterstützern zugute komme, indem es jenen die Last abnehme, mit sozialem Elend konfrontiert zu sein. Dieses Trittbrettfahrerargument unterstellt, die Bereitschaft zur Hilfe an Bedürftige werde entscheidend durch die Sorge gehemmt, andere potentielle Helfer könnten von den Anstrengungen profitieren. Dabei wird die primäre Absicht der Hilfe, das unmittelbare Helfen-Wollen, ebenso unberechtigt in den Hintergrund gedrängt wie der Aspekt, daß auch das Helfen selbst in der Gesellschaft zu Respekt und Ansehen verhilft und eventuell Hilfsbereitschaft generiert für jenen Fall, daß der Helfer selbst einmal in Not gerät.[8]

Zweitens: Wirksame Hilfe sollte, vom Pflegefall abgesehen, Lernhilfe sein, also Hilfe zur Selbsthilfe. Das eigenständige Bewältigen von Lebenslagen sollte das Ziel sein, will die Hilfe dauerhaft wirkungsvoll und human sein, und zwar aus dem Blickwinkel aller Beteiligten. Bei der Pflege muß gewährleistet sein, daß der gebende Mensch seinen Beitrag freiwillig erbringt, weil nur so das Selbstwertgefühl des abhängigen Menschen nicht verletzt wird. Diesen Anforderungen an eine humane und wirkungsvolle Hilfe genügt ausschließlich eine freiwillige und individuelle Betreuung, da nur bei dieser Form unmittelbare Beobachtung, primäre Motivation und eine menschenwürdige Form der Kontrolle möglich sind. Auch ist die Gefahr des Mißbrauchs menschlicher Gutmütigkeit aus Bequemlichkeitsmotiven heraus dort eng begrenzt, wo sich Helfer und Unterstützter unmittelbar gegenüberstehen. Nicht die Anonymität ist daher der angemessene Rahmen für Hilfen im Einzelfall, sondern vielmehr das Vertrautsein.

Drittens: Die Potentiale für freiwillige Hilfe wären groß, würde der Staat nicht die Kompetenz an sich ziehen und damit den Spielraum für private Initiative einengen. Dies gilt für die Unterstützung im Wohlfahrtsverband, die Nachbarschaftshilfe oder für das gegenseitige Sichhelfen innerhalb der Familie. So ist dem Menschen ein instinktives Bedürf-

nis angeboren, Zuflucht in einer natürlich gewachsenen Gruppe zu
suchen, die es ihm ermöglicht, auch den weichen Kern seines Wesens zu
entfalten. Dies ist gleichsam das Gegengewicht zu der Härte und strengen Rationalität, welche die erfolgreiche Knappheitsbewältigung am
anonymen Markt prägen. So emotional das Streben nach Geborgenheit
in der Gruppe und nach dem Schutz durch die Gruppe auch immer sein
mag – den Kriterien der Rationalität entzieht sich diese Lösung nicht, da
die gewachsene Solidargemeinschaft effizienter ist als jedwedes Einzel-
kämpfertum. Es liegt im natürlichen Interesse jedes einzelnen, sich einer
Gruppe anzuschließen, da im langfristigen Verbund einer informellen
Versicherungsgemeinschaft eine Reihe von Risiken leichter tragbar und
Chancen besser genutzt werden.

Viertens: Staatshilfe, die anonym gewährt wird, tendiert dazu, Ver-
führung statt Hilfe zu sein. Dies gilt vor allem dann, wenn ein Rechtsanspruch auf finanzielle Hilfe besteht, wenn Gelder ohne Auflagen
gewährt werden und wenn die Zuwendung eine Höhe erreicht, die sich
jener potentieller Leistungseinkommen nähert. Oft führen Zusatzver-
dienste in der Schattenwirtschaft zu einem Gesamteinkommen des
Transferbeziehers, das das Nettoeinkommen vergleichbarer Personen in
der offiziellen Wirtschaft übersteigt. In der Regel werden Menschen
durch ein solches staatliches Sozialsystem in Versuchung geführt, Eigenanstrengung zu unterlassen und so die Kriterien für Hilfsbedürftigkeit
herzustellen. Deshalb wäre es utopisch anzunehmen, nur jene kämen in
den Genuß einer Hilfe, für die die Hilfe ursprünglich gedacht war.

Fünftens: So idealistisch, so romantisch die marxistisch-sozialistische
Forderung „Jeder nach seinen Fähigkeiten, jedem nach seinen Bedürfnissen" auch immer sein mag – sie ist genauso lebensfremd, genauso
illusionär wie jene religiös oder philosophisch fundierten Opferkon-
zepte, die die Selbstaufgabe und ein Leben in Armut ins Zentrum
ihrer Botschaft rücken und Familie oder Privateigentum als konstitutive
Elemente einer Gesellschaftsordnung ablehnen. Durchsetzen konnten
sie sich nicht, da sie dem menschlichen Wesen nicht gerecht werden.
Vielmehr muß man die Menschen nehmen, wie sie sind, wie sie seit Jahrhunderten waren und wie sie wohl auch in Zukunft sein werden. Natürliche Axiomatik ist ex definitione nicht zu verändern. Besser ist es, effiziente Anreiz-, Straf- und Kontrollmechanismen zu etablieren, um das

Positive in der menschlichen Natur hervorzuheben und um negative Wesenszüge zu unterdrücken. Es geht also um ein Steuerungskonzept, das den Menschen, so wie er ist, bejaht, nicht um eines, das ihn letztlich verneint.

Aus den oben aufgeführten Gründen ist es im Ergebnis unsozial, ein Gemeinwesen ausschließlich auf Altruismus und Gemeinsinn gründen zu wollen. Es ist aber auch langfristig ineffizient, wenn dem Selbstinteresse ohne Schranken freien Lauf gelassen wird. Daher lautet die ordnungstheoretische Kardinalfrage: Läßt sich das natürliche Eigeninteresse des Menschen läutern und kontrollieren, läßt es sich friedvoll, harmonisch und konstruktiv mit dem Gemeinwohl verknüpfen, um sowohl in ein effizientes als auch in ein humanes System zu münden?

Eigeninteresse und Gemeinwohl

Motiv oder Triebfeder individuellen Handelns ist die Eigenliebe, also letztlich ein natürlicher Affekt. Wird sie nicht diszipliniert, so kann sie nach zwei Seiten entarten: hin zum Narzißhaften oder zu übersteigerter Sorglosigkeit bzw. Lässigkeit. Ihre durch die Ratio „gefilterte" Manifestation ist das Selbstinteresse. Ausdruck des Selbstinteresses sind das Streben nach Existenzsicherung, Wohlstand und Anerkennung. Auch das Selbstinteresse kann ohne korrigierende Einflußfaktoren in zwei Richtungen degenerieren: zum Übermaß (Egoismus) und zum Mangel (Trägheit). Um dies zu vermeiden, bedarf es korrigierender Einflüsse. Sie sollen die Übersteigerung vermeiden oder verringern helfen und damit ein Verhalten fördern, das sowohl für das Individuum als auch für Dritte nützlich ist. Mehrere Kräfte halten das Selbstinteresse im Zaum und lenken die Motivation in eine Richtung, die gleichzeitig im öffentlichen Interesse („bonum commune") liegt: Es sind dies das Mitgefühl („fellow feeling", „sympathy"), die freiwillig akzeptierten ethischen Normen, die Gesetzgebung (die mit staatlichem Zwang exekutiert werden kann) und der Wettbewerb. Durch die genannten Faktoren wird das Selbstinteresse geläutert, angespornt und im Gleichgewicht gehalten. Es wird unter diesen Bedingungen zur Grundlage dafür, daß individuelles Handeln zum Gesamtwohl beiträgt.

In einer Welt, in der Menschen großen Wert auf Unabhängigkeit ge-

genüber Dritten legen, in der die Atmosphäre relativ unpersönlich und
die Distanz zwischen den Menschen recht groß ist, sind die Beziehungen
außerhalb der natürlichen Gruppen (Familie) nur in geringem Maße
durch Mitgefühl und Ethik zu ordnen. In einem solchen anonymen
Umfeld kommt der korrigierenden Wirkung des Wettbewerbs auf das
Eigeninteresse entscheidende Bedeutung zu, denn nur durch ihn können
die knappen Hilfsquellen, die unterschiedlichen Qualifikationen und
Interessen sowie die begrenzt verfügbaren Charakterstärken möglichst
ergiebig genutzt werden. Wettbewerb hat nichts mit Sozialdarwinismus,
auch nichts mit einem seelischen Deformationsprinzip (bei dem angeblich allein der Ellbogen zählt) zu tun. Vielmehr ist die Idee der Konkurrenz eng verwandt mit dem „Wettlauf" in der Antike („miteinander laufen" = „concurrere"), bei dem das Überflügeln des Mitbewerbers nichts,
aber auch gar nichts mit Unfairneß zu tun hat, solange dem Rivalen kein
Bein gestellt wird. Der Wettbewerb ist wie der Wettlauf dynamisch. Die
Anfangsausstattung am fiktiven Start ist nicht immer maßgeblich für das
Ergebnis an der fiktiven Ziellinie, ist keineswegs Garantie für den ständigen Sieg. Die Konkurrenz mit ihren vielfältigen Formen ist eine lau-
fende Herausforderung an menschliche Leistungsfähigkeit, Phantasie,
Intelligenz, Intuition, Einfühlung, Weitblick und Denken in Alternati-
ven. Sie diszipliniert und motiviert, sie impliziert Risiken und eröffnet
Chancen, sie belohnt die schöpferischen Kräfte und bestraft Trägheit und
Mangel an Flexibilität – sie ist ein unabdingbares Ordnungsprinzip in
einer Welt der Ressourcenknappheiten, also in einer Welt außerhalb des
Paradieses.

Konkurrenz ist eine ständige und wirksame Bewährungsprobe, bei
der Eigentum ehrlich verdient wird, ohne auf Dauer zum gesicherten
Status quo zu führen. So kann ein Unternehmer sein Privatvermögen
verlieren, wenn seine Rivalen im neutralen Urteil der Käufer besser
waren, wenn er also im Markt versagt hat. Doch hat dieses Risiko, vom
Besseren verdrängt werden zu können, nichts mit einem Eigentumsdelikt zu tun. Es ist im Gegenteil für das Gesamtsystem die Bedingung für
zusätzliche Werte, das Schaffen von Neuem und das Mehren von Wohlstand und Wohlbefinden. Diese Ordnung schafft Mehrwert für alle
Beteiligten.

Es ist dagegen ein verdecktes Eigentumsdelikt, eine Wohlstandsminderung, die Behinderung schöpferischer Kräfte, wenn dem Wettbewerb Fesseln angelegt werden, die der Status-quo-Sicherung von Insidern dienen und den Verbrauchern die Alternative nehmen. Es hat wenig mit Fairneß, wenig mit Sicherung des sozialen Friedens zu tun, Schutzzäune für die Beschäftigten in Form von Kündigungsschutzvorschriften zu errichten, Inhalte von Arbeitskontrakten durch Tarifverträge zu monopolisieren, die den Arbeitslosen die Chance auf ein Markteinkommen rauben. Es hat auch wenig mit sozialer Sicherung zu tun, die Altersvorsorge durch das starre Festhalten am kollektiven Rentenversicherungssystem mit seinen Leistungszusagen zu gefährden. Es ist sicherlich kein sozialer Beitrag für die Dritte Welt, wenn mit Schutzzäunen für die europäische Landwirtschaft oder für andere Industriezweige (Werften, Textilindustrie) die Absatz- und Wachstumschancen der Entwicklungsländer blockiert werden.

Nicht die natürlichen Knappheitsschranken des Marktes, sondern die Behinderung der Marktkräfte stehen im Widerspruch zur Natur unserer Welt und ihren evolutionären Wesenszügen. Für den Menschen ist die Zukunft grundsätzlich offen. Er hat die einmalige Chance, individuell aus den Fehlern der Vergangenheit – den eigenen wie den fremden – zu lernen und die Freiheit zu nutzen, die beste Option wählen zu dürfen.

Damit gestaltet das Individuum die Welt in einem lebendigen Entdeckungsverfahren, das keinem festen Grundmuster folgt. Diese offene dynamische und negativ rückgekoppelte Organisationsform, der Markt, ist nicht allein die effizienteste Ordnung, nein, sie ist auch in dem Sinne moralisch, als sie den ethischen Forderungen nach menschenwürdiger, menschengerechter und freiheitlicher Gestaltung entspricht. Diese Ordnung hat also auch eine moralische Dimension.

Letztlich ist die „List der Natur" oder die „unsichtbare Hand" monopolistischem und interventionistischem Taktieren überlegen. Sie hat den Markt und die Ordnungsidee der Konkurrenz erfunden: Diese Prinzipien sind so machtvoll, daß sie den Menschen teils wider seinen eigenen Willen in die Zivilisation führen. Das Verstecken hinter Schutzgemeinschaften, Zollmauern und Subventionen verzögert, aber verhindert die natürliche Evolution nicht. Auch der künstliche Ausschluß der Arbeitslosen vom Arbeitsmarkt aufgrund mißbrauchter Monopolmacht durch Gewerkschaften und Arbeitgeberverbände wird unweigerlich Gegen-

kräfte hervorrufen. Man denke beispielsweise nur an die „Außenseiter-
konkurrenz", die sich in der stark vermehrten Schwarzarbeit manifestiert.

So eindeutig letztlich die „List" des Systems „Interventionen" von
Gruppen oder Regierungen überwindet, so sehr also ein gesundes Basis-
vertrauen in die Resistenz der Marktwirtschaft berechtigt ist, so sehr ist
es jedoch auch angemessen, darauf hinzuweisen, daß die Eingriffe in das
System Kosten nennenswerten Umfangs zur Folge haben. Verlust an
Wohlstand, an Wahlmöglichkeiten, an individueller Freiheit sind die
unabweisbaren Folgen.

Damit wird deutlich, daß aufgrund der Abweichungen von einer
natürlichen Ordnung, das heißt einer solchen, die dem Wesen des Menschen gerecht wird, die allgemein akzeptierten Ziele jeder Gesellschaft –
jedenfalls zeitweise – nur in geringerem Maße erreichbar sind. Dabei
werden Freiheiten eingeschränkt, wird Wohlstand vermindert, bleibt
Leistungsgerechtigkeit auf der Strecke.

Zu den Funktionsbedingungen einer marktwirtschaftlichen
Ordnung

Marktwirtschaft führt zu höchster Effizienz und vollkommenem Inter-
essenausgleich nur dann, wenn die agierenden Individuen in der Lage
und willens sind, eine selbstverantwortliche Haltung einzunehmen, und
wenn der einzelne nicht durch institutionelle Hindernisse – wie Barrieren für Marktzutritt oder Marktaustritt – an sachgerechten Entscheidungen gehindert wird. Für jeden Marktteilnehmer muß es prinzipiell möglich sein, die gewünschten Produktionsmittel und Konsumgüter zu er-
werben und die eigenen Produktionsfaktoren (Arbeits-, Sach-, Finanz-
kapital und Know-how) anzubieten. In diesem Sinne ist Chancengleichheit eine Vorbedingung für Marktwirtschaft. Konsumentensouveränität
und Gewerbefreiheit sind also unverzichtbar.

Untrennbar mit der Forderung nach Sicherstellung des Wettbewerbs
ist verbunden, auf die Internalisierung von externen Kosten und Er-
trägen zu achten. Das heißt etwa, die Kosten der Umweltbelastung, die
ein Autofahrer verursacht, ihm zum Beispiel in Form einer Steuerbelastung auf den Benzinverbrauch aufzubürden. Oder es heißt, daß ein

Forscher die Erträge, die durch seine Erfindung anderen zukommen, über Patentschutz entlohnt erhält. Hierzu bedarf es eines starken Staates. Die Forderung nach Internalisierung ist leichter gestellt als erfüllt, da die Feststellung von externen Kosten objektiv nicht leicht möglich ist (Geruchs-, Lärm- und Schadstoffbelästigung) und da die Verfahren zur Zurechnung der Kosten praktisch kaum ohne Zwangsmaßnahmen, also Freiheitseinschränkungen, auskommen.[9]

Eine andere Grenze, Marktwirtschaft zu verwirklichen, liegt in der Schwierigkeit, Startgleichheit für den einzelnen zu realisieren. Nicht alle Bürger haben den Eindruck, sie hätten eine faire Chance, ihre Fähigkeiten und Wünsche in das System einzubringen. Offensichtlich unabänderlich ist die Verschiedenheit der Begabungen nach Art und Umfang. Die Frage der Startungleichheit bezüglich der Ausstattung mit Sachkapital ist nach wie vor Gegenstand von Kontroversen.

Kann jeder rechtmäßige Besitzstand als vereinbar mit der Forderung nach Chancengleichheit gesehen werden? Reicht es also aus, die vorhandenen Humankapitalausstattungen mit den gleichen Möglichkeiten (der Ausbildung, des Zugangs zu Berufen, zur Kreditaufnahme) auszustatten? Was bedeutet diese Forderung, da wir wissen, daß das soziale Umfeld in den ersten Lebensjahren für die Entwicklung des Kindes entscheidend ist? Wäre dies nicht, angesichts der starken sozialen Differenzierung von Familie zu Familie, gleichbedeutend mit der Aufforderung zur Auflösung der Familie? Oder ist Chancengleichheit auch schon dann gewährleistet, wenn in der schulischen Erziehung keine Diskriminierungen mehr gegeben sind? Muß angesichts der begrenzten Bereitschaft der Banken, Kredite an Personen zu vergeben, die keine dingliche Sicherung anbieten können, der Staat in diesen Fällen mit Bürgschaften einspringen?

Ist Chancengleichheit auch schon gegeben, wenn alle vor dem Recht gleich sind? Oder ist Kompliziertheit des Rechts – oftmals in der Absicht, Gerechtigkeit zu erreichen (Steuerrecht) – nicht faktisch eine Diskriminierung derjenigen, die weniger rechtskundig sind bzw. die sich nur weniger ausgebildete Berater leisten (können)? Muß deshalb Rechtsschutz und Steuerberatung zum Nulltarif angeboten werden?

Fragen sind auch hier leichter gestellt als beantwortet. Denn es ist offensichtlich: Lösungen für das eine Problem „gleiches Recht für alle" sorgen dafür, daß Rechtsschutz übermäßig nachgefragt wird, unnötige Kosten für die Gesamtheit verursacht werden und damit Wohlstand für alle vermindert wird.

Ist die Wirtschaftsordnungsdebatte lösbar?

Die Überlegungen zu den Funktionsbedingungen und den Grenzen der Marktwirtschaft sind Hinweis auf die vielfältigen Schwierigkeiten bei der konkreten Gestaltung einer marktwirtschaftlichen Ordnung. Es wurde allerdings deutlich, daß die Alternative, nämlich ein kollektives System, weniger wünschenswert ist; ähnlich verhält es sich mit einem Zuviel an dirigistischen Maßnahmen. Das marktwirtschaftliche Konzept optimiert unter idealen Bedingungen Freiheit, Leistungsgerechtigkeit, Motivation; unter realen Bedingungen, das heißt, weil Chancengleichheit nur unzureichend realisiert wird, ist es lediglich motivationsfördernd und relativ freiheitlich. Das Konzept des Sozialstaates aber ist – selbst bei der idealen Annahme einer allwissenden und altruistischen Elite – nicht motivationsfördernd, entspricht es doch nicht den Bedingungen einer aufgeklärten und selbstverantwortlichen Gesellschaft.

Ob die ohnehin wissenschaftlich objektiv nicht feststellbare soziale Gerechtigkeit erreicht oder wenigstens approximiert wird, hängt von der ethischen und fachlichen Qualifikation der staatlichen „Entscheider" ab. Realistisch ist anzunehmen, daß auch dort nicht ausschließlich Altruisten sitzen, sondern solche Personen, die wiedergewählt werden wollen. Da die meisten Wähler die Konsequenzen bestimmter Formen der Wirtschaftspolitik kaum verstehen und da es kaum einen Anreiz gibt, sich anzustrengen, sie zu verstehen, ist es wohl taktisch klug, Politik zu betreiben, die auf den ersten Blick für eine große Mehrheit Vorteile zu bringen scheint und die Bürden auf wenige konzentriert. „This theory explains not only the tendency of programmes of the parties in a two-party democracy to become virtually indistinguishable [..] but also such phenomena as the role of stereotypes in political ideology, the influence of pressure groups, and the dominance of producer over consumer interests in the actual formation of public policy".[10]

Wenn Zwangswirtschaft und Sozialstaat als Lösungen für eine effiziente und menschenwürdige Wirtschaftsordnung ausscheiden, Marktwirtschaft aber angesichts der Ausgangsbedingungen und institutionellen Regelungen die gewünschten Ziele nur approximiert, nicht aber vollkommen sichert, tut etwas moralische Aufrüstung not. Man muß schon in die Zeit vor der Aufklärung zurückgehen, um die angemessene Bescheidenheit im Anspruchsniveau zu finden: „Wir suchen nicht nach Vollkommenheit, da wir nur zu gut wissen, daß dies in menschlichen Dingen nicht zu finden ist, sondern nur nach jener Verfassung, die von den geringsten oder entschuldbarsten Unzulänglichkeiten begleitet ist."[11]

Diese Bescheidenheit hinsichtlich des Urteils über die Machbarkeit von Dingen, speziell der wirtschaftlichen Entwicklung, ist etwas, was seit Keynes verlorengegangen ist. Keynes schien die Wirtschaftswissenschaft aus der „dismal science" herausgeführt zu haben. Insbesondere nach dem offenkundigen Scheitern der keynesianischen Wirtschaftspolitik dürfte es jedoch nicht wichtig sein, daß Ökonomen Thesen hervorbringen, die sie bei Politikern und Bürgern beliebt machen. Wichtiger ist es, daß die Vorschläge, die sie machen, die Welt – im Urteil der Bürger – etwas weniger unzulänglich werden lassen.

Es ist offensichtlich, daß eine Wirtschaftsordnung der Koordination, also die Marktwirtschaft, unserer heutigen gesellschaftlichen Verfassung besser entspricht als ein System der Subordination; letzteres ist nur haltbar, wenn die Ausbildungs- und Fähigkeitsabstände der Teilnehmer am Wirtschaftsprozeß außerordentlich groß sind. Ebenso wie die Demokratie um so tiefer wurzelt, je verantwortungsfähiger die Bürger sind, um so eher ist Marktwirtschaft die adäquate Antwort auf die Frage nach der angemessenen Wirtschaftsordnung, je mündiger die Bürger sind.

Anmerkungen

1 „Denn die Fähigkeit vieler Millionen einfacher Menschen, immer wieder Lücken in den staatlichen Regelungen zu entdecken, ist besser entwickelt als die weniger Millionen Bürokraten, die Löcher zu stopfen". Milton Friedman, Adam Smith' Bedeutung für 1976, in: Horst Claus Recktenwald (Hrsg.), Ethik, Wirtschaft und Staat, Darmstadt 1985, S. 220.

2 „Die soziale Marktwirtschaft kann nicht gedeihen, wenn die ihr zugrunde liegende geistige Haltung, das heißt also die Bereitschaft, für das eigene Schicksal Verantwortung zu tragen und aus dem Streben nach Leistungssteigerung an einem ehrlichen freien Wettbewerb teilzunehmen, durch vermeintlich soziale Maßnahmen auf anderen Gebieten zum Absterben verurteilt wird." Ludwig Erhard, Wohlstand für alle, Düsseldorf 1957, S. 256.

3 Die Individualität eines jeden einzelnen mit seinen speziellen Fähigkeiten impliziert ja gerade, daß jeder auf einem bestimmten Gebiet einen komparativen Vorteil besitzt.

4 „Der Staat wird [...] – bei allgemeinem Wahlrecht – zugunsten der größeren Gruppe in die Vertragsfreiheit eingreifen, da er in der Regel dies mit dem Schutz des Schwächeren rechtfertigen kann. Der Stärkere ist, wer sich die Formel vom Schutz des Schwächeren zunutze machen kann." Carl Christian von Weizsäcker, Was leistet Property Rights für wirtschaftspolitische Fragen?, in: Manfred Neumann (Hrsg.), Ansprüche, Eigentums- und Verfügungsrechte, Berlin 1984, S. 139.

5 Vgl. Norbert Walter, Soziale Ergebnisse – nur durch mehr Marktwirtschaft, in: Walter, von Voss (Hrsg.), Wohin treibt die Wirtschaft?, Stuttgart 1984, S. 21f.

6 „Weder eine minimale noch eine maximale Rolle des Staates sind effizient. Die Produktion gewisser öffentlicher Güter, die Durchsetzung des Wettbewerbs durch Wettbewerbspolitik sind zwei relativ unstrittige Staatsfunktionen. Eine entschiedene Verteidigung der natürlichen Umwelt gegen die Verursacher negativer externer Effekte steht nicht im Widerspruch zum Effizienzziel, ja, ist durch dieses meines Erachtens geboten. [...] Beunruhigend ist insbesondere die heute schwergewichtig wettbewerbs- und fortschrittshemmende Rolle des Staates im Wirtschaftsablauf." Carl Christian von Weizsäcker, a.a.O., S. 133.

7 Vgl. zu dieser Frage Karl-Heinz Paqué, Marktversagen bei Spenden sowie The Efficiency of Public Support to Private Charity sowie Do Public Transfers „crowd out" Private Charitable Giving, jeweils in: „Kieler Arbeitspapiere 1982", Nr. 150, 151, 152.

8 Hier ist insbesondere an die früher nahezu selbstverständliche Hilfsbereitschaft der verschiedenen Generationen in einer Familie im Verlauf des Lebenszyklus zu denken.

9 Statt der bisher gebräuchlichen Verbote und Gebote spricht vieles für die Vergabe von Lizenzen, um gemeinsam für das Ziel des Umweltschutzes zu wirken.

10 „Diese Theorie erklärt nicht nur die Tendenz der Parteiprogramme, in einer Zwei-Parteien-Demokratie kaum unterscheidbar zu werden, sondern auch solche Phänomene wie die Rolle von Stereotypen und politischer Ideologie, den Einfluß gesellschaftsrelevanter Gruppen und die Dominanz der Produktion über die Konsumtion in der aktuellen Situation der öffentlichen Politik." In: Harry G. Johnson, The Economic Approach to Social Questions, London 1968, S. 16.

11 Algeron Sidney, Discourses concerning government, London 1968, S. 142, zit. nach Friedrich August von Hayek, Die Verfassung der Freiheit, Tübingen 1971, Titelseite.

Information und Mobilität können die Umverteilungsdemokratie zähmen

von Gerard Radnitzky

> *„Der Wettbewerb ist das großartigste und genialste Entmachtungsinstrument der Geschichte."* Franz Böhm

0. Situationsanalyse

Das zwanzigste Jahrhundert war für die westlichen Demokratien die Ära der Kombination von Sozialismus und Demokratie.[1] Für die Welt insgesamt war es das Jahrhundert des Sozialismus.[2] Die Bedeutung des Wortes 'sozialistisch' hat sich gewandelt. Ursprünglich meinte man damit vor allem Zentralplanung, Sozialisierung der wichtigen Industrien und Kommandowirtschaft. Seit den 60er Jahren jedoch Umverteilung. Hayek hat im Vorwort der 2. Auflage von „The Road to Serfdom" von 1967 auf den Bedeutungswandel hingewiesen. In meinem Beitrag zum ersten Band dieser Reihe habe ich behauptet, daß nahezu alle westlichen Demokratien mehr als zur Hälfte sozialistisch sind (S. 189). Das Wort wurde dabei definiert anhand des Verhältnisses von Individual- und Kollektiventscheidungen und als Feststellungsmethoden wurden vorgeschlagen: der Anteil von Steuern und anderen Zwangsabgaben am Bruttosozialprodukt (BSP), die Staatsverschuldung, Staatsausgabenquote und Abgabenquote.[3] Die Bedeutung des Wortes 'demokratisch' kommt heute der unbegrenzten oder totalitären Demokratie sehr nahe. In meinem oben erwähnten Beitrag habe ich die Begriffe „Soziale Marktwirtschaft" und „Demokratie", die wichtigsten Säulen der Wohlfahrtsdemokratie unter die logische Lupe genommen. *Jetzt möchte ich mich vor allem der*

Frage zuwenden, ob es Heilmittel für die Wohlfahrtsdemokratie gibt.
Daß der Wohlfahrtsstaat sich in einer Krise befindet, wird kaum noch
bezweifelt. Als Premierminister erklärte Lady Margaret Thatcher, daß
diese Krise dann einträte, wenn der Zustand von „running out of other
people's money" erreicht sei, d. h. wenn es nicht mehr möglich ist, die
Steuerzahler mehr als bisher auszupressen und das weitere Schuldenmachen immer schwieriger wird. Dann sehen sich die Politiker gezwungen,
nach Auswegen zu suchen.

Schweden – das Sozialdemokratische Modell par excellence – wo die
Sozialdemokraten (später buchstäblich als Sozialkleptokraten) mit zwei
kleinen Unterbrechungen ein halbes Jahrhundert regiert haben, ist dieser
Situation jetzt recht nahe. Nach dem Krieg war es, was das Pro-Kopf-
Einkommen betrifft, das reichste Land der Welt; die Bevölkerung hatte
eine hohe Arbeitsmoral, und Kriminalität gab es kaum. Jetzt ist die
Staatskasse praktisch leer, die Steuern sind konfiskatorisch, die Finanzierung der Schulden wird immer schwieriger, die Kaufkraft der Währung
ist auf etwa 4% ihres Wertes vom Anfang der 50er Jahre gesunken, der
Rechtsstaat ist unterminiert. (Radnitzky 1995b, S.73 ff.) Aus zwei Gründen lohnt es sich, sich mit Schweden als Fallstudie zu befassen: (1) Das
Land war jahrzehntelang das Vorzeigebeispiel des *„Sozialdemokratischen Modells"*. Da man nicht mehr übersehen kann, wohin das Modell
langfristig führt, hat es sich *vom Vorbild zu einem warnenden Beispiel*
gewandelt. Bei einer sachlichen Berichterstattung der Medien würde
auch die breite Öffentlichkeit das zur Kenntnis nehmen. (2) Es ist für
Einwohner der BRD deswegen interessant, weil sich die BRD auf den
„Schwedischen Weg" begeben hat – auf vielen Gebieten. Ein gutes aktu-
elles Beispiel ist die sozialistische Reform des Gesundheitswesens. Sie
trägt nicht nur die Handschrift der „Großen Koalition", sondern sie hat
amüsanterweise viele Züge des schwedischen Gesundheitssystems, das
die Schweden seit einigen Jahren wieder loswerden wollen.

Das nimmt nicht Wunder, wenn man bedenkt, daß in Bonn derzeit
eine De-facto-Koalition zweier sozialdemokratischer Parteien regiert,
die sich nur durch ihre Namen und einige Nuancen unterscheiden. Allerdings kann diese De-facto-Koalition noch von dem früher gesammelten Fettpolster zehren, während das im Falle Schweden bereits ver-
braucht ist. Die offizielle Mentalität ist egalitaristisch, wie in Schweden.

Nivellierend wendet man sich gegen alle Institutionen, die Ungleichheiten verkörpern: bei Individuen (durch Besteuerung bis zur Substanzbesteuerung), bei Familien (semantische Mißgeburten wie „Kinderlastenausgleich" sind bezeichnend für die Stimmung), Unternehmen („Industriepolitik" etc.), Bundesländern, Regionen, Branchen, Arbeitnehmern usf. (Baader 1991, Habermann 1994, 1995) Die Republik ist ein aufgeblähter hyper-interventionistischer Staat geworden, bei dem sich unersättliche fiskalische Gefräßigkeit mit großzügiger Verschwendung von Steuergeldern paart. Wenn „Maastricht" (mit der Währungsunion als Mittel zur Erzwingung einer politischen Union) Wirklichkeit werden sollte, und damit schließlich ein Besteuerungskartell von Staaten konstruiert wird, dann wird die EG – nunmehr als EU – gegenüber den Asian Tigers sukzessive an Konkurrenzfähigkeit verlieren und zurückbleiben. (Baader 1993) Das „European Miracle" (Eric Jones) wird sich dann in umgekehrter Richtung abspielen, denn sein Erfolgsgeheimnis war Verschiedenheit, regionale Produktionsvorteile, und vor allem der ständige kommerzielle und militärische Wettbewerb, der die Staaten zwang, Innovationen sofort zu imitieren und zu emulieren (Ronald Findlay). Die USA haben sich seit Roosevelt, angefangen mit seinem „packing of the court", immer weiter von den Idealen der Founding Fathers entfernt. Dennoch haben sie sich unter den westlichen Demokratien noch weitaus am besten gehalten. Der Unterschied war zu erwarten, wenn man die freiheitliche Tradition und Mentalität der angelsächsischen Länder mit der etatistischen, obrigkeitshörigen in Kontinentaleuropa vergleicht.

Vorschau: Ich werde zuerst die Mechanismen und die Dynamik der Wohlfahrtsdemokratie untersuchen – wie Demokratie und Umverteilung kausal verbunden sind –, sodann fragen, ob es systemkonforme Heilmittel geben könnte, und schließlich die These vertreten, daß die Freunde der freien Gesellschaft berechtigte Hoffnungen auf die Internationalisierung der Volkswirtschaften und auf die von internationalen und nationalen Märkten (innerhalb und außerhalb der staatlichen Gesetze) spontan generierten Institutionen haben können, d. h. auf die logische Priorität freiwilliger Ordnungen vor staatlichen Zwangsordnungen. Positionen bezüglich des Verhältnisses von freiwilligen (voluntary) Sozialordnungen zu auf Zwang beruhenden (coercive) Ordnungen kann man in „anarchistische" und etatistische einteilen. Die erstgenannte Position hält spontane Ordnungen, die aus dem „Chaos" entstehen, für die wichtigsten; die zweite setzt Ordnungen ins Zentrum, die zu ihrer eigenen Durchsetzung Ordnungen zweiter Kategorie brauchen. Für sie ist der Staat axiomatisch: zuerst müsse es einen institutionellen Rahmen geben. Sie behaupten das Primat des Staates vor dem Markt, logisch und daher auch historisch, d. h. das Primat der Politik.[4] *Ich sympatisiere mit der „anarchistischen" Position und schließe mich Anthony de Jasays These an, daß die ökonomische Infrastruktur die Grundlagen der Politik erstellt. Dieses Bekenntnis dient auch dazu, Kritik zu erleichtern.*

1.   Das demokratische Umverteilungsspiel

1.1 Die entscheidende Entscheidungsregel

Betrachten wir die Gesellschaft als ein Aggregat von Personen. Wollen sie weiter zusammenleben, dann brauchen sie eine Regel für (nicht-einstimmige) Kollektiventscheidungen. Nehmen wir an, sie entscheiden sich für eine prozedurale Regel und wählen unter der Unzahl möglicher Methoden die demokratische Methode, so wie sie heute in westlichen Demokratien praktiziert wird (uneingeschränktes Wahlrecht und [einfache] Majoritätsregel). Politik beinhaltet unweigerlich Umverteilung. (Jasay 1993b) Sehen wir uns an, wie das demokratische Umverteilungsspiel funktioniert.

1.2 Die Mechanik des Umverteilungsspiels im vereinfachten Modell

Die rationale Anwendung der demokratischen Umverteilungsregel läßt sich an einem einfachen Modell demonstrieren. Ich folge hier Jasay 1995b. Nehmen wir folgendes an: Die Mitglieder der Gesellschaft sind bereit, das Spiel zu spielen, d. h. sie treffen keine Verteidigungsmaßnahmen, sie wandern nicht in die inoffizielle Ökonomie ab und sie emigrieren auch nicht. Wir können eine Gesellschaft beschreiben als ein Aggregat von drei Gruppen, geordnet nach Einkommen: Unter-, Mittel- und Oberschicht. Der potentielle Gewinn aus der demokratischen Spielregel wird dann maximiert, wenn U und M sich zusammentun, um das Einkommen von O auf sich (auf U und M) umzuverteilen. Im Modell können wir die Gruppen idealisieren als jeweils 50% der um 1 [den Medianwähler] verrringerten Gesamtsumme, also z.B. bei einer Gesamtzahl 1001 (jeweils 500 zu 1). In Wirklichkeit kann man sich die Gruppierungen mit etwa jeweils 40–45 zu 15–20 (M) vorstellen.

Gordon Tullock hat darauf hingewiesen, daß, was den ökonomischen Effekt betrifft, Umverteilung durch den Staat (und von diesem legalisiert) perfekt analog ist zu Diebstahl.[5] *Die staatliche, d. h. politisch bestimmte Umverteilung unterscheidet sich jedoch von der privaten Umverteilung* (von dem, was wir „Diebstahl", „Raub" oder auch „freelance Sozialismus" nennen) durch folgende Charakteristika: Die *Ressourcen* kommen aus Steuern und Abgaben aller Art einschließlich der zwangsmäßigen Sozialversicherungen. Der Nutzen für den Empfänger (benefits??) besteht aus sichtbaren Bartransfers sowie mehr oder weniger diskreten Zuwendungen in natura, aus Gütern und Dienstleistungen, die subventioniert oder „zum Nulltarif" angeboten werden (wie beim „gratis lunch", den Milton Friedman populär gemacht hat, z. B. wenn Manna vom Himmel fällt). Der Nutzen (benefit), den diverse Regulierungen, protektionistische Maßnahmen usf. für bestimmte Interessengruppen stiften, läßt sich nur schwer, falls überhaupt, präzisieren und quantitativ ausdrücken. Die *Methoden* unterscheiden sich deutlich: bei privater Umverteilung geht es um offene Gewalt oder Androhung von Gewalt, die beide als illegal bewertet werden, bei der staatlichen Methode um Androhung von Gewalt oder um Gewalt, die legalisiert wurde und daher mit anderen epitheta ornantia bezeichnet wird. Außerdem geschieht private Umverteilung nur gelegentlich, während die staatliche Umverteilung permanent stattfindet. (H.-H. Hoppe) Der Räuber verlangt von seinem Opfer auch nicht, daß es Gewissensbisse bekommen soll, wenn es ihm eine geheime Tasche nicht gezeigt hat, während der Staat analoges Verhalten nicht nur als verbrecherisch bewertet, sondern verlangt, daß auch der Betroffene es als unmoralisch empfinde, wenn er dem Staat (Steueramt) etwas von seinem Einkommen oder Eigentum verheimlicht. Außerdem können wir bei staatlicher Umverteilung eine Unterscheidung zwischen zwei Typen treffen, die bei privater Umverteilung nicht relevant ist, nämlich zwischen *interpersoneller* oder Intragruppen–Um-

verteilung und *intertemporaler* Umverteilung; anders gesagt: zwischen
Besteuerung und öffentlicher Verschuldung. Bei der interpersonellen
Umverteilungsmethode sind die Nutznießer und die Verlierer einigermaßen identifizierbar, während bei der öffentlichen Verschuldung die
Verlierer unspezifiziert bleiben. Auf jeden Fall sind es die Jugend und
künftige Generationen. (Die politische Rhetorik hat dafür das Arsenal
von Lügenwörtern um die Neuschöpfung „Generationenvertrag" bereichert, obgleich von einem Vertrag z. B. mit Ungeborenen keine Rede sein
kann.) Was die eben angesprochene Identifizierbarkeit betrifft, handelt es
sich eher um etwas Prinzipielles als um eine Realität, denn, um ein Beispiel zu nennen, bei der Intransparenz des derzeitigen deutschen Systems
läßt sich nicht einmal für explizite Transfers genau feststellen, wer was
wem bezahlt (wie Wolfram Engels gezeigt hat). Das Amüsante dabei ist,
daß auch die Behörden das nicht mehr genau feststellen können.

In diesem Zusammenhang sind es vor allem zwei Mythen, die entlarvt
werden müssen. (1) Daß es Umverteilung zu den „Armen" ist, welche
die Defizits verursacht. De facto dient in den USA von 8 federalen
Dollar an Sozialleistungen nur ein einziger Dollar dazu, Familien über
die „Armutsgrenze" zu heben. Die Masse der Dollar geht in prinziploses
„Umrühren" (churning). So gehen z. B. Milliarden von Dollar an die
reichsten Farmer; in der EU (wo „Agrikulturpolitik" den größten Posten
des Budgets ausmacht) profitieren ebenfalls vor allem die reichsten Bauern von den generösen Brüsseler Subsidien. In der BRD, wo die Sozialleistungen bereits 1993 34% des BSP ausmachten, kostete 1994 jeder Arbeitsplatz im Kohlenrevier den Steuerzahler (einschließlich „Kohlepfen-
nig") DM 120 000 per annum, und zur Unterstützung von Theatern wurden ihm 1991 3,3 Milliarden zwangsweise abgenommen.[6] Ähnliches gilt
für Zwangsabgaben für die öffentlich-rechtlichen Rundfunkanstalten. In
England fand man schon vor Jahren heraus, daß – abgesehen von der un-
tersten und obersten Dezile, die Steuerzahler meistens das zurückerhiel-
ten, was man ihnen vorher abgenommen hatte (minus Transaktionskosten natürlich). (2) Eine zweite weitverbreitete Mythe ist, daß man von
der Aussage, daß ein bestimmter Beschluß auf demokratische Weise zustande gekommen ist, weitere Sätze logisch ableiten könne, wie z. B. daß
der Beschluß eo ipso rational sei oder vernünftig, moralische Zustimmung verdiene u. ä. m.[7]

Der *Effekt* der Umverteilungsmaßnahmen besteht vor allem darin, *daß die Verbindung zwischen Kosten und Nutzen, zwischen Leistung und Belohnung verdünnt und im Endeffekt durchschnitten wird.* Das ist immer verwerflich, schon deswegen, weil es Verantwortung und Moral insgesamt zerstört. Im freien, privaten Markt (ohne Interventionismus) ist die Koppelung von Kosten und Nutzen perfekt. (Selbstverständlich können die in diesem Kontext relevanten Kosten und Nutzen nur subjektiv bewertet werden.) Es ist ein bekanntes „Naturgesetz" der Ökonomie, daß, wenn die vollen Kosten des Benefits nicht vom Benefizienten getragen werden, höchstwahrscheinlich eine Übernachfrage für das betreffende Benefit entsteht. (Jasay 1989 zeigt das überzeugend mit spieltheoretischen Beispielen.) Wenn die Durchtrennung der Verbindung von Nutzen und Kosten total ist, wird auch die Nachfrage nach Bartransfers und Wohltaten in natura unendlich groß sein. (Jasay 1989) Aber selbst wenn das nicht der Fall ist, sehen viele Bürger die Sache so, als ob die Durchtrennung tatsächlich total wäre. Der Effekt, den die Ausnutzung gewisser Wohlfahrtsgüter auf die Steuerbelastung eines Individuums hat, kann in der Tat von diesem als unerheblich betrachtet werden. Man lebt zufrieden in der Illusion, man könne auf Dauer auf Kosten anderer gut leben. Die Sozialisten in *allen* Parteien verbreiten diese Illusion, und die Medien pflegen sie und garnieren sie mit moralinsaurem Gerede über „Soziale Rechte". Sie versichern dem Empfänger, all das stünde ihm zu, es handle sich um „Soziale Errungenschaften". Sie verführen breite Schichten der Bevölkerung. So werden schließlich durchgesetzte Ansprüche als „Rechte" erlebt: Recht auf Wohnung, auf Kindergartenplatz usf., you name it. Das ist auch menschlich durchaus verständlich. Es führt zu einem Ratschen-Effekt (s. S. 94). Unter anderem bleibt dabei der Begriff des Rechts auf der Strecke. Ein Recht ist etwas, was anderen eine Verpflichtung auferlegt. Bei den echten Rechten, Optionsrechten („natural liberties" [Jasay 1991a]) hat derjenige, der dem anderen die Berechtigung, eine bestimmte Handlung auszuführen, abspricht, die onus probandi; er muß begründen, warum der andere das nicht „darf". Bei den Ansprüchen, Forderungen, die 'Sozialrechte' genannt werden, dagegen hat derjenige, der behauptet, er besäße ein bestimmtes solches „Recht", die onus probandi: Er muß begründen, warum der andere ihm gegenüber eine bestimmte Verpflichtung hat (z. B. indem er einen Vertrag vorzeigt).

Das Individuum ignoriert rational auch die Tatsache, daß Umverteilung, zumindest in bezug auf das Bruttosozialprodukt, immer ein Nega-
tiv-Summen-Spiel ist, daß sie eine Wirkung auf die Größe des Nationaleinkommens hat, das in der nächsten Periode vorhanden sein wird. Die
Reduktion ist auf die bekannten „Perversitäten des Wohlfahrtsstaates"
zurückzuführen, welche Anreize zerstören, Motivation und Leistungs-
willen verändern.

1.3 Die Dynamik, die sich aus der Struktur (Anreizen) des Systems
ergibt – Beschleunigung und Ratschen-Effekt

Der Wohlfahrtsstaat wird legitimiert durch eine Kombination von sozialistischen und demokratischen Beschwörungsformeln, wobei 'sozialistisch' die Bedeutung hat, die das Wort seit den 60er Jahren angenommen
hat. (Hayek 1967, 2. Aufl. von „Road to Serfdom", Preface; Baader 1991)
Dieses Meinungsklima ist allmählich zustande gekommen, wobei die
Kriege Schübe in dieser Richtung verursacht haben. Der Wohlfahrtsstaat
wuchs zuerst langsam und erst später krebsartig, in bezug auf Umfang
und Vielfalt der Wohltaten. Er wächst nicht linear, sondern es gibt das
bekannte Phänomen der „Wahlzyklen" (Wahlgeschenke kurz vor Wah-
len) und der Bremsversuche. Was die Vielfalt betrifft, so werden ständig
neue „Sozialrechte" erfunden oder „entdeckt" und durchgesetzt. Die
Staatsanteile wachsen und mit ihnen die Staatsausgabenquote, die Anzahl
der im öffentlichen Sektor Beschäftigten sowie der Umfang und die
Bedeutung (und Kosten) der Bürokratie.

Im vorigen Abschnitt wurde bereits erklärt, warum das System einen
Ratschen-Effekt entwickelt hat, der eine wesentliche Redimensionierung
von Vergünstigungen „politisch unmöglich" macht. *Politiker, die dem
nach dem süßen Gift des Wohlfahrtsstaates süchtig gewordenen Wähler-
volk eine Entwöhnungskur verordnen wollen, werden sofort von den
Medien diffamiert als „herzlos" und schließlich als „Faschisten".* Sie
haben keine Aussicht auf Wiederwahl. Nachdem man dem „Volke" ein-
getrichtert hat, daß ihm all das, was es erhält, auch „zusteht", wird jede
Einschränkung von den Betroffenen als ein Vergreifen an ihrem Besitzstand empfunden. (Auch der Dieb empfindet es schließlich als unmora-

lisch, wenn man ihm von seinem Diebesgut wieder etwas wegnehmen will.) Der Begriff der „Sozialen Marktwirtschaft" enthält keinerlei Vorgabe für eine Grenzlinie der Umverteilung; er schiebt den schwarzen Peter der demokratischen Methode zu. (Radnitzky 1995c) Und, wie Jasay (1995a) gezeigt hat, kann es einen dem demokratischen Umverteilungsspiel inhärenten Endpunkt gar nicht geben, wenn alle Spieler rational handeln.[8] Der einzelne Spieler kann gar nicht berechnen, ab wann durch Effizienzverluste (aufgrund von Umverteilung) das Nationaleinkommen so beeinträchtigt würde, daß der Marginalnutzen seines Gewinns aus mehr Umverteilung zu seinen Gunsten, diesen Effekt nicht mehr kompensieren könnte. (Jasay 1995a, fn.13) Die „ärmere" Hälfte der Wähler so zu betrachten, als ob sie als ein einzelner Agent handeln könnte (eine holistische Fiktion, die viel Verwirrung stiftet), hilft auch nicht weiter, denn dieser Agent könnte dann den Medianwähler bestechen. Und die Dynamik würde bis zum Kollaps der Wirtschaft weiterwirken.

1.4 Begrenzungen, die in der Natur der Sache liegen

Selbstverständlich hat auch das Wachsen des Staates (government growth) wie jede Wachstumskurve seine Grenzen, endogen durch eine Art Bremsmechanismus der auf Friktion beruht. Daß Umverteilung Effizienzverluste mit sich bringt und daß auch dem Schuldenmachen Grenzen gesetzt sind, ist bekannt. Diese Bremsmechanismen greifen allerdings erst im fortgeschritten Stadium, wenn der drohende Bankrott schon seine Schatten vorauswirft und die Moralität (Arbeitsethos, Eigenverantwortung usf.) der Bevölkerung bereits weitgehend zerstört ist. Sie haben auch kein ABS eingebaut und das System kann sehr wohl ins Schleudern geraten, wenn die Bremsen hart greifen.

Effizienzverlust. Die Perversitäten des Wohlfahrtsstaates, gute Beispiele für die Bedeutung der unbeabsichtigten Folgen sozialer Handlungen, die besonders für staatliche Interventionen typisch sind, wären ein eigenes Studiengebiet. Sie treten auf, wenn die *interpersonelle* (Intergruppen [H. Bouillon]) Umverteilung zunimmt, wenn Vielfalt und Quantität der sozialen Leistungen, die ohne Gegenleistung empfangen werden, wachsen. Sie führen zu *Effizienzverlusten*. Der Bürger sieht schließlich

ein, daß Anstrengung und Leistung sich oft nicht mehr lohnen, daß
Sparrücklagen für schlechte Zeiten nicht mehr zeitgemäß sind, daß man
lieber lernen sollte wie man am geschicktesten in den Genuß von weiteren Zuschüssen, Unterstützungen u. ä. kommt, und daß der Ehrliche oft
der Dumme ist. Private Vorsorge lohnt sich nicht mehr, Eigenverantwortung wird als eine Zumutung empfunden, die Institution der Familie
wird erodiert – die Soziologen nennen das „Wertewandel" an Stelle von
„Werteentwertung". Sie ist eine Folge der Kulturrevolution der 68er Generation, die jetzt die Medien beherrscht. Letzten Endes müßte diese
Entwicklung zum Kollaps der Wirtschaft führen.

Auch diesen Effekt kann man sehr deutlich am *Schwedischen Modell*
demonstrieren. Die „staatstragende" (wie sie sich oft selbst genannt hat)
sozialdemokratische Partei hat sich stets um die Nivellierung der Kaufkraft der privaten Haushalte bemüht. Eine 1982 vorgelegte Studie erlaubt
konkrete Angaben. (Lindbeck1982) Die Verteilung des Beitrags der entsprechenden Haushalte zur Erstellung des Sozialprodukts zeigt folgendes Bild: Die unterste Dezile trägt überhaupt nichts bei, die Faktoreinkommen der zweiten und zehnten Dezile verhalten sich rund 70 zu 1.
Nach Steuern, d. h. in der Kaufkraft der Haushalte, zeigt sich folgendes
Bild: Die unterste Dezile verfügt über kaum weniger Kaufkraft als Haus-
haltsgruppen mit weit höherem Einkommen vor Steuern, und die Kaufkraft der zweiten Dezile und der zehnten Dezile ist nivelliert auf das Verhältnis von 2 zu 1. (Der Staat hat also die „Besserverdienenden" fest in
der Saftquetsche, allerdings nur die legal „Besserverdienenden", die nicht
gelernt haben, die Schlupflöcher zu benutzen. Immerhin kann es für
Herrn Scharping ein Vorbild sein.) Wenn zur Kaufkraft auch noch das
aus dem Konsum von „freien", ganz oder teilweise aus Steuern finanzierten (indirekten) Einkommen hinzugerechnet wird, ist die Egalisie-
rung der Kaufkraft entsprechend noch eindrucksvoller. Die Studie zeigt
auch, daß es dem durchschnittlichen Arbeitnehmer kaum möglich ist,
auf legale Weise seine Kaufkraft zu erhöhen. Faszinierend ist die Steuer-
schere (das Verhältnis zwischen demjenigen Einkommen vor Steuern,
das jemand erzielen muß, um jemandem, den er bezahlt, das Einkommen
nach Steuern bezahlen zu können, das er verlangt). Sie betrug 1990 in
typischen Fällen zwischen 7,8 zu 1 und 11,1 zu 1. (Stein 1991) Steuervermeidung und -hinterziehung ist daher zum Nationalsport geworden, in

den viel Energie hineingesteckt wird. Besonders in den mittleren Einkommensdezilen ist der Effekt der Steuerprogression und des Verlustes an Anrechten auf Umverteilungsleistungen in natura so grotesk, daß es nicht schwer gefallen ist, spezielle Gruppen zu finden, die mit mehr als 100% belastet wurden. (Die spektakulären Fälle Astrid Lindgren [Marginalsteuer 102%] und Ingmar Bergman [Marginalsteuer ca. 130%] erregten in der Mitte der 70er Jahre weltweite Aufmerksamkeit.) Die exorbitante Einkommensumverteilung hat selbstverständlich zu einem wuchernden Zuwachs des öffentlichen Sektors geführt (bis zu 70%). Das Resultat sind ständig sinkende Realeinkommen des Durschschnittsverdieners, Abhängigkeit des Wohlstandes des Landes von der inoffiziellen Wirtschaft und die Zerstörung des Rechtsstaates. (Sundberg 1987)

Das Pikante an der Entwicklung ist, daß die von den Sozialdemokraten angestrebte Nivellierung nicht gelungen ist. Eine bemerkenswert große Gruppe hat nämlich gelernt, mit den vielfältigen Möglichkeiten, Steuern legal oder illegal zu vermeiden, umzugehen. Im Zuge dieser Entwickung ist auch die inoffizielle Ökonomie (Schattenwirtschaft sowie organisierter Tausch, Selbsthilfe und Nachbarschaftshilfe) zu einer tragenden Säule der Wirtschaft geworden.

Schuldenfalle. Die zunehmende *intertemporale* Umverteilung führt zur „*Öffentlichen-Verschuldungsfalle*" (the public debt trap). Verschuldet sich der Staat in einheimischer Währung, kann er sich durch Inflation entlasten (die gemeinste Form von Betrug an gutgläubigen Sparern) sowie durch Abwertungen. (Schweden hat seit 1973 siebenmal abgewertet, und als die Krone 1994 zu floaten begann, verlor sie gegenüber der D-Mark 30% in einem Jahr.)[9] Der Betrug funktioniert jedoch nur so lange, bis die Sparer das durchschauen. Sobald sie das tun, sinkt die Sparquote. Die Sparquote der privaten schwedischen Haushalte ist auf 8% des Nationaleinkommens gesunken (vergleichsweise Italien 15%, Belgien 22%). Der Staat muß sich daher zunehmend in Fremdwährungen verschulden, und die Refinanzierung wird immer schwieriger, wenn die Bonität des Schuldners heruntergestuft wird. Auch der Schuldendienst wird immer bedrückender, wenn die eigene Währung an Außenwert verliert.[10] Letzten Endes führt diese Entwicklung zum Staatsbankrott, zu Währungsschnitten wie sie die Deutschen erlebt haben (1918, 1948) und im Zusammenhang mit der europäischen Einheitswährung vielleicht noch einmal erleben könnten. Imponierend ist die Entwicklung in Schweden. Die Staatsschulden sind exponential gewachsen: Anfang der 70er Jahre waren es nicht mehr als 30 bis 40 000 Kronen, 1993 erreichten sie 1000 Millionen Kronen.

Beide Effekte verringern sukzessive den Wohlstand und langfristig zerstören sie die Software-Infrastruktur der adjektivlosen Marktwirtschaft – des Kapitalismus, wie mutigere Leute es zu nennen wagen: die Moralität der traditionellen Tugenden wie Fleiß, Verläßlichkeit, Verantwortung, Vertragstreue, Respekt vor fremdem Eigentum und last but not least die Einsicht, daß Freiheit die Voraussetzung für alles andere ist (für die Werte, gegen die die 68er Kulturrevolution so erfolgreich angetreten ist).

Da diese bedrohliche Entwicklung, die die Freiheit unweigerlich ständig verringert und schließlich zerstört, nicht mehr übersehen werden kann, fragen sich Freunde der freien Gesellschaft, welche Mittel es geben könnte, um den Trend zu mehr Sozialismus, zur „Churning Society", zur „Butterfaßgesellschaft" (Jasay) zu bremsen und vielleicht sogar zu wenden. Sie wissen ja auch, daß die „natürlichen" Bremsmechanismen erst dann wirklich greifen, wenn es eigentlich schon zu spät ist. Deshalb denken sie nach, ob man nicht in das bestehende System eine Art Rückwärtsgang einbauen könnte, der nicht nur das Abrutschen in den Abgrund verhindert, sondern auch den Abstand zu demselben vergrößert, mittels Maßnahmen, die zumindest eine gewisse Chance haben könnten, auch politisch durchführbar zu sein.

2. Ist es möglich, systemkonforme Mechanismen einzubauen, die die Situation verbessern würden?

Es handelt sich um Reformvorschläge, die sich innerhalb der Option „voice and exit" auf „voice" beziehen. Das Ziel wäre eine Änderung des politischen Klimas, und dazu brauchte man einen Wandel der Mentalität. Stichwortartig könnten sie mit *„Reprivatisierung der Verantwortung"* und *„Mehr Markt und weniger Staat"* charakterisiert werden. Die Verfassung kann bestenfalls kurzzeitig eine Bremswirkung entfalten. Die Prediger eines „Verfassungspatriotismus" sind erstaunlich naive Fetischisten. Sie haben nicht einmal verstanden, daß langfristig eine Verfassung einem Keuschheitsgürtel gleicht, zu dem die Lady selbst den Schlüssel hat: Wenn eine entscheidende Koalition der Auffassung ist, das es nicht in ihrem Interesse liegt, sich einen möglichen Vorteil entgehen zu lassen, dann wird sie auch keine Verfassung akzeptieren, die ihr das verwehrt. Wie Jasay dazu bemerkt: Wenn eine solche Verfassung tatsächlich akzeptiert würde, wäre sie gar nicht notwendig gewesen; aber wenn sie notwendig wäre, dann wird man sie nicht akzeptieren, oder, falls sie schon besteht, sie umgehen oder sie zu ändern versuchen.

Das Etappenziel wäre es, *eine dem Einbau von Bremsvorrichtungen freundliche Majoritätskoalition zu Stande zu bringen, nämlich dadurch, daß genügend Leute einsehen, daß eine solche Entwicklung in ihrem Interesse läge.* (Jasay 1995) Man geht von der Annahme aus, daß es genügend Wähler gibt, die fähig und gewillt sind, selbst zu denken. Man müßte ihnen allerdings „auf die Sprünge helfen", dadurch, daß man ihnen notwendiges Wissen vermittelt: (a) *Kostentransparenz* – sie darüber informieren, was die einzelnen „freien" Güter und Dienstleistungen des Versorgungsstaates, ihre „Sozialrechte" usf. sie de facto kosten. (b) Die *Opportunitätskosten* des Wohlfahrtsstaates müßten aufgezeigt werden, nicht zuletzt der Verlust an Wahlfreiheit und an besserer, kundenorientierter Versorgung. Denn im wettbewerblichen Markt hergestellte Güter und Dienstleistungen sind auf die individuellen Bedürfnisse der Kunden zugeschnitten. Deshalb wären sie, selbst wenn sie teurer wären als die staatlich erstellten Güter und Dienstleistungen, diesen vorzuziehen. Diese beiden Systeme verhalten sich wie à la carte zu table d'hôte (vorgeschriebene Speisen zu festgelegten Preisen, ohne Wahlmöglichkeiten) – und sind meist überteuert, wie man es von Staatsmonopolen erwarten darf (nicht nur aufgrund niedriger Produktivität, sondern auch aufgrund des eingebauten und beabsichtigten Umverteilungseffekts). Kurz, es geht darum, einer genügend großen Gruppe von Bürgern plausibel zu machen, daß „mehr Markt und daher entsprechend weniger Staat", mehr Eigenverantwortung und Freiheit und entsprechend weniger fiskalische Ausbeutung (Belastung nach „Auspreßbarkeit"), weniger Entmündigung durch paternalistische „Betreuung", ihre Situation verbessern würde. Sie zu überzeugen, *daß es in ihrem Interesse läge, wenn die Verbindung zwischen Nutzen und Kosten zumindest einigermaßen wiederher-*

gestellt würde. Marktwirtschaftlich orientierte think-tanks bemühen sich in dieser Richtung. (vgl. z. B. Radnitzky und Bouillon 1991, S. xix ff.) Solche gut ausgestatteten think-tanks sind im angelsächsichen Bereich mit seiner freiheitlichen Tradition verbreitet und wirkungsvoll, in Deutschland nur ansatzweise vorhanden.[11] Das zur Zeit wichtigste ist das Unternehmerinstitut in Bonn (von der Arbeitsgemeinschaft Selbständiger Unternehmer getragen).

Gegen Ende seines Beitrags in diesem Band schlägt Jasay einige Maßnahmen zur Reduzierung der strukturellen Arbeitslosigkeit vor. Sie laufen darauf hinaus, die Besteuerung der Arbeit (payroll taxes on labor) dadurch zu beseitigen, daß anstelle von Wohltaten in natura, die Erstellungskosten der betreffenden Wohltaten den zu Beglückenden in bar ausgezahlt werden. Damit würde auch die Täuschung beseitigt, die der Bismarckismus eingeführt hat: Die Arbeitnehmer würden verstehen, daß sie sich die ihnen vom Arbeitgeber (scheinbar auf seine Kosten) erbrachten Leistungen letzten Endes selber bezahlen. Vor allem würde die vom Arbeitgeber erbrachte Leistung, bei unveränderten Kosten für den Arbeitgeber, vom Arbeitnehmer subjektiv höher bewertet. Denn er bekommt nun seine Wahlfreiheit zurück und kann sich am Markt nach seinem Geschmack versorgen. Daß es Leute gibt, die tatsächlich nicht verantwortlich handeln können, ist – da diese nur eine unbedeutende Minorität darstellen – kein Grund, alle Arbeitnehmer in ein Zwangssystem zu pressen (das darüber hinaus noch weitgehend monopolisiert ist). Selbstverständlich müßte auch ein echter Markt für Arbeit hergestellt werden. Was man heute in der BRD hat, verdient diese Bezeichnung nicht, denn es handelt sich um Kartellabsprachen zwischen zwei Monopolisten.

Man stelle sich überhaupt die Wirkung vor, wenn Arbeitnehmer als mündige Bürger betrachtet würden, sie ihre Steuern selbst entrichten würden, die Arbeitgeber von der ihnen aufgezwungenen Funktion als Steuereintreiber befreit würden. Der psychologische Effekt wäre beachtlich.

Jasay hat auch einige generelle Vorschläge vorgelegt, wie möglicherweise eine Mentalitätsänderung erreicht werden könnte, die ein Rollback des Umverteilungsstaates ermöglichen könnten, weil sie eine Chance haben könnten, eine Majoritätskoalition dafür zu gewinnen. (Jasay 1995 b) Platzgründe erlauben hier nur einige Andeutungen. Sie können immerhin die Stoßrichtung zeigen. (a) Während Bartransfers weitgehend beibehalten werden, werden die Berechtigungen zu Wohlfahrtsgütern und -dienstleistungen in natura (entitlements to welfare goods and services in kind) ersetzt durch Wohlfahrtskredite (Gutscheine u. ä.). (b) Die Summe der Gutscheine wird gegenüber derjenigen des Vorjahres jeweils um 10–20% gekürzt. (c) Die Haushalte erhalten diese Gutscheine ohne Berücksichtigung ihres Einkommens vor Steuern, aber unter Berücksichtigung maßgeblicher Faktoren wie Anzahl der Personen je Haushalt, Mitversorgung abhängiger Personen (Kinder, Alte). (d) Ein wesentlicher Teil der Gutscheine wird vom Staat eingelöst (redeemable by the state) durch eine Barauszahlung ihres Gegenwertes, wenn der Besitzer des Gutscheins dies wünscht. Sobald das der Fall ist, hat das Nicht-Einlösen eines Gutscheins deutlich sichtbare Opportunitätskosten, und zwar in Höhe der Erstellungskosten des betreffenden Wohlfahrtsgutes. Außerdem wird es dadurch wahrscheinlich, daß der Konsum von Wohlfahrtsgütern von der staatlichen Zuweisung zu vom Markt angebotenen Gütern und Dienstleistungen überwechselt, wodurch auch privates Sparen wieder attraktiv würde. (Der oben erwähnte Abzug [discount] wiederum würde dem öffentlichen Sparen zugute kommen.) (e) Während die Gesamtkosten dieser Wohlfahrtsgüter durch allgemeine Steuern bestritten werden, wird der einen gewissen Minimalbetrag übersteigende Teil der Einkommenssteuer ersetzt durch *zweckbestimmte* Wohlfahrtssteuern für Schulen, medizinische Leistungen, Pensionen usf. Die Steuerbelastung würde nun sichtbar vom Ansteigen oder Fallen der Erstellungskosten des betreffenden Wohlfahrtsgutes beeinflußt werden. Dadurch könnte eine gewisse Sensibilisierung des Steuerzahlers hinsichtlich der Zunahme der Kosten erreicht werden. Die Täuschung eines „Gratislunches für alle" würde dadurch ebenfalls beseitigt. Sobald eine Änderung der Mentalität der Bevölkerung aufgrund dieser Änderungen zu beobachten wäre, könnte die Steuerlastquote allmählich gesenkt werden. Jedenfalls würden Reformen, die Optionsmöglichkeiten eröffnen, niemanden schlechter und viele besser stellen. Sie wären Pareto-superior.

Meines Erachtens sollte auch explizit die Option für ein *opting out* angeboten werden. Sobald ein Steuerzahler nachweisen kann, daß er z.B. für die Schulausbildung seiner Kinder auf dem Markt selbst gesorgt hat, sollte er von dem Betrag, der von seiner Einkommensteuer für diesen Zweck verwendet wird, befreit werden. (Gordon Tullock [1994, ch. 4] hat diese Maßnahme „functional regionalization" genannt.) Sie würde einen enormen Zuwachs an Freiheit und an Transparenz bringen. In der BRD herrscht das Gegenteil von Transparenz, und das Ausmaß der Verschwendung von Steuergeldern ist den Bürgern kaum bewußt.[12]

Daß diese Maßnahmen langfristig die Mentalität eines wichtigen Teils der Bevölkerung verändern würden, ist höchstwahrscheinlich. Aber eine Bestätigung der theoretischen Hypothese kann nur aus der Empirie kommen. Nur ein „Experiment" könnte ihre Richtigkeit erhärten. Aber wer würde es wagen? Es ist leicht einzusehen, warum unsere heutigen Standardpolitiker für diese Vorschläge wenig Enthusiasmus aufbringen werden.

Die Umverteilung würde selbst bei Realisierung dieser Vorschläge zwar nicht beseitigt (d. h. auch sie können den Libertären nicht voll befriedigen), aber sie wäre dann zumindest mit einem Wettbewerbselement versehen. Der Bürger könnte zum Beispiel mit einer Privatpolizei einen Vertrag abschließen und damit sein Sicherheitsbedürfnis viel besser befriedigen als im Staatsmonopol. (Bankerts in Doering/Fliszar 1995) Die Möglichkeit des opting out, der „funktionalen Regionalisierung", erscheint mir hier das beste und wünschenswerteste Potential zu haben.

Ich halte Jasays Vorschläge für das beste, was zur Zeit im Markt der Ideen angeboten wird, bin aber in bezug auf die Wahrscheinlichkeit ihrer Verwirklichung skeptisch. Selbstverständlich handelt es sich dabei um eine subjektive Einschätzung der Wahrscheinlichkeit. Gewiß ist nur, daß die Wahrscheinlichkeit einer Realisierung für verschiedene Länder sehr unterschiedlich sein wird.

In Schweden ist es m. E. aussichtslos – man bedenke die Tatsache, daß die staatlichen Wohltaten die Existenzbasis einer Majorität bilden. Nur etwas über zwei Fünftel der Bevölkerung zwischen 17 und 65 sind produktiv tätig (gainfully employed), die übrigen leben vom Staat. (Zetterberg 1995, S. 53 ff.) Damit scheint sich die sozialdemokratische Partei eine sichere Machtbasis geschaffen zu haben, solange sie sicherstellen kann, daß diese Leute auch weiterhin unmündig bleiben. In der Bundesrepublik erscheint es zur Zeit m. E. ziemlich aussichtslos – aus anderen Gründen. Das Potential für eine solche Koalition ist höchstwahrscheinlich vorhanden. Aber, um das Wissen zu vermitteln, um den Wählern eine Möglichkeit zu bieten, ihre Präferenz auszudrücken, brauchte man eine neue Partei, die der Freiheit verpflichtet ist und vom Menschenbild eines mündigen Bürgers ausgeht, der verantwortlich handeln kann. Ihre Arbeit müßte von marktwirtschaftlichen think-tanks unterstützt werden. Jedoch sind zur Zeit die *Eintrittsbarrieren* für neue Parteien nahezu unüberwindbar. Die Medien sind fest in der Hand der 68er. (dazu z. B. Zitelmann 1995) Jeder Versuch in dieser Richtung würde von der Medien-Mafia sofort in die „rechte" Ecke gestellt, von den „Antifaschisten" als „nicht-antifaschistisch" gebrandmarkt werden. Diese Intellektuellen dienen dabei rational ihren Interessen, denn „mehr Markt und mehr Freiheit" müßte ihre Bedeutung als ideologische Pfadfinder und unentbehrliches (selbsternanntes) Gewissen der Nation vermindern. Die neue Partei könnte bestenfalls in der FAZ Annoncen aufgeben. Das schließt natürlich nicht aus, daß in anderen Ländern bessere Chancen gegeben sein könnten. In England war die „Thatcher Revolution" möglich – dank der Arbeit des Institute of Economic Affairs (wie Mrs. Thatcher als Premier bei der Feier des 30. Gründungstages des IEA erklärte). In den USA sollten die Chancen nicht schlecht sein. Die Kommentatoren der Kongreß- und Senatswahlen von 1994 waren sich darin einig, daß die republikanische Majorität in beiden Häusern (erstmals seit vierzig Jahren) nicht zuletzt das Verdienst eines populistischen Radiokommentators gewesen ist – man sprach von einem „Rush Limbaugh Effekt". In einer konformen Medienlandschaft wie in der BRD wäre ein solcher Effekt undenkbar, dafür ist die Meinungsfreiheit in der Praxis hierzulande viel zu wenig entwickelt. In den USA mit ihren vielen finanziell gut ausgestatteten marktwirtschaftlichen think-tanks hat auch die Aufklärung eine viel bessere Chance als in der BRD.

Der Skeptiker würde meinen, *eine wirkliche Reprivatisierung der Verantwortlichkeit sei in der Demokratie, so wie wir sie jetzt praktizieren, die Quadratur des Kreises.* Allgemein gilt, je mehr in einem demokratischen System das Stimmrecht erweitert wird, desto mehr wird es sozialdemokratische Werte umsetzen und der Umverteilungsideologie verpflichtet sein – und ebenso dem Menschenbild des unmündigen Menschen, den der paternalistische Staat betreuen und verwalten muß, zu seinem angeblich Besten versteht sich. Die Einführung des uneingeschränkten Wahlrechts (unqualified franchise) bietet ebenfalls ein gutes Beispiel für einen Ratschen-Effekt. Innerhalb des Systems gibt es kein Zurück, möglicherweise eine Vorwärtsbewegung – warum beispielsweise nicht Zehnjährigen das aktive Wahlrecht geben?

In bezug auf **Demokratie** kann *zusammenfassend* folgendes gesagt werden. Das Problem, das sich bei nicht-einstimmigen Kollektiventscheidungen stellt, ist ein substantives Problem. Es handelt sich dabei um eine Art Sündenfall, denn eine nicht-einstimmige Entscheidung zwingt einer Minorität eine bestimmte Problemlösung auf. Ein substantives Problem kann mit einer prozeduralen Methode prinzipiell nicht gelöst werden. Also kann auch die demokratische Methode (prozedural par excellence) keine Lösung für das Problem der nicht-einstimmigen Kollektiventscheidungen darstellen. Es gehört zur intellektuellen Integrität, das einzugestehen. Dennoch kann die demokratische Methode – als „faute-de-mieux-Methode" – das beste sein, was wir zur Zeit für das o. g. Problem haben. Aber, wenn das so ist, dann sollte man sich auch eingestehen, daß ihr Anwendungsgebiet beschränkt ist. Sie kann zufriedenstellend funktionieren nur in *kleineren Einheiten* (wie Kommunen, Regionen, Kantonen) und auch nur dann, wenn das Wahlrecht von anderen Kriterien abhängig gemacht wird als von der Zugehörigkeit zur biologischen Spezies Mensch.[13] Durch dieses primitive Kriterium wird nämlich nur vorgetäuscht, man könne mit der Methode des „head counting" (Köpfezählens) das Problem der Unmöglichkeit interpersoneller Nutzenvergleiche und das Aggregationsproblem lösen.

Daß die Wohlfahrtsdemokratie zur Krise tendiert, ist heute bekannt. Deutlich sieht man das am sozialdemokratischen Vorzeigemodell Schweden. Die neue Aufgabe der Wirtschaftspolitik dort ist es, die Defizite zu verteilen (zum Beispiel durch Inflation, Währungszerfall und Währungsschnitte die Sparer zu enteignen). Theoretisch könnte man das enweder durch einen Übergang zum Staatskapitalismus oder durch ein Redimensionieren des Staates erreichen. Der erste Weg ist kein gangbarer Ausweg. Dafür ist das Beispiel der Ostblockstaaten zu abschreckend. Der zweite ist in einer Demokratie, so wie wir sie jetzt betreiben, nicht durchführbar. Politiker, die den Wohlfahrtsstaat redimensionieren wollen, müßten zu unpopulären Maßnahmen greifen. Sie würden nicht lange im Amt bleiben. (Ståhl 1995, 23) Schwache und kurzlebige Regierungen sind nicht im Stande, den Staat schlanker zu machen, to roll back the state. Jedenfalls nicht mehr als nur in kurzen Episoden. Deshalb finden

wir die bekannten Wellenbewegungen der jüngsten Geschichte. Eine tiefe Krise könnte zu einer Systemänderung führen. Ob sie die Situation
noch schlimmer macht oder zu einer drastischen Verbesserung führt,
wird von den historischen Gegebenheiten, der Gunst der Stunde
– einschließlich dem Vorhandensein von geeigneten Persönlichkeiten
(wie Erhard oder Thatcher) – usf. abhängen.

Daher erscheinen mir Maßnahmen, welcher Art auch immer, innerhalb
eines Nationalstaates – Maßnahmen, die sich im System halten („voice"
anstelle von „exit") – weniger aussichtsreich zu sein als die Wirkung, die
jetzt mit zunehmendem Impetus „von außen" kommt. *Die Nationalstaa-
ten sind nämlich – glücklicherweise – Gefangene eines weltweiten Systems, das durch akzelerierende Internationalisierung der Wirtschaften
geschaffen wurde und sich spontan weiterentwickelt.* Selbst wenn es z. B.
der EU gelingen sollte, ein „taxing cartel of states", ein Steuerkartell von
Staaten zu schaffen, könnte sich die „Festung Europa" den von außen auf
sie zukommenden Einflüssen und Zwängen nicht entziehen. Unabhängig
davon wäre freilich die Reduzierung der Bedeutung der EU im internationalen Kräftespiel und der Niedergang ihres Wohlstandes und der Freiheit in ihrem Bereich durch die Kartellierung vorprogrammiert.

3. Brems- und Rollback-Wirkung durch den internationalen Standortwettbewerb („Exit" anstelle von „Voice")

3.1. Die Einstellung des Bürgers zum Staat ändert sich.

Bisher haben wir nur solche Reaktionen des Bürgers behandelt, die man
unter „voice" zu subsumieren pflegt. Seine Einstellung kann sich aber so
weit ändern, daß er sich lieber der Option „exit" zuwendet. Dazu ver-
anlaßt ihn unter anderem die Wahrnehmung der *Perversitäten des Wohlfahrtsstaates.* (Jasay 1990) Die politischen Unternehmer (die davon
leben, gewählt und wiedergewählt zu werden) versuchen, Stimmen zu
kaufen durch populäre Maßnahmen. Diese führen fast immer zu unbeabsichtigten Nebenfolgen. Um nur ein paar Beispiele zu nennen: Mini-
mumlohn (Preisfixierung von Arbeit) erhöht die Arbeitslosigkeit
(und verbessert kaum das Einkommen derjenigen, die Arbeit gefunden
haben); Mietregulierung (Preisfixierung, diesmal eines Maximumpreises)

führt zu einer Fehlallokation des vorhandenen Wohnraums und reduziert dessen Menge und Qualität (reduces the housing stock altogether).
Ein Musterbeispiel ist das sozialdemokratische Wien mit einem balkani-
schen Wohnungsstandard. Soziale Sicherheit stimuliert Konsum auf Kosten des Sparens und reduziert den Kapitalstock (capital stock), der sonst
zur Deckung von Pensionsansprüchen vorhanden wäre. Universelles
Ausbildungsangebot in Form von „high schools", „enhetsskola" (Ein-
heitsschule), Gesamtschule usf. hat zu einer massiven Standardsenkung
geführt. Die Reihe könnte beliebig fortgesetzt werden.

*Die Opportunitätskosten des Wohlfahrtsstaates werden wahrgenom-
men.* Der Bürger stellt fest, daß ihm bereits als durchschnittlichem
Arbeitnehmer (bei einer Abgabenquote von gut 50%) mehr als die Hälfte der von ihm erworbenen Einkommen vom Staat entzogen und seiner
individuellen Verfügung entrissen wird. Über die Verwendung der anderen Hälfte wird kollektiv entschieden. *Die Abgabenquote ist gleichzeitig
ein grober aber brauchbarer Indikator für das Ausmaß an Zwang und
Entmündigung des Bürgers.* Er stellt weiter fest, daß er seiner Wahlfreiheit beraubt ist und ihm viele der vom Staat angebotenen, standardisier-
ten Wohlfahrtsgüter gar nicht „passen". Neben den unmittelbar sichtbaren Kosten sowie den eher versteckten Kosten der Verbrauchssteuern
und -Abgaben auf alles, was er konsumiert, macht er sich, wenn er noch
denken kann, Gedanken über die Opportunitätskosten des Wohlfahrts-
arrangements. *In die Kosten des Wohlfahrtsstaates muß nämlich der Wert
eingerechnet werden, den für den Bürger diejenigen Wohlfahrtseinrich-
tungen hätten, die früher vom Markt erstellt wurden und jetzt vom Staat
verdrängt worden sind.* (Seldon 1994 a, 6) Man kann zum Beispiel feststellen, daß vor 1870 in England eine weitreichende Versorgung mit
Grundschulen bestand.[14] Fast alle sind später von Staatsmonopolen verdrängt worden. Das gleiche gilt für familiäre Pensionsvorsorge und
Krankenversicherung, für private karitative Tätigkeit usf. Die Geschichte zeigt also, daß das Menschenbild, das dem paternalistischen Wohlfahrtsstaat zugrunde liegt, das Bild vom unmündigen Menschen, der
nicht verantwortlich handeln kann, falsch ist.

*Zu den Opportunitätskosten gehört auch der Wert, den der Bürger
einem schlankeren Staat beimißt* – einem Staat, der sich auf seine klassi-
chen Funktionen beschränkt, diese aber voll erfüllt, d. h. einem starken

Staat, der sich an sein Mandat hält. Die Verdrängung der vom Markt produzierten Wohlfahrtsgüter durch staatliche Monopolversorgung (mit Zwangscharakter der Finanzierung) hat nämlich noch eine unangenehme Nebenfolge. Im Zuge des krebsartig wuchernden Wohlfahrtsstaates gewinnen die Politiker mehr und mehr Macht, die Bürokratie bläht ihr eigenes Imperium auf. In dieser Lage finden Interessengruppen „rent seeking" (Streben nach leistungsfreien Einkommen bzw. das Bestreben, für gewisse Leistungen mehr Einnahmen zu erzielen als im Markt dafür erzielt werden könnten) leichter und besonders profitabel. Der mikroökonomische Nebeneffekt des staatlichen Wohlfahrtsimpulses (effect of state welfarism) ist beeindruckend: weite Lebensbereiche sind politisiert und die Wahlzyklen überbetont worden. *Vor allem aber ist durch den paternalistischen Wohlfahrtsstaat die Verantwortung kollektiviert worden* – und d. h., sie verschwindet, denn, wo der einzelne keine Verantwortung mehr trägt, trägt niemand Verantwortung im vollen Sinn des Wortes.

Das Ganze kann dem Bürger so mißfallen, daß sich seine Einstellung zum Staat wandelt. Bürger, die sich normalerweise als gesetzestreu verstehen, kommen zum Schluß, daß das was der Staat als illegal erklärt, deswegen noch lange nicht unmoralisch sein muß. Sie bewerten nun vieles in der staatlichen Gesetzgebung (legislation eher als law) als unmoralisch und sehen die exzessive Umverteilung als Analogon zum privaten Raub, zum „free-lance socialism". Albert Jay Nocks Buch von 1935 *Our Enemy the State* war prophetisch. Es ist abzusehen, daß letzten Endes die Werte, die der „Butterfaßgesellschaft" (Churning Society) zu Grunde liegen, in Frage gestellt werden. Der Konsens bezüglich der Herrschaft der dominierenden Koalition wird zurückgezogen, sozialdemokratische Werte verlieren ihren Appeal, und das Tabu, das verbietet, die demokratische Methode zu „hinterfragen", wird gebrochen. Wenn sich das politische Klima genügend verändert hat, werden Versuche gemacht, den Staat zu redimensionieren und die Verantwortung zu reprivatisieren (Beispiele sind UK 1979, USA 1980, Schweden 1991). Wenn sie sich jedoch solchen aus unpopulären Maßnahmen herrührenden Problemen gegenübersehen, gelingt es der Umverteilungskoalition, sich umzugruppieren, und das Umverteilungsspiel gewinnt wieder an Bedeutung. Das Resultat sind die bekannten historischen Wellenbewegungen (Jasay).

3.2 Der Bürger greift zu Selbstverteidigungsmaßnahmen vom Typ „Exit"

Ein langfristiger Effekt von „zu viel Staat" (overgovernment) ist, daß der Bürger versucht, sich gegen Ausbeutung zu wehren. Die ständig zunehmende Anzahl von Ausweichmöglichkeiten oder „Fluchtwegen" erodieren die Macht des Staates, das Wirtschaftsleben zu steuern. Sie reichen vom Ausweichen auf private oder auswärtige Anbieter (suppliers), über das Transferieren von Kapital und Standort zu gastfreundlicheren Gefilden, bis zur Emigration, zur „Abstimmung mit den Füßen". Manche Steuerzahler reduzieren ihre Anstrengungen; andere investieren viel Zeit und Energie in Steuervermeidung und -hinterziehung. Besonders wichtig ist das Ausweichen in die inoffizielle, statistisch nicht erfaßte Wirtschaft. Die meisten Staaten könnten ohne diese Wirtschaft gar nicht mehr überleben. Es darf dabei auch nicht übersehen werden, daß die inoffizielle Wirtschaft, da sie nach den Grundregeln des freien, privaten Marktes arbeitet, eine erzieherische Wirkung auf die in ihr involvierten Leute hat.

Bei der Suche nach Ausweichmöglichkeiten in freiwillige Ordnungen bekommen sie Hilfestellung von einem Alliierten, der immer mächtiger wird: *der Wettbewerb, der durch technische Innovationen möglich wurde.* Der evolutionäre, ständig zunehmende Effekt der Innovationen auf dem Gebiet der Kommunikation und des Transports hat zu einer zunehmenden Faktormobilität geführt, besonders des Kapitals, das immer schon scheuer als ein Reh war. Es war immer schon bekannt, *daß Wettbewerb das beste Mittel gegen eine Zwang ausübende Macht ist* (sh. Motto). Der internationale Markt wirkt wie die „unsichtbare Hand". Er ist eine wunderschöne Bestätigung von Hayeks Theorie von der effektiven Verwendung von Wissen in freiwilligen Ordnungen. Das Resultat des Anbruchs des „Informationszeitalters" ist die **Internationalisierung der Volkswirtschaften**. Der Austausch von Ideen und Wissen wird zunehmend wichtiger als die Transformation und Transportation von Material. Der Prozeß ist irreversibel. Er zeigt, daß nicht-staatliche Systeme, die private Verträge überwachen (monitor), spontan entstehen – ohne Mitwirkung des Staates. Technische Weiterentwicklungen werden den Bereich, den diese freiwilligen Ordnungen abdecken, ständig erweitern. Der Markt generiert neue Institutionen: Risiko-reduzierende

Institutionen auf internationaler Ebene, wie Future-Märkte für Hedging gegen Preisschwankungen (forward markets for hedging against ...), internationale Schuldeneintreibungsfirmen usf. Da auf diesem Gebiet die Transaktionskosten erheblich sind, muß der Profit aus dem internationalen Handel groß genug sein, um diese Institutionen zu finanzieren. (Curzon Price 1995) Das Geheimnis dieses Erfolges ist der Wettbewerb. Die Senkung der Kommunikationskosten hat die Größe des „Marktes der Ideen", des Talent-Pools, sowie den Innovations- und Unternehmensgeist gewaltig erhöht. Man denke nur daran, was Japans Integration in den Weltmarkt für den technischen Fortschritt bedeutet hat, oder wie das Faxgerät unseren Alltag verändert hat.

Im „Informationszeitalter" hat sich die Technik vielfach als befreiende Kraft erwiesen. Die ständige Senkung der long-distance Kommunikationskosten (sowie der Transportkosten) hat eine zentrale Rolle dabei gespielt, den fundamentalistischen europäischen Sozialismus zu demontieren; und es ist wahrscheinlich, daß sie für geraume Zeit geschlossene Systeme wie beispielsweise eine „Festung Europa" à la Maastricht – ein ideologisches Monster (Herbert Giersch) – verhindern wird. (Baader 1993, Belien 1994, Streit 1994)

Es gibt eine Menge Belege für die These, daß der Staat für funktionierende Übereinkommen nicht notwendig ist: extraterritorialer Handel (private Händler sehen sich um [shopping around] nach Wegen, um Steuern und Regulierungseinflüsse zu minimieren), internationales Banking (Leute vertrauen ihr Geld internationalen Banken an – und meistens handelt es sich dabei um bescheidene Steuer-Vermeider, die ihre Ersparnisse vor staatlicher Plünderung retten wollen –, denn sie sind sicher, daß der Staat sie berauben wird, wogegen sie das Risiko, daß die Banken etwas Ähnliches tun könnten, gering einschätzen), funktionierende Absprachen in der inoffiziellen Ökonomie usf. In keinem dieser Fälle könnten die Beteiligten die Macht eines souveränen Vertragsdurchsetzers (enforcer) zu Hilfe rufen. *De facto findet die offshore Banking Industrie in einem legalen LIMBO zwischen den Staaten statt.* (Curzon Price 1995) *Der internationale Kommerz ist ein Prachtbeispiel für eine gut funktionierende „Anarchie", für eine freiwillige Ordnung, und das gleiche gilt von Märkten außerhalb des Gesetzes.* In allen diesen Fällen ist der Staat nicht notwendig – eher das Gegenteil.

Wir alle leben in Staaten, d. h. in Rahmenordnungen (overall orders),
die ihrem Wesen nach Zwangsordnungen sind. Wenn jedoch der Staat
allzu viel Zwang ausübt, allzu konfiskatorisch und interventionistisch
wird, dann sucht und findet der trickreiche Bürger Auswege, und die
Anzahl der möglichen Auswege wächst ständig. Das Resultat ist, daß wir
nicht nur in Staaten, in Zwangsordnungen leben, sondern gleichzeitig in
einem Ensemble von freiwilligen Ordnungen, die spontan entstanden
sind. Der internationale Kommerz ist, wie erwähnt, das paradigmatische
Beispiel dafür. Im Kontext dieser freiwilligen Ordnungen ist der souve-
räne Vertragsdurchsetzer nicht nur nicht notwendig, sondern der Staat
könnte auch gar nicht eingreifen („dazwischen funken"), wenn er dies
wollte. Jasay drückt das treffend aus, wenn er schreibt, daß die internationale Handelsgemeinschaft der spontan entstehenden „Law Mer-
chants" ein klassisches Experiment darstellen für die Beantwortung der
Frage, was passiert, wenn die Staaten ihre eigene mit Steuern finanzierte
Ordnung nicht durchsetzen können – aus dem einfachen Grund, weil sie
dazu physisch gar nicht in der Lage sind. (Jasay 1994, S. 60) Nebenbei
bemerkt, oft würden die Staaten das gar nicht zu tun wünschen, selbst
wenn sie das, per impossibile, könnten, denn auch sie verdienen auf Umwegen (in some roundabout way) am internationalen Kommerz. Fazit:
Wir können in Staaten leben und können auch ohne Staaten auskommen
– in beiden Fällen müssen wir lernen, mit der betreffenden Situation zu-
rechtzukommen.

Dank des internationalen Wettbewerbs ist die Macht des Staates, den
Steuerbürger auszupressen, erheblich reduziert worden. *Dank der zunehmenden Mobilität von wohlstandschaffenden Ressourcen und technischen Innovationen wird die relative Stärke des freien Marktes und der
vom Markt generierten Institutionen gegenüber dem Staat zunehmen.*
Spiegelbildlich (umgekehrt proportional) dazu wird die Macht des Staates, Zwang ausüben zu können, abnehmen, denn wir werden mehr und
mehr in einer Welt des Wettbewerbs leben. Daher erscheint der Titel von
Arthur Seldons jüngstem Buch „The State is Rolling Back" vielleicht
doch nicht so überoptimistisch, wie es prima facie den Anschein haben
könnte. Wir können zumindest guter Hoffnung sein.

In Anbetracht all dieser Überlegungen, darf ich wohl dem Leser vor-
schlagen, dem Titel ein 'Nur' voranzustellen.

4. Staatliche Gegenmaßnahmen gegen die Selbstverteidigung des Bürgers

4.1 Gegenmaßnahmen auf der Ebene des Nationalstaates

Je mehr freie, ungestörte Märkte es gibt, desto geringer ist die Macht des Staates, Umverteilungspolitik zu betreiben. Wenn die Bürger zur Auffassung kommen, daß „genug genug ist", greifen sie zu Selbstverteidigungsmaßnahmen. In dem Ausmaß, in dem sie erfolgreich sind (d. h. in dem Maß, in dem sich die De-facto-Machtverhältnisse abzeichnen), verliert die Umverteilung ihren Reiz, da ihre Durchführung immer teurer wird. Investitionen von Zeit und Anstrengung in den politischen Prozeß (rent seeking und lobbying) lohnen sich weniger und weniger. Da insbesondere für die Interessengruppen das Rent-seeking immer weniger lohnend wird, verlieren sie ihren Einfluß. (Das gleiche gilt natürlich für Gewerkschaften und Arbeitgeberkartelle.)

Verständlicherweise greift der Staat zu Gegenmaßnahmen. *Diese Gegenmaßnahmen können aber prinzipiell nur in dem Maße wirksam sein, in dem es dem Staat gelingt, Barrieren gegen Freihandel zu errichten, seine Grenzen zu schließen.* Im Extremfall kann der Staat dem Kapital und Personen verbieten, das Staatsgebiet zu verlassen. Das war die Standardpraxis in totalitären Staaten wie z. B. der „DDR". (Bezeichnenderweise werden heute die Zitatzeichen von allen Progressiven weggelassen.) Westliche Demokratien tun das mittels verschiedensten Regulierungen, protektionistischen Maßnahmen und sogar manchmal mit Währungskontrollen u. ä. Barrieren gegen die freie Bewegung von Faktoren und Gütern.

Zusammenfassend: Langfristig kann ein Staat Umverteilungspolitik nur so lange weiterbetreiben und den Steuerbürger nur so lange auspressen, wie es ihm gelingt, Barrieren gegen freien Handel zu errichten und aufrechtzuerhalten. Auch der Umkehrschluß trifft zu: *Wettbewerb und freie Bewegung von Faktoren und Gütern ist das einzige Mittel, das die Macht des Staates, seine Bürger zu mißbrauchen, langfristig einzuschränken vermag.*

4.2 Staatliche Gegenmaßnahmen auf der Ebene eines Zusammen- schlusses von Staaten: Kartellierung

Wünscht ein Staatenverbund, seine Steuerbürger auszupressen, dann muß er also Barrieren gegen freie Bewegung von Faktoren und gegen Wettbewerb rund um diesen Verbund errichten. Am besten kann das durch *Kartellierung* geschehen, vor allem durch ein *Besteuerungskartell von Staaten* (taxing cartel of states). (Salin 1995) Zentralisierung ist wiederum das wichtigste Mittel für die Kartellierung von nationalen und regionalen Regierungen. (Migué 1994) Zentralisierung schwächt die Fähigkeit des Bürgers, sich staatlichen Maßnahmen, die schädlich für ihn sind, zu entziehen, denn sie verteuert seine Verteidigungsmaßnahmen und macht einige von ihnen gegebenenfalls sogar undurchführbar. Die Endlösung wäre also, diesen Staatenverbund in einen großen Super-Nationalstaat zu verwandeln (etwa einen europäischen Bundesstaat). (Der Extremfall von Zentralisierung wäre eine Weltregierung – ein Alptraum, der schlimmste denkbare Fall. Man denke an eine demokratisch organisierte Weltregierung im Stile der Vereinten Nationen. Welch eine prächtige Umverteilung würde das ergeben, nach China und Indien ... Glücklicherweise besteht diese Gefahr zur Zeit nicht.)

Ein Verbund widerspiegelt selbstverständlich den Charakter seiner Mitglieder. *Je mehr die Mitgliedstaaten eines Verbundes zu Hause interventionistischen Praktiken frönen, desto stärker wird die Tendenz zur Zentralisierung des Verbundes sein.* (Migué 1994) Und, von der anderen Seite her betrachtet: Je offener die nationalen Grenzen für die Bewegung von Faktoren, Gütern und Menschen sind, desto weniger wird sich die Zentrale des Verbundes in die einheimischen Tätigkeiten der Mitglieder des gemeinsamen Marktes einmischen. In einer Konföderation von souveränen Staaten mit einer dezentralisierten Zentralstelle (central agency) ist die Macht der einzelnen nationalen Regierungen, offene oder versteckte Barrieren gegen freien Handel zu errichten, eingeschränkt. Das ist der potentielle Gewinn (benefit) der in einem konföderalen System erreichbaren Dezentralisierung. Die ideale Lösung wäre jedoch eine radikale Dezentralisierung von Staaten, Regionen und so weiter, die eine freiwillige Konföderation bilden. Es liegt in der Natur der Sache, daß kleine Einheiten weltoffen sind und sich auf freie, private Märkte stützen. Protektionistisch zu sein könnten sie sich nämlich gar nicht leisten, da sie vom Außenhandel abhängig sind. Kleine Einheiten wie Venedig, Genua, die holländischen Städte des Mittelalters, erzielten ihre Steuereinnahmen aus dem long-distance Handel, und nicht aus der Besteuerung der Einwohner (from taxing locals). Das „Europäische Wunder" (Eric Jones) kam zustande dank der Verschiedenheit und der Rivalität der Staaten – durch Standortwettbewerb. Die intensive Rivalität der Staaten begünstigte Innovationen im Seetransport, und auf dem Umweg über Militärtechniken legte sie den Grundstein für die industrielle Revolution in England sowie für die Mentalität und die Moral, die eine Vorbedingung des Kapitalismus ist.

Selbstverständlich muß eine Konföderation auch mit einem ausdrücklichen Sezessionsrecht der Mitglieder ausgestattet sein, denn dieses Recht ist eine unverzichtbare disziplinierende Kraft gegenüber der Zentralstelle (central agency). Nebenbei bemerkt, der Einwand der in diesem Zusammenhang gewöhnlich gemacht wird, bezieht sich auf das Problem der Verteidigung, der äußeren Sicherheit. Es würde den Rahmen dieses Essays sprengen, darauf näher einzugehen. Ich möchte nur erwähnen, daß dieses Problem möglicherweise dadurch gelöst werden kann, daß Verteidigung mittels privater Verteidigungsagenturen organisiert wird, und zwar nach einem Versicherungsprinzip. Kleine und größere Staaten könnten sich die Leistungen solcher Agenturen vertraglich sichern. Da diese Agenturen miteinander im Wettbewerb stehen, haben sie ein gemeinsames Interesse daran, die Kosten niedrig zu halten. Eine freie und daher blühende Wirtschaft würde es erlauben, sie mit der jeweils modernsten high tech auszurüsten.

5. Die Anwendung dieser Überlegungen auf die EC/EU

Von Rom bis Maastricht hat die „Europäische Idee" einen betrüblichen Wandel durchgemacht. (Baader 1993, Belien 1994) Das Ziel der Römischen Verträge für die Europäische Wirtschaftsgemeinschaft von 1958, die EEC (EWG), war eine Liberalisierung der Wirtschaft. Man war für Freihandel (auch wenn es Schönheitsfehler gab wie der Interventionis-

mus in der Landwirtschaft, bei Kohle und Stahl usf.) Der Maastricht-
Vertrag dagegen ist geprägt von der „Vision", ein artifiziell „harmoni-
siertes" Europa zu *konstruieren*, das im Dienste des Eurosozialismus stehen soll, eine rent-seeking Gemeinschaft, ein Kartell von Staaten, das seine Steuersklaven fest im Griff hat. Man könnte es als eine Wende von der
Idee eines „Europa à la Friedrich von Hayek" zu einem „Europa à la
Monsieur Delors" charakterisieren, ein Wendepunkt von einem sich auf
evolutionären Wettbewerb gründenden Europa zur Vision eines sich auf
Konstruktivismus und Zwang stützenden Europa. (Radnitzky 1991)

Wenn Staaten, die einen gemeinsamen Markt gebildet haben, den Folgen des Freihandels entgehen wollen, dann müssen die weniger effizienten Mitglieder (Industrien, Branchen usf.) mittels Gaben (handouts) der
Zentrale entschädigt werden. Daß dem Maastricht-Vertrag dieser egalita-
ristische Impuls innewohnt, kann man bereits am Europäischen Fond für
Regionalentwicklung (European Fund on Regional Development) sehen.
Er setzt sich aus einer erstaunlichen Vielfalt von sogenannten Fonds
zusammen, mit denen der Umverteilungskampf in der Gemeinschaft eingeleitet werden soll, um „Soziale und wirtschaftliche Kohäsion" zu erreichen – ein Euphemismus für Nivellierung. Die *Einheitswährung* geht
in die gleiche Richtung. Sie stellt ein Regime permanent fixer Wechselkurse dar, in dem die realen Wechselkursschwankungen durch Transfers
kompensiert werden müssen, die als Ersatz für Wechselkursflexibilität
fungieren. (Streit 1994) „Maastricht" wird sich als eine gewaltige Trans-
fermaschinerie erweisen, im Dienste des Eurosozialismus und mit dem
Ziel, die „Wohlstandskluft" einzuebnen (to close the „Prosperity Gap").
Dadurch werden Ressourcen entmutigt, zu den produktivsten Stand-
orten zu wandern. Dadurch wird auch die Wettbewerbsfähigkeit der
Gemeinschaft als Ganzes verringert.

Eine solche Verringerung legt protektionistische Maßnahmen nahe,
die den Trend zur „Festung Europa" weiter verstärken und damit die
Wettbewerbsfähigkeit nochmals herabsetzen werden. Der Wohlstand der
Bürger in den effizienten Mitgliedstaaten wird herabgesetzt, denn sie
werden gezwungen, die Transfers zu bezahlen. Der Appetit des Euro-
Leviathan wächst. Die weltoffene Organisation, die die Väter der EWG
schaffen wollten, wird durch eine protektionistische „Festung Europa"
ersetzt werden. Die Tendenz dazu hat sich schon seit geraumer Zeit ge-

zeigt. 1989 hat die EC ihren Markt für die Güter der soeben befreiten ostmitteleuropäischen Staaten nicht geöffnet, und als diese um Mitgliedschaft ersuchten, erhielten sie den Bescheid, sie müßten warten bis die EC/EU mehr „konsolidiert" wäre, ein Euphemismus für „mehr zentralisert". Sie wurden nicht hereingelassen, weil sie keine umverteilenden Wohlfahrtsstaaten sind (weil sie sich das gar nicht leisten könnten).

Die Kartellierungstendenz ist deutlich sichtbar seit „Maastricht". *Sie wird nur dadurch zurückgehalten, daß die EC/EU sich in einer Umwelt des internationalen Wettbewerbs befindet.* Die public-choice Erklärung dieser Zentralisierung liegt auf der Hand. Sie ist die Folge einer schlecht konzipierten politischen Struktur, die es Politikern, Bürokraten und Richtern erlaubt, ihre eigenen Interessen zu fördern, und in welcher Interessengruppen großen Einfluß haben (Streit 1994). Aber, selbst wenn es der EU gelingen sollte, ein Besteuerungskartell von Staaten zu etablieren, so wird sie dennoch nicht in der Lage sein, die Internationalisierung der Ökonomien und die Streuung von Information über die Grenzen Europas hinweg aufzuhalten.[15]

Was besonders augenfällig ist, ist die konstruktivistische Hybris der EU-Politiker und Bürokraten, die Anmaßung von Wissen, das sie gar nicht besitzen können. Die sogenannte Industriepolitik ist ein gutes Beispiel dafür. Ihr Ausgangspunkt ist ein fundamentales Mißverständnis des Marktprozesses, das für das konstruktivistische Denken typisch ist. (Streit 1994, 345) In einer Hayekschen Perspektive sieht man den Wettbewerb im Markt als einen Entdeckungsprozeß; neue Gelegenheiten werden wahrgenommen, Innovationen hervorgebracht. Der Wettbewerb ist essentiell ein Prozeß, mit dessen Hilfe wir mit den Beschränkungen des menschlichen Erkenntnisvermögens und den sich ständig wandelnden Umständen zurechtkommen. Die EU-Behörden dagegen meinen, Wettbewerb müsse durch ihre Politik konditioniert werden; sie glauben, sie könnten das, was sie „Markt" nennen, als ein Instrument verwenden, um bestimmte Ergebnisse zu erzielen. Das gleiche gilt, mutatis mutandis, für das „European Program for Research in Information Technology",das zu einer eigenartigen Buchstabensuppe von populären Verkürzungen geworden ist.

Die Regime des Ostblocks, die den fundamentalistischen Sozialismus repräsentierten, sind verschwunden. Mises und Hayek haben ihren Zusammenbruch lange vorausgesagt. Mises hat auch vorausgesagt, daß die „Soziale Marktwirtschaft" langfristig zu denselben Resultaten führt wie die Kommandowirtschaft, weshalb Staaten, die den schleichenden Sozialismus praktizieren, langfristig das gleiche Schicksal erleiden werden wie die Regime des fundamentalistischen Sozialismus. Mises sah den Hauptunterschied zwischen beiden im Tempo des Niedergangs – der schleichende Sozialismus wirkt wie ein langsam wirkendes Gift.

Die EC/EU ist mit einer Unmenge von Unsicherheiten behaftet; sicher ist nur, daß sie nicht darauf vorbereitet ist, der Herausforderung der Länder des „Pacific rim" zu begegnen. Aus der Mises'schen und Hayekschen Perspektive können wir voraussagen, daß in der Ära der „Informationsgesellschaft" und der zunehmenden Internationalisierung der Wirtschaften ein europäischer Wohlfahrtsstaat langfristig ebenfalls nicht lebensfähig ist. Auch er wird implodieren, in ganz ähnlicher Weise wie es die Staaten des fundamentalistischen Sozialismus taten. Aber bevor er das tut, wird er bedeutenden Schaden angerichtet haben, von den enormen Opportunitätskosten gar nicht zu sprechen: Was diese Länder also an Wohlstand und Freiheit hätten erreichen können, wenn sie anstatt einen europäischen Wohlfahrtsstaat zu konstruieren, eine Konföderation von souveränen Staaten geschaffen hätten, eine freiwillige Ordnung, auf Freihandel gegründet und weltoffen. Die „Vision" eines von oben, durch Brüssels Politiker und Bürokraten „harmonisierten" Europa ist ein Prachtbeispiel konstruktivistischer Selbsüberschätzung, die zu einer konstruierten Zwangsordnung führt. Hayeks Warnung vor der Anmaßung von Wissen, dem „Fatal Conceit" kann nicht ernst genug genommen werden.

Anmerkungen

1 Die preußische „Sozialstaats"-Idee, die Idee des interventionistischen Obrigkeitsstaates, die im Bismarckismus modernisiert und „demokratisiert"wurde, hat, allerdings in sehr verschiedenem Ausmaß, die anderen westlichen Staaten infiziert.

2 Fundamentalistischer Sozialismus wird als typisch für Rußland und China angesehen. Er war aber ebenso militant in der Nationalsozialistischen Deutschen Arbeiterpartei. Während der Kriegsjahre wurde ihr Egalitarismus so radikal, daß sogar die Wehrmacht proletarisiert wurde – nichts Originelles, alles nach russischem Vorbild. Man ließ allerdings die Fassade der Eigentumsrechte bestehen und anstelle von Industrien wurde das Volk sozialisiert (wie es die Partei selbst ausdrückte). Die NS-Ideologie als „rechts" zu stempeln oder sie als „faschistisch" zu verharmlosen, ist unseren Medienlinken zwar weitgehend gelungen, ist aber eine

groteske Geschichtsverfälschung. In den USA konnte Roosevelt mit Hilfe des Krieges den „New Deal" weitgehend durchsetzen. Er beeinflußt auch heute noch. In England brachte der Krieg eine Labour Party Regierung (als „war-sprung socialism") an die Macht, die sogar Züge des fundamentalistischen Sozialismus trug (Sozialisierung von Industrien usf.). Churchill wies darauf hin, gestützt auf Hayeks „The Road to Serfdom", und das kostete ihn den Wahlsieg in 1945.

3 Selbstverständlich könnte man die Umverteilung auch mittels Regulierungen vornehmen. Zum Beispiel könnte der Staat keine Steuern erheben, sondern nur verordnen, daß der Bürger bis zum, sagen wir, 15. Juli für den Staat zu arbeiten hat und ab dann, über das, was er verdient, individuell verfügen darf. Das entspräche ungefähr der Belastungsquote in der BRD 1995. Diese Methode wird jedoch in unseren Demokratien nicht verwendet. Außerdem sind die Effekte von Regulierungen schwierig zu quantifizieren, und sie treffen verschiedene Gruppen unterschiedlich. Deshalb sind die o. g. Indikatoren vorzuziehen.

4 Die „New Institutional Economics" und der „Ordo-Liberalismus" gehören dazu.

5 Frédéric Bastiat sprach daher von „spoliation" (1850): die offizielle englische Übersetzung verwendet den Ausdruck „legal plunder" (legalisierte Plünderung).

6 Die Subventionen sind in den Bundesländern verschieden hoch. So kosten die öffentlichen Theater in Niedersachsen und Bremen den Steuerzahler durchschnittlich 142 Mark; ein Ticket beim Niedersächsischen Staatstheater in Hannover kostet 190 Mark und eine Theaterkarte in Bremen kostet den Steuerzahler gar 285 Mark. (Die Zifferangaben beziehen sich auf die Spielzeit 1992/93 [aus FAZ 31.7.95, S. 25].) Wer das empörend findet, hat eben kein Herz „für die Armen". Siehe. unten Fußnote 12.

7 Ist die Aussage beschreibend, dann handelt es sich um einen sogenannten „genetisches Fehlschluß", denn es ist logisch unmöglich, von beschreibenden Aussagen ein Werturteil abzuleiten. Wird die Aussage zusätzlich als bewertend interpretiert („Demokratie ist gut an sich"), dann handelt es sich um eine Konfusion der Bewertung der Entstehungsgeschichte mit der Bewertung der Resultate, was ein ganz anderes Problem ist.

8 Da ich ausgehe von der Frage „Was ist im Interesse des Individuums" (gemäß seiner subjektiven Bewertung selbstverständlich), ist mit 'rational' hier gemeint, daß das Individuum bereit ist, zur Erreichung seiner Ziele Mittel einzusetzen und zwar gemäß einer (expliziten oder impliziten) Kosten-Nutzen-Analyse.

9 Das hat System. Die sozialdemokratische Partei ist von der Dachorganisation der Gewerkschaften finanziell abhängig. Die Gewerkschaften setzen daher überhöhte Lohnforderungen durch. Da das Land vom Export abhängig ist, muß die Regierung die Reallöhne wieder auf ein vernünftiges Niveau drücken. Sie tut das mittels Abwertungen. Nun bekommen fast alle nominell höhere Einkünfte (und damit in der Progression höhere Steuern ohne Gesetzesänderung), aber das Geld ist eben weniger wert.

10 Das Königreich ist ohnedies als Schuldner von den großen rating agencies 1994 heruntergestuft worden (auf den vierten Platz der Rangliste), nachdem sich die größte Versicherungsgesellschaft des Landes geweigert hat, staatliche Schuldverschreibungen in Zahlung zu nehmen.

11 Zum Beispiel das von G. Habermann geleitete Unternehmer-Institut. Das von ihm 1995 vorgelegte Weißbuch zur Demokratiereform hat viel Beachtung gefunden. Es wurde so geschickt vorgestellt, daß es die Medien gar nicht totschweigen konnten.

12 Der Grad der Bevormundung des Bürgers ist eindrucksvoll – Freunde der Freiheit könnten ihn „empörend" nennen. Um nur ein Beispiel zu nennen: 1991 wurden 3,3 Mrd. DM an zwangsweise einkassierten Steuergeldern für Subsidien für Theater verwendet. Diese Umverteilungsmaßnahme kommt primär den Intendanten und den „Theaterschaffenden" zugute, sekundär ist sie eine Umverteilung von Unter- und Oberschicht an kleine Minoritäten der Mittelschicht. Die letztgenannte Interessengruppe muß also eine effektive Lobby haben. Ihren Einfluß dürfte sie den „Medienschaffenden" verdanken, die in rent seeking bewandert sind. Besonders abstoßend ist die Anmaßung der Intendanten und „Kulturarbeiter", wissen zu können, was das Publikum sehen soll. Nur der Markt würde zeigen, was das Publikum wirklich sehen will. Es ist eine arrogante Mischung von Anmaßung von Wissen und von moralischer Autorität. Analoges gilt im

allgemeinen für die sogenannten „meritorischen Güter". Das Beispiel wurde deswegen gewählt, weil die BRD auf diesem Gebiet einen Weltrekord innehält. Er exemplifiziert so schön den Charakter des paternalistischen Entmündigungsstaates – kein Wunder, daß die angelsächsische Welt Deutschland als den Prototyp des Orbigkeitsstaates sieht. Ähnliche Beispiele könnten aufgezeigt werden, ad nauseam.

13 Z. B. kein aktives Wahlrecht für jemanden der keine Lebenserfahrung hat, wobei zur Lebenserfahrung auch zählt: die Erfahrung, selbst einmal ein Einkommen verdient zu haben, Steuern bezahlt zu haben, und zwar aus einer anderen Tätigkeit als politischer Aktivität. Ebenso kein aktives oder passives Wahlrecht für Personen, die in ihrer Existenz von staatlichen Geldern abhängig sind.

14 1818 (34 Jahre vor den ersten Gesetzen über Schulzwang in Massachusetts) wurden über 5 Millionen Exemplare von Webster's *Spelling Book* (Orthographiebuch) verkauft, und das in einem Land mit weniger als 20 Millionen Einwohnern. Jeder vierte Einwohner hatte sich – aufgrund einer freiwilligen Entscheidung – mit einem solchen Lehrbuch versehen.

15 Um nur ein Beispiel zu nennen. Wenn es dem Interventionismus und der Kartellierung der EU gelingen sollte, Luxemburg zu zwingen, sein günstiges Klima für das international banking aufzugeben, werden die betreffenden Banken andere gastfreundlichere Länder finden (von den Cayman Islands, den Niederländischen Antillen bis zu Gibraltar und Malta). (Belien 1994)

Literatur

Baader, R. 1991: *Kreide für den Wolf. Die tödliche Illusion vom besiegten Sozialismus.* Böblingen: Tykve Verlag.

Baader, R. 1993: *Die EURO-Katastrophe. Für Europas Vielfalt – gegen Brüssels Einfalt.* Böblingen: Anita Tykve Verlag.

Baader, R. 1995: (Hrsg.): *Die Enkel des Perikles. Liberale Positionen zu Sozialstaat und Gesellschaft.* Gräfelfing: Dr. Ingo Resch Verlag.

Belien, P. 1994: *A History of the EC/EU by a Federalist Eurosceptic.* Brussels: Centre for the New Europe.

Bouillon, H. 1993: „Mastering the growth of government: A muzzle for Leviathan", in: Radnitzky and Bouillon, eds., 1993, pp. 99–124.

Bouillon, H. 1995: *Freiheit, Liberalismus und Wohlfahrtsstaat.* Tübingen: Mohr Verlag.

Curzon Price, V. 1995: „International trade as an instance of a non-coercive social order", in: MS *forthcoming* in Radnitzky ed., 1996: Vol. 3 of *Values and the Social Order.*

Doering, D. und Fliszar, F. 1995: *Freiheit: Die unbequeme Idee.* Stuttgart: DVA.

Flew, A. 1989[a]: *Equality in liberty and justice.* London: Routledge and Kegan Paul.

Flew, A. 1998[1]: *The Politics of Procrustes. Contradictions of Enforced Equality.* Buffalo, NY: Prometheus Books.

Flew, A. 1994: „Minimum government for maximum liberty", *Economic Affairs* 4: 3–16.

Frei, Ch. and Nef, R., eds., 1994: *Contending with Hayek.* Bern: Peter Lang.

Habermann, G. 1994a: *Der Wohlfahrtsstaat. Geschichte eines Irrwegs.* Berlin: Ullstein Verlag.

Habermann, sh. auch Unternehmerinstitut.

Hayek, F. v. 1944: *The Road to Serfdom.* London: Routledge & Kegan Paul.

Hayek, F. v. 1945: „The use of knowledge in society", *American Economic Review* 35: 519–530.

Hayek, F. v. 1976: *Law, legislation and liberty. The mirage of social justice.* Vol. II, London: Routledge & Kegan Paul.

Hayek, F. v. 1979a: „Whither democracy?", in: Hayek 1979b, pp. 33–46.

Hayek, F. 1979b: *Social Justice, Socialism and Democracy.* St. Leonards, NSW: CIS.

Hayek, F. v.: *The Fatal Conceit. The Errors of Socialism. (The Collected Works of F. A. Hayek),*

Vol. 1, General Editor: W.W. Bartley, III). London: Routledge and Chicago: Chicago University Press.

Hoppe, H.-H. 1994: „Time Preference, Government, and the Process of De-civilization – From Monarche to Demoracy." *Journal des Economistes et des Etudes Humaines* 5 (No. 2/3): 319–352.

Huntford, R. 1971: *The New Totalitarians.* London: Allen Lane/Penguin Press.

Jasay, A. de. 1985: *The State.* Oxford: Blackwell.

Jasay, A. de. 1989: *Social Contract, Free Ride.* Oxford: Oxford University Press.

Jasay, A. de 1990: „A stocktaking of perversities,", *Critical Review* 4: 537–544.

Jasay, A. de. 1991a: *Choice, Contract, Consent: A Restatement of Liberalism.* London: IEA.

Jasay, A. de 1993a: „Is limited government possible?", Radnitzky and Bouillon (eds.), 1993, pp. 73–97.

Jasay, A. de. 1991b: „The rule of forces, the force of rules", *Cato Journal* 14: 125–134.

Jasay, A. de. 1994: „The cart before the horse. On emergent and constructed orders, and their wherewithal", in: Frei and Nef, eds., 1994, pp. 29–44.

Jasay, A. de 1995a: „Values and the social order", in: Radnitzky and Bouillon, eds., 1995, vol. I: 25–58)

Jasay, A. de. 1995b: Disjunction and Conjunction. in: Karlson, ed,. 1995, p. 20-27.

Jones, E. L. 1981: *The European Miracle. Environments, Economics, and Geopolitics in the History of Europe and Asia.* (2nd Edition 1987). Cambridge, MA: Cambridge University Press.

Karlson, n. 1995: *Can the problems of mature welfare states such as Sweden be solved?* Stockholm: Citiy University Press and Timbro.

Karlson, N. 1995: *Can the problems of mature welfare states such as Sweden be solved?* Stockholm: City University Press and Timbro.

Kasper, W. 1995: *Competitive Federalism. Promoting Freedom and Prosperity.* Jolimont VIC (Australia): IPA. Institute of Public Affairs.

Lindbeck, A. 1982: *Interpreting income distribution in a welfare state. The case of Sweden.* Discussion Paper Series. Stockholm: Institute for International Economic Studies.

McKenzie, R. and Lee, D. 1991: *Quicksilver Capital.* New York: Free Press.

Migué J.-L. 1993: *Federalism and Free Trade.* (Hobart Paper 122). London: Institute of Economic Affairs IEA.

Mises, L. v. 1949: *Human Action. A Treatise of Economics.* London: William Hodge & Co., 2nd. enl. ed. 1966: Chicago: Regnery. (German original *Nationalökonomie* 1940 in Geneve), 3rd rev. edition 1966: Chicago: Henry Regnery.

Murray, Ch. 1984: *Losing Ground: American Social Policy, 1950–1980.* New York: Basic Books.

Nock, A. J. 1992 (1935): *Our Enemy the State,* Reprint with Introduction by Walter E. Grinder. San Francisco, CA: Fox & Wilkes, original 1935.

Ostrom, E. 1990: *Governing the Commons. The Evolution of Institutions for Collective Action.* Cambridge, NY: Cambridge University Press.

Radnitzky, G. 1991: „Towards a Europe of free societies: Evolutionary competition or constructivistic design", Ordo 24: 139–169.

Radnitzky, G. und Bouillon, H., Hrsg. 1991: *Ordnungstheorie und Ordnungspolitik.* Berlin/Heidelberg: Springer Verlag.

Radnitzky, G. 1993: „The ominous growth of the monstrous Leviathan", in: Radnitzky and Bouillons, eds., 1993, pp. XVII-XLVII.

Radnitzky, G. and Bouillon, H. (eds.). 1993: *Government – Servant or Master?,* Amsterdam/Atlanta (GA): Rodopi.

Radnitzky, G. and Bouillon, H., eds., 1995: *Values and the Social Order.* 2 vols., Aldershot (England): Avebury.

Radnitzky, G. 1995a: Karl Popper. *Den Freunden der Offenen Gesellschaft. Gedanken zu Karl Popper.* Bonn: Friedrich-Naumann-Stiftung.

Radnitzky, G. 1995b: „The 'Churning Society' and its perversities", *Journal of Social and Evolutionary Structures,* Vol. 18, No. 2 or 3, *forthcoming.*

Radnitzky, G. 1995c: „Die demokratische Wohlfahrtsdiktatur" in: Baader, Hg., 1995, S. 187–215.

Radnitzky, G., ed., 1996: _Voluntary vs. Coercive Orders._, vol. 3 of _Values and the Social Order._ Aldershot (England): Avebury.

Salin, P. 1995: „Commentary on Vibert. Market order and competition", in: Radnitzky & Bouillon, eds. 1995, Vol. II, pp. 61–72.

Seldon, A. 1990: _Capitalism._ Oxford: Blackwell.

Seldon, A. 1993: „Politicians for or against the people", in: Radnitzky and Bouillon, eds., 1993, pp. 3–21.

Seldon, A. 1994 a: _The State is Rolling Back._ London: Economics and Literary Book, distr. London: Institute of Economic Affairs.

Seldon, A. 1994 b: „The evidence of history", _Economic Affairs,_ 14:6–7.

Seldon, A. 1994 c: „The verdict of history", _Economic Affairs,_ 14: 43–45.

Ståhl, I. and Wickman, K. 1995: _Suedosclerosis. The problems of Swedish Economy._ Stockholm: Timbro.

Stein, G. 1991: „Saying farewell to welfare: The end of Sweden's 'Third Way'," _Policy_ 7: 2–5 (1991).

Streit, M.1994: „The economic constitution of the European Community: From Rome to Maastricht," _Constitutional Political Economy_ 5: 319–353 (1994).

Sundberg, J. 1987: „Human Rights in Sweden", _Ohio State Law Journal_ 47: 951–983.

Sundberg, J. 1993: „Revenue-only taxes vs. multipurpose taxes: philosophy and i–plementation in Swedish high tax society", in: Radnitzky and Bouillon, eds. 1993, pp. 233–254.

Talmon, J. L. 1952: _The Origins of Totalitarian Democracy._ Praeger.

Tullock, G. 1990: _Government Growth._ in _manuscript._

Tullock, G. 1994: _The New Federalist._ Vancouver, BC: The Fraser Institute.

Vaubel, R. 1992: „The poliltical economy of centralization and the European Community", _Journal des Economistes et des Etudes Humaines,_ 3: 11–48.

Vaubel, R. 1995: _The Centralisation of Western Europe. The Common Market, Political Integration, and Democracy._ Hobart Paper 127. London: Institute of Economic Affairs.

Unternehmerinstitut UNI (Red. G. Habermann), 1995: _Demokratiereform. Anstöße zu einer ordnungspolitischen Diskussion._ Bonn: UNI.

Vaubel, R. 1995: _The Centralisation of Western Europe. The Common Market, Political Integration, and Democracy._ Hobart Paper 127. London: Institute of Economic Affairs.

Zetterberg, H. L. 1995: _Before and Beyond the Welfare State._ Stockholm: City University Press.

Zitelmann, R. 1995: _Wohin Treibt Unsere Republik?_ Berlin: Ullstein.

Zitelmann, R., Kappel, H. und Stahl, A. 1996: _Ideen für die Freiheit._ Berlin: Ullstein.

Über den Abbau von Armut und Ungleichheit

von Hans F. Sennholz

In allen Epochen der Geschichte ist privates Eigentum auf eine von drei Arten entstanden: durch die Aneignung herrenlosen Gutes, durch gewaltsame Entwendung oder durch den schöpferischen Einsatz von Können und Schaffenskraft. Als Wilhelm der Eroberer sich England untertan machte, verteilte er nach jeder Etappe den neu einverleibten Boden an seine normannischen Gefolgsleute. Jeder bedeutende angelsächsische Grundbesitzer wurde enteignet, auch wenn er nicht gegen die Normannen gekämpft hatte. Auf diese Weise schuf Wilhelm als Grundlage seiner Herrschaft riesige Lehen, die mit Vasallenpflichten verbunden waren. Über die Weitergabe von Boden, ob vor oder nach dem Tod des Besitzers, bestimmte allein der Eroberer. So konnte er die Übertragung von Landbesitz innerhalb einer Familie zugunsten eines anderen Vasallen unterbinden oder er konnte die Ländereien wieder an sich nehmen. Ließ er aber eine Übertragung zu, mußte der Erbe und neue Vasall dem Monarchen eine Gebühr zahlen. Diese Abgabe entsprach in der Regel dem Jahresertrag des Bodens und bildete durch das ganze Mittelalter hindurch eine der Haupteinnahmequellen der Krone.

Nur wenige Familien im heutigen Amerika haben Eigentum an Grund und Boden, das auf Schenkungen englischer, französischer oder spanischer Könige zurückgeht. In unserer Zeit entsteht privates Eigentum durch die Herstellung von Produkten, von denen es unzählige Varianten gibt, und durch den Tausch solcher Waren gegen den naturgegebenen Faktor Boden. Die Eigentumsverhältnisse spiegeln nicht mehr die Ergebnisse von Eroberungs- und Beutezügen, sondern von Tauschgeschäften und Produktionsprozessen. Dennoch wurde manches an amerikanischem Boden, der heute Privateigentum ist, gewaltsam von Indianerstämmen in Besitz genommen. Diese hatten ihn ihrerseits eigenen Volksgenossen entwendet, die sich ihn bei ihrer Ankunft auf dem Kontinent angeeignet hatten. Dennoch hat das Eigentum an Grund und Boden heute nichts mehr mit dieser Landnahme und Landwegnahme zu tun. Vielmehr ist es das Ergebnis freiwilliger Tauschgeschäfte, in denen das volle Entgelt an Waren und Dienstleistungen entrichtet wurde.

In gewalttätigen Gesellschaften wurde das Eigentum im Sinne eines vom Staat zu schützenden Rechtskomplexes von den Machthabern eingeführt. So war Wilhelm der Eroberer Urheber und Verteiler von Eigentumsrechten. Sämtlicher Landbesitz in England war eine Gabe seiner Hand. In friedlichen Gesellschaften dagegen, die von Produktion und Tausch leben, bildet sich Eigentum durch die Herstellung und den Tausch von Gütern mit einem Verkehrswert. Der Staat ist nicht mehr die Quelle aller Eigentumsrechte, sondern nur noch deren Garant. Wer Güter herstellt, erwirbt gleichzeitig das Eigentum daran. Die Menschen in den wohlhabenden Ländern der Welt können sich deswegen ihres Wohlstandes erfreuen, weil sie hochproduktiv arbeiten und täglich Einkommen, Güter und Eigentum schaffen. Die ärmeren Länder dagegen, deren Menschen Hunger und Mangel leiden, sind im Vergleich dazu unproduktiv. Auch ihnen stehen fruchtbares Land und Bodenschätze zur Verfügung, aber ohne den Einsatz solcher Ressourcen bringt die menschliche Arbeitskraft nur wenig zustande. Die in armen Staaten weit verbreiteten Beschränkungen privaten Eigentums sind ein Hemmschuh der Wertschöpfung und der Einkommensentwicklung.

Wo Eigentumsrechte durch Gewalt entstehen, müssen sie auch durch Gewalt vor den Opfern verteidigt werden. So sah sich Wilhelm der Eroberer fünf Jahre lang Aufständen gegenüber, die er nur um den Preis der Verheerung des Landes niederschlagen konnte. Durch Gewalt begründete Eigentumsrechte hat es schon immer gegeben, und sie bestehen noch heute in den Kommandowirtschaften, seien diese nun kommunistischer, faschistischer oder sozialistischer Prägung. Wo immer Regime

dieser Art ans Ruder kommen, bemächtigen sie sich der Produktionsmittel und schaffen die private Verfügungsgewalt darüber ab. Ab dann
bestimmt nur noch der Staat über die Produktion und Verteilung aller
Güter. Lediglich bei Konsumgütern wird privates Eigentum gestattet,
aber auch deren Verteilung wird vom Staat geregelt.

In einer Tauschwirtschaft, sonst Markt- oder kapitalistische Wirtschaft genannt, ist das Privateigentum an den Produktionsmitteln ein
Grundprinzip. Dieses Eigentum entsteht auf friedliche Art durch Produktionsprozesse und bedarf ebenfalls des Schutzes. Aber im Gegensatz
zur Kommandowirtschaft, die sich vor ihren eigenen unzähligen Opfern
in acht nehmen muß, braucht privates Eigentum, das durch friedliche
Arbeit und freiwillige Tauschgeschäfte entstanden ist, nur vor den kriminellen Elementen geschützt zu werden, die gerne stehlen oder sonst ihre
Freude daran finden, den Mitmenschen zu schaden. In einer Wirtschaftsordnung mit Privateigentum und freiem Tauschhandel verleiht das Privateigentum auch das tatsächliche Verfügungsrecht über eine Sache. Es
ist nicht so, daß der Eigentümer lediglich eine Urkunde besitzt, während
der Staat bestimmt, was mit der Sache zu geschehen hat. Der Eigentümer
selbst entscheidet, wie seine Mittel eingesetzt werden. Will er davon
profitieren, muß er sie so einsetzen, daß sie den Verbrauchern Nutzen
stiften. Auf diese Weise geschieht es, daß sich der Einsatz der Produktionsmittel nach den Wünschen der Allgemeinheit richtet. Es sind die
Konsumenten, die durch Kauflust und Kaufunlust nicht nur die Ein-
kommensverhältnisse, sondern auch die Eigentumsverhältnisse an den
Produktionsmitteln bestimmen. Das Privateigentum hängt also vom
Produktionsverhalten ab. Es ist keineswegs das Vorrecht einer privilegierten Schicht, sondern eine natürliche Einrichtung, die zu einer geord-
neten Güterherstellung und einer vernünftigen Arbeitsteilung führt. Das
Privateigentum an den Produktionsmitteln ist im Interesse der gesamten
Gesellschaft, denn es sorgt für eine möglichst wirtschaftliche Verwen-
dung knapper Ressourcen. Dem Unternehmer, der die nachgefragten
Güter mit der größten Wirtschaftlichkeit herstellt, fließt das produktive
Kapital zu. Sein Vermögen besteht in erster Linie aus Kapital, das für die
Herstellung von Gütern für die Verbraucher eingesetzt wird.

Die Kritiker des Kapitalismus, die am Wohlstandsgefälle Anstoß nehmen, übersehen diese Eigenschaft produktiver Mittel. Das Vermögen

eines Millionärs besteht nicht aus totem Luxus, sondern aus Fabrikhallen, Fertigungsanlagen und Ausrüstungen, mit denen Waren, Arbeitsplätze und Einkommen geschaffen werden. Der erfolgreiche Unternehmer mag zwar in der Regel einen höheren Lebensstandard genießen als seine Belegschaft. Er mag ein neueres Auto fahren, einen Maßanzug tragen und eine eigene Villa besitzen, aber sonst lebt er nicht viel besser als seine Mitarbeiter. Die Macht des Unternehmers leitet sich von der souveränen Macht der Verbraucher her. Durch klugen Einsatz der Produktionsmittel verdient er sich die Unterstützung der Konsumenten. Diese Unterstützung erwächst ihm nicht aus überkommenen Vorrechten, Bräuchen und Traditionen, sondern ausschließlich aus seiner Fähigkeit, dem einzigen souveränen Herrscher der kapitalistischen Wirtschaft, dem Verbraucher, zu dienen. Wie gewaltig auch immer sein Reichtum und seine Macht erscheinen mögen, der Unternehmer muß auf die Launen und Wünsche der Käufer eingehen. Versäumt er das, geht er unter. Ruhm und Reichtum krönten Henry Ford, als er Millionen von Autos vom Band ließ, die auf den Geschmack der Verbraucher zugeschnitten waren. Als Ende der zwanziger Jahre die Käufer anfingen, höhere Ansprüche an Individualität, Größe und Verarbeitung ihrer Fahrzeuge zu stellen, weigerte sich Ford, ihre Wünsche zu erfüllen. Die Folge: Sein Unternehmen erlitt einen kräftigen Einbruch. Andere Autohersteller wie General Motors und Chrysler konnten dagegen kräftiges Wachstum verzeichnen. Henry Fords Macht und Ansehen schwanden – zumindest vorläufig – ebenso schnell, wie sie in den Jahrzehnten zuvor gewachsen waren.

Die Leistungsgesellschaft ist die Wirtschaftsordnung, die dem arbeitenden Menschen die besten Entfaltungsmöglichkeiten bietet. Vergleicht man zum Beispiel die Arbeits- und Lebensbedingungen des amerikanischen Arbeiters mit denen seiner Kollegen in nicht-kapitalistischen Gesellschaften wie Indien oder der Volksrepublik China, steht er als Fürst da. Er hat die kürzeste Arbeitswoche, die geringste körperliche Anstrengung und den mit Abstand höchsten Lohn. Im Kapitalismus ist der Millionär weniger zu beneiden als in nicht-kapitalistischen Gesellschaften. Sein Vermögen besteht vornehmlich aus Sachkapital, das er im Wettbewerb mit anderen Unternehmern einsetzen muß. Der in der Regel prozentual geringe Anteil seines Vermögens, den er privat verwendet, mag auch absolut gesehen recht bescheiden sein. Demgegenüber ist der indische Millionär wahrscheinlich ein Radscha, dem „Produktion" und „Konkurrenz" Fremdwörter sind. Er residiert in einem exotischen, mit allerlei Kostbarkeiten ausgeschmückten Schloß und läßt sich von einer Schar eifriger Diener auf Händen tragen. Das Vermögen selbst des reichsten amerikanischen Unternehmers erweckt in ihm nicht den leisesten Hauch von Neid.

Unternehmergewinne

In einer Marktwirtschaft kommt es gelegentlich vor, daß ein Unternehmer großen Gewinn erzielt. Das ruft zahlreiche Kritiker auf den Plan, die von „Wuchergewinn" und „fettem Profit" reden. Da der Ertrag eines Unternehmens unberechenbar ist und mal einen Bruchteil eines Prozentes, mal ein Vielfaches vom eingesetzten Kapital ausmachen kann, führen diese Kritiker hohe Gewinne unbesehen darauf zurück, daß Unregelmäßigkeiten, ungerechte Vorteile oder unsittliche Praktiken im Spiel seien. Ihrer Meinung nach stellen hohe Gewinne ein „unverdientes Einkommen" dar, das durch Ausbeutung der Arbeitskräfte („niedrige Löhne") oder Betrug am Verbraucher („Wucherpreise") eingeheimst wird. Daher sei es nur recht und billig, die Firmen durch saftige Körperschaft- und Gewerbesteuern und die Unternehmer zusätzlich noch als Privatleute durch empfindliche Vermögensteuern zur Kasse zu bitten.

Wirtschaftswissenschaftler, die sich mit dem Begriff „Gewinn" befassen, unterscheiden drei Arten von Unternehmereinkommen. Wenn kleine Unternehmer und ihre Partner meinen, „Gewinne" zu erwirtschaften, verdienen sie in der Sprache der Ökonomen eher einen Unternehmerlohn. Denn sie leisten ja Arbeit, wenn sie Mitarbeiter führen, Kunden bedienen und sich mit Vertretern, Steuerberatern und Rechnungsprüfern beschäftigen. Auf dem Arbeitsmarkt hätten ihre reinen Arbeitsleistungen einen hohen Kurs. Würden sie vergleichbare Aufgaben als Angestellte einer Supermarktkette übernehmen, bekämen sie ohne Zweifel ein gutes Gehalt. Deswegen gilt in der Betriebswirtschaftslehre der Anteil des Einkommens, den ein Unternehmer durch eigene Arbeitskraft verdient, nicht als Gewinn, sondern als Lohn, nämlich als Unternehmerlohn.

Die meisten amerikanischen Firmen verdienen aber mehr, als dem

Unternehmerlohn ihrer Führungskräfte entspricht. Der zusätzliche Ertrag wird von der Betriebswirtschaftslehre in zwei Komponenten zerlegt. Der weitaus größere Teil, den die meisten amerikanischen Firmen auch erwirtschaften, wird Zinsen auf das Eigenkapital genannt. Diese werden dem Investor aus Rücksicht darauf zugerechnet, daß die Produktion Zeit kostet. Wer nämlich auf Konsum verzichtet, um seine Mittel in einen langandauernden Warenherstellungsprozeß zu investieren, hat ein Anrecht auf eine entsprechende Vergütung. Denn ohne Anreiz würde niemand seine Ersparnisse für solche Zwecke hergeben. Insofern sind Zinsen ein Ausdruck der menschlichen Natur. Sie entspringen der Tatsache, daß dem Menschen – gleich welcher Epoche und Kultur – bares Geld mehr bedeutet als ein Anspruch auf Zahlungen irgendwann in der Zukunft. Wenn jemand bewogen werden soll, eigene Konsumwünsche zurückzustellen und flüssige Mittel in einen Produktionsprozeß zu investieren, der erst nach einiger Zeit Frucht tragen wird, muß er mit einer entsprechenden Entschädigung rechnen können. Diese Entschädigung wird *ursprünglicher Zins* oder *Urzins* genannt. Anders ausgedrückt, der Unternehmer, der in sein eigenes Geschäft investiert, verspricht sich ebenso eine Rendite wie ein Darlehensgeber.

Des weiteren sind manche Firmen in der glücklichen Lage, über den Unternehmerlohn und die Zinsen auf das Eigenkapital hinaus, noch einen Gewinn im betriebswirtschaftlichen Sinn zu verdienen. Dieser Gewinn, der auf die Fähigkeit des Unternehmers zurückgeht, wirtschaftliche Entwicklungen vorauszuahnen, wird *Unternehmergewinn* genannt. Ein Beispiel dafür ist der Lagergewinn, den ein Geschäftsmann dadurch erzielt, daß er Waren bei einem niedrigen Preisniveau einkauft und bei einem höheren Preisniveau wieder verkauft. Gewinne aus Aktiengeschäften sind ebenfalls Gewinne in diesem Sinn, wenn man die Zinsen abzieht, die man mit Rentenpapieren im gleichen Zeitraum hätte erzielen können. Ob man solche Gewinne machen wird, kann man natürlich nicht im voraus wissen. Verluste sind ebensogut möglich, wie es Investoren ja immer wieder erleben. Entgegen der Volksmeinung haben Unternehmergewinne eine kurze Lebensdauer. Wer als Erster in eine Lücke stößt, die durch Nachfrage- und Angebotsverschiebungen, Änderungen der Mode oder technische Fortschritte entsteht, kann zwar über einen bestimmten Zeitraum hinweg hohe Erträge einfahren, aber bald machen es ihm Wettbewerber und Newcomer nach: Sie stellen die gleichen Güter her, leisten die gleichen Dienste, wenden die gleichen Produktionsmethoden an – und drücken die Preise so lange, bis kein Unternehmergewinn mehr zu holen ist. So dürfte der erste Transistorenhersteller zunächst einen hohen Unternehmergewinn erwirtschaftet haben. Aber sobald die Konkurrenz ihre Fertigungsanlagen angepaßt hatte, wurde der Markt mit Transistoren förmlich überschwemmt. Die Preise fielen in den Keller, der Unternehmergewinn löste sich in nichts auf. Ein anderes Beispiel: Als die Amerikaner ihren Bedarf an Kleinwagen entdeckten, verdiente die Firma American Motors, die als erster Hersteller auf diesen Bedarf einging, einen Unternehmergewinn. Aber als General Motors, Chrysler und Ford ebenfalls in diesen Teilmarkt einstiegen, sackten die Gewinne von American Motors zunächst auf das allgemeine Zinsniveau, und später sogar noch darunter, ab. Unternehmergewinne lassen sich schwer halten. Auf der anderen Seite bietet sich immer wieder Gelegenheit, Gewinne zu erzielen, solange Angebot und Nachfrage, Mode und Bevölkerungsaufbau, Technik und Wetter in Bewegung sind. Dank der ständigen Änderungen im Leben und der Notwendigkeit, die wirtschaftliche Aktivität entsprechend anzupassen, wird man immer neue Wege finden können, Unternehmergewinne zu erwirtschaften. Werden aber solche Gewinne vom Fiskus abgeschöpft oder an die Arbeiter verteilt, fehlt der Anreiz für das unternehmerische Risiko, was auch den Arbeitskräften langfristig schadet. Denn wozu sollten Geschäftsleute ihr Kapital aufs Spiel setzen, indem sie es in Produktionsprozesse investieren, wenn ihnen nur Verluste oder bestenfalls eine magere fünfprozentige Verzinsung winken? Sie täten besser daran, überhaupt nichts zu produzieren, sondern ihr Geld dort anzulegen, wo es keinem Risiko ausgesetzt ist. Die Folge für die Gesellschaft insgesamt wäre eine zähflüssige Volkswirtschaft, die kaum in der Lage ist, auf Änderungen bei Nachfrage, Angebot und Technik zu reagieren. Wachstum und Modernisierung wären schwer gehemmt.

Horrende Honorare?

Wie ist es aber mit den hohen Honoraren, die manche Freiberufler kassieren, und den schwindelerregenden Gehältern, die Führungskräften zufließen? Ein Chirurg, der sich darauf versteht, die verrunzelte Gesichtshaut alternder Damen zu glätten, kann bekanntlich viel mehr verdienen als ein Lehrer oder Klempner. Seine seltenen Fähigkeiten und sein Ruf können Scharen von Patientinnen aus einem weiten Umkreis anziehen. Denn der weiblichen Spätlese mag das Ergebnis seines Wirkens an ihrem Aussehen mehr wert sein als das Guthaben auf einem Sparbuch oder eine Handvoll Stammaktien von General Motors.

Die Verdienste mancher Manager machen – mit Zulagen – sechsstellige Jahressummen aus. Einige Leute, die nicht verstehen, wie solche Vergütungen zustande kommen, empfinden dabei Neid und werden anfällig für Gedankengut, das gegen persönlichen Reichtum gerichtet ist. Grundsätzlich aber verfahren die Teilhaber an Aktiengesellschaften bei der Wahl von Führungskräften nach den gleichen Prinzipien wie wir sie bei unseren täglichen Kaufentscheidungen anwenden. Sie müssen nämlich überlegen, ob sie Führungskräfte zu Schleuderpreisen suchen, ob die mittlere Preisklasse ihnen eher zusagt, oder ob sie nicht lieber viel Geld ausgeben, dafür aber die beste Qualität bekommen sollten. Wie im Alltagsleben stellt es sich häufig heraus, daß das teuerste Angebot im Endeffekt die preiswerteste Lösung ist. Die Aktionäre müssen Vorstände einstellen, die Leistung erbringen. Denn Fehler auf der Führungsebene können die Einnahmen einer Firma vollständig aufzehren. Tüchtige Manager dagegen können dem Unternehmen hohe Gewinne bescheren und seinen Wert wesentlich steigern. Ab einer bestimmten Firmengröße kann die Wahl einer Führungskraft einen Millionenverlust oder einen Millionengewinn bedeuten.

Zahlreiche Beispiele dafür bietet die Geschichte der Automobilindustrie. Die Gesellschafter vieler privater Unternehmen entschieden sich für Führungskräfte zum Billigtarif – und mußten ihre Einlagen verlorengeben, als die Firmen auf der Strecke blieben. Die Gehälter der Führungskräfte mochten noch so niedrig sein, sie waren immer noch ein Verlustgeschäft. Zur gleichen Zeit holte sich dagegen die kleine, notleidende Maxwell-Chalmers Corporation einen tüchtigen Mann namens Walter Chrysler, der das Unternehmen zu einem der drei größten Autohersteller der Vereinigten Staaten ausbaute. Sein Gehalt mochte noch so hoch sein, es war dennoch eine gute Investition. Auch die Arbeitskräfte profitieren von guten Managern. Entgegen der landläufigen Meinung fahren sie mit einer überlegenen Führung am besten. In profitablen, expandierenden Unternehmen sind die Löhne allgemein höher als in Firmen, die auf dem absteigenden Ast sind. Die Nebenleistungen sind besser, die Arbeitsplätze sicherer. Die Freude über billig eingekaufte Vorstände ist kurzsichtig – und kurzlebig.

Bei der Anwerbung von Führungskräften stehen die Firmen nicht nur im Wettbewerb miteinander. Sie müssen auch berücksichtigen, daß Menschen mit Führungseigenschaften fähig sind, eigene Geschäfte aufzubauen. Die Spannungen, die sich aus dieser Konstellation ergeben, finden ihren Niederschlag in der Höhe von Gehältern, Versorgungszusagen, Leistungszulagen und anderen Nebenleistungen, wobei allen Kalkulationen steuerbereinigte Nettowerte zugrunde liegen. Der Preis einer guten Führungskraft wird von der Intensität des Konkurrenzkampfes bestimmt. Da bei der Einstellung eines Managers sein künftiger Beitrag nur geschätzt werden kann, verlangt die kaufmännische Vorsicht, ihm nur soviel zu bieten wie nötig ist, um ihn zur Unterschrift zu bewegen. Dieses Minimum ergibt sich aus den Nachfrageverhältnissen am Führungskräftemarkt. Wenn sich ein Manager als tüchtiger Unternehmer erweist, der seiner Firma großen Gewinn einbringt, wird sein Gehalt in aller Regel steigen, damit er nicht zu einem Konkurrenten abwandert, der ebenfalls seine Fähigkeit erkennt, Gewinn zu erwirtschaften. Viele Firmen lassen sich auch preiswertere Methoden einfallen, ihre Führungskräfte zu belohnen. Ein Beispiel sind Kaufoptionen auf Firmenaktien zum Vorzugspreis. Diese Art Anerkennung spart nicht nur Geld, sondern bietet dem Manager darüber hinaus einen zusätzlichen Anreiz, sich für die Firma voll einzusetzen, da er zu einem Mitbesitzer wird.

Letzten Endes hängen die Gehälter der Führungskräfte vom Verhalten der Verbraucher ab. Durch ihre Kaufentscheidungen bestimmen diese nämlich, wer Gewinn und wer Verluste macht. Es sind die Konsumenten, die das Einkommen von Frank Sinatra, Elizabeth Taylor und Luciano Pavarotti ebenso wie die Arbeiterlöhne und Managergehälter bei General Motors und U. S. Steel in der Hand haben. Eine hohe Arbeitsleistung allein ist aber noch keine Garantie für persönlichen Reichtum. Berühmte Sportler, Unterhalter und Manager können ansehnliche Einkommen beziehen. Vernachlässigen sie aber die wesentlichsten Voraussetzungen der Vermögensbildung, nämlich Sparsamkeit und Vorsorge, kann ihre Existenz genauso gefährdet sein wie die eines armen Menschen.

Das Streben nach Gleichheit

Viele Kritiker unserer Wirtschafts- und Gesellschaftsordnung stoßen
sich an einer vermeintlichen Kluft zwischen einer unterprivilegierten,
armen Klasse und einer privilegierten, reichen Schicht in den Vereinigten
Staaten. Die USA seien zwar das reichste und mächtigste Land der
Menschheitsgeschichte, aber dennoch seien Armut und Ungleichheit ein
ständiger Problemherd, der die amerikanische Gesellschaft kennzeichne.
Gewalt, Rassengegensätze und Städteverfall seien Begleiterscheinungen
der entwürdigenden Armut, die das amerikanische Gemeinwesen immer
noch nicht überwunden habe. Die Hauptschuld an dieser Armut trügen
„kapitalistische Privilegien", die den Wohlstand in wenige Hände konzentrierten und Einkommensunterschiede schafften. Aus diesem Grund
müsse das Einkommen der Privilegierten zugunsten der Armen, Alten,
Behinderten, Kranken und Arbeitslosen umverteilt werden. Der Staat als
Bevollmächtigter der Gesellschaft müsse den Reichtum der begüterten
Klasse, vor allem den von Generation an Generation unversehrt vererb-
ten Familienbesitz, abbauen. Das ist die Hoffnung und der Ehrgeiz weiter Teile der amerikanischen Bevölkerung und spiegelt sich im Verhalten
der politischen Parteien und der Interessenverbände wider, die sich dem
Ziel widmen, Armut und Ungleichheit zu beseitigen. Seit den dreißiger
Jahren dieses Jahrhunderts verfolgen beide Parteien eben dieses Ziel. So
haben wir die Einführung einer Steuerprogression mit einem Höchstsatz
von 94 Prozent bei Spitzengehältern bzw. 90 Prozent bei Unternehmergewinnen erlebt. Die größten Erbschaften wurden zu 77 Prozent von
Bundessteuern dezimiert. Und doch, sehr zum Leidwesen der Weltver-
besserer, ist die Konzentration des Wohlstandes noch weiter fortgeschritten.
    Uns Wirtschaftswissenschaftlern steht es nicht zu, über die Hoffnun-
gen und Wünsche der Menschen zu urteilen. Wird der Abbau von
Armut und Ungleichheit von der Mehrheit der Gesellschaft gewünscht,
sollte man erwarten, daß der Staat, als Beauftragter der Allgemeinheit,
Gesetze und Verordnungen erläßt, die diesem Ziel dienen. Denn schließlich werden die großen Linien der Politik von der öffentlichen Meinung
geprägt. Die Aufgabe der Wirtschaftsexperten ist, über Maßnahmen
nachzudenken, die geeignet wären, die von der Gesellschaft vorgegebe-

nen Ziele zu verwirklichen. Stehen einmal diese Ziele fest, sind die Wirtschaftler in der Lage zu zeigen, wie sie theoretisch am ehesten zu erreichen wären. Das gilt konkret auch für das Ziel, Armut und Ungleichheit abzubauen. Wenn nun der Staat zu Maßnahmen greift, die am Ziel vorbei oder gar vom Ziel weg führen, müssen die Fachleute ihre Stimme erheben und auf die unausweichlichen Folgen solcher Maßnahmen hinweisen. Das ist ihre Aufgabe und ihr Dienst an der Gesellschaft. *Nur unter diesem Gesichtspunkt des Wirtschaftlers ist eine wissenschaftliche Diskussion der Armuts- und Ungleichheitsproblematik möglich. Eine solche Diskussion stellt und beantwortet die Frage, ob die vorgesehenen Maßnahmen und Programme zum gewünschten Ziel führen werden, und zeigt die unausweichlichen Folgen auf, wenn das nicht der Fall ist.* Jede andere Analyse ist sinnlos, ob sie nun aus dem Blickwinkel der Ästhetik, der Ethik, der Anthropologie, der Psychologie, der Soziologie oder der Politik unternommen wird. Emotionsgeladene Beschreibungen einzelner Extremfälle von Armut und Reichtum mögen zwar Besorgnis, Unruhe und sogar eine politische Reaktion hervorrufen, aber Probleme vermögen sie nicht zu lösen. Häufig führen sie allenfalls zu blindem Aktivismus, der die Lage noch verschlimmert.

Die meisten Armutskritiker unseres Jahrhunderts weisen gern auf die Lebensbedingungen des ärmsten Fünftels, Viertels oder Drittels der amerikanischen Bevölkerung hin. So hat Präsident Franklin Roosevelt im Januar 1937 in seiner zweiten Antrittsrede festgestellt: „Ein Drittel des Volkes ist notdürftig untergebracht, notdürftig gekleidet, notdürftig ernährt." Im Januar 1964 erklärte Präsident Johnson der Armut „den Krieg" und sagte: „Ein Fünftel unserer Familien, knapp ein Fünftel unserer gesamten Bevölkerung ist arm." Wenn man aber so argumentiert, ist es offensichtlich, daß das Problem nie zu lösen ist. Wie wohlhabend auch immer eine Gesellschaft sein mag, es wird immer ein ärmstes Drittel, Viertel oder Fünftel geben, es sei denn, es herrscht absolute Gleichheit. Solche Gleichheit kann man sich aber mit einem normalen menschlichen Verstand nicht vorstellen. Denn sie wäre nur durch die Anwendung einer rücksichtslosen Gewalt möglich, die selbst zum Gleichheitsgedanken im Widerspruch stünde.

Wenn auf der anderen Seite versucht wird, die Armut nach absoluten Maßstäben zu definieren, wird jede vernünftige Diskussion durch

Begriffe wie „anständiger Lebensstandard" und „Existenzminimum" behindert. Was ist überhaupt ein „anständiger Lebensstandard"? Was ist das „Existenzminimum?" Wie ist es möglich, daß Millionen Amerikaner Jahr für Jahr unterhalb des Existenzminimums weiterleben? Daran sieht man, daß angeblich absolute Maßstäbe doch nicht absolut, sondern auch relativ sind und auf das jeweilige politische Ziel abgestimmt werden können. Aber relative Armut zu beseitigen heißt, Einkommen und Vermögen solange umzuverteilen, bis alle Mitglieder der Gesellschaft genau den gleichen Stand haben. Denn solange es noch Unterschiede gibt, besteht relative Armut.

Selbst wenn alle Staatsdiener und Politiker lauter Heilige wären, die das Gleichmachungsprogramm ohne Blick auf eigene Vorteile durchführten, bliebe das Ziel der Gleichheit immer noch in unerreichbarer Ferne. Denn Einkommen und Wohlstand quellen nicht ohne Zutun von Menschenhand aus der Erde hervor, sondern sind die Frucht von Mühe und Initiative. Wer den produzierenden Menschen ihr Einkommen und ihren Wohlstand nimmt, vermindert zwangsläufig den Ausstoß an hergestellten Gütern. Der Mensch strengt sich ja nur dann an, wenn er sich von seinen Bemühungen einen Nutzen verspricht. Bleibt ihm dieser Nutzen gewaltsam verwehrt, dürfen andere nicht erwarten, daß er sich noch einsetzt. Ferner kann man davon ausgehen, daß die Empfänger der Transferleistungen sich noch weniger als sonst bemühen werden, einen Beitrag zum Produktionsprozeß zu leisten. Insofern wirken Umverteilungsmaßnahmen der Güterherstellung entgegen und verschärfen das Armutsproblem sogar. Wenn der Güterstrom immer mehr durch Soziallasten eingeschränkt wird, ist irgendwann der Punkt erreicht, an dem er nur noch ein Rinnsal ist, das nicht mehr die Millionen von Menschen ernähren kann, die darauf angewiesen sind. In letzter Konsequenz stellt also eine erzwungene Umverteilung das Überleben der Menschheit in Frage.

Freilich wollen viele Verfechter wirtschaftlicher Gleichheit nicht ganz so weit gehen. Eine begrenzte Nivellierung würde ihnen schon genügen. Aber auch das schränkt die Wirtschaftsleistung ein und nimmt den Leuten langfristig mehr als es ihnen durch Sozialleistungen bringt. Für die meisten armen Amerikaner ist dieser Punkt schon längst erreicht. Denn in den letzten fünfzig Jahren haben wir Transferleistungen in Billionenhöhe erlebt. Wären diese Gelder in die Produktion geflossen, hätten alle Amerikaner, auch die Armen, einen wesentlich höheren Lebensstandard als heute. Im vergangenen halben Jahrhundert haben die Soziallasten dem Produktionsprozeß soviel Kapital entzogen, daß den Empfängern der Transferzahlungen weitaus mehr Lohn entgeht, als sie durch Sozialleistungen bekommen.

Literatur

Eine ausgezeichnete Behandlung der Armutsproblematik findet sich bei Henry Hazlitt, „The Conquest of Poverty", Irvington-on-Hudson, NY: The Foundation for Economic Education, 1973, 1994. Empfehlenswert ist ebenfalls Rose D. Friedman, Poverty: „Definition and Perspective", Washington, D.C.: American Enterprise Institute, 1965.

Die Liberalen und der Zentralismus

Eine fortschreitende Zentralisierung Westeuropas
gefährdet die Freiheit der Bürger*)

von Roland Vaubel

Aus der Sicht des klassischen Liberalen sprechen vor allem zwei Gründe gegen eine Zentralisierung von Staat und Politik. Der erste ist, daß sich die Präferenzen der Menschen erheblich unterscheiden. Der Liberale respektiert die Wünsche jedes einzelnen. Sie sind Wertmaßstab, wenn es darum geht, die Leistungsfähigkeit einer Wirschafts- und Gesellschaftsordnung zu beurteilen. Präferenzen unterscheiden sich aber nicht nur zwischen Individuen, sondern auch zwischen Gruppen von Menschen. Besonders groß sind die Unterschiede zwischen Gruppen, die in verschiedenen Regionen leben und im Laufe der Zeit ihre eigenen Traditionen entwickelt haben – vielleicht sogar verschiedene Sprachen sprechen.

Aus der Sicht des liberaren Ökonomen kommt hinzu, daß die Nachfrage der Bürger von ihrem Einkommen und Vermögen abhängt – und zwar auch dann, wenn es nicht um Marktgüter, sondern um öffentliche Güter geht. Vergleicht man die Flächenstaaten der alten Bundesrepublik, so liegt das höchste Pro-Kopf-Einkommen (Hessen) um 41 Prozent über dem niedrigsten (Niedersachsen und Schleswig-Holstein).

Betrachtet man dagegen die Europäische Union, so ist das Pro-Kopf-Einkommen in Luxemburg oder Dänemark etwa dreimal so hoch wie in

---

*) Ungekürztes Original eines Essays, das in stark gekürzter Form in der FAZ v. 7.5.94 veröffentlicht wurde.

Portugal oder Griechenland und in der einkommensstärksten Region
etwa sechsmal so hoch wie in der schwächsten. Die Einkommensunterschiede zwischen den 59 europäischen Regionen liegen auch – am Gini-
Koeffizienten gemessen – um mehr als 80 Prozent über dem entsprechenden Wert für die amerikanischen Bundesstaaten. Jeder Student der Wirtschaftswissenschaften lernt, das die Einkommenselastizität der Nachfrage
ist. Daß gravierende regionale Einkommensunterschiede gegen eine Zentralisierung von Staat und Politik sprechen, wird dabei selten erwähnt.

Der zweite Grund, der aus liberaler Sicht gegen eine politische Zentralisierung spricht, ist die Tatsache, daß sie dem Staat mehr Macht über
die Bürger verleiht. Dabei sind drei Mechanismen zu unterscheiden:

1. Ein Mißbrauch staatlicher Macht ist weniger wahrscheinlich, wenn
   diese auf zahlreiche Entscheidungsträger verteilt ist. Zu einer wirksamen Gewaltenteilung gehört nicht nur die funktionale Arbeitsteilung
   zwischen Legislative, Exekutive und Judikative, sondern auch die
   räumliche Dezentralisierung im Raum. Zentralisierung staatlicher
   Macht ist unvereinbar mit einem System von „Checks and Balances",
   das die Freiheit der Bürger schützt.
2. Dezentralisierung erlaubt einen Systemwettbewerb zwischen den
   Staaten und Regionen oder genauer: zwischen den Anbietern öffentlicher Güter, also den Politikern und Staatsbediensteten der verschiedenen Länder. Die Vielfalt der politischen Angebote und Erfahrungen
   eröffnet den Bürgern Vergleichsmöglichkeiten und hilft ihnen, staatliches Fehlverhalten zu erkennen und durch ihren Protest – zur Not
   an der Wahlurne – zu korrigieren. In kleinen, überschaubaren Einheiten ist der Bürger auch eher bereit und in der Lage, sich über Politik zu
   informieren. Der Wähler kann die Herrschenden besser kontrollieren.
3. Dezentralisierung schützt Minderheiten. Wenn der Staat versucht, die
   Bürger – und sei es auch nur eine Minderheit – zu unterdrücken und
   zu enteignen oder sie mit Regulierungen zu überziehen und hoch zu
   besteuern, so können sie in ein anderes, freiheitlicheres Land ausweichen. Am Anfang steht die Verlagerung der Bankkonten und Investitionen, am Ende die Abstimmung mit den Füßen.

Die Tatsache, daß die stärker zentralisierten Industriestaaten signifikant
höhere Staatsquoten aufweisen, kann man auf diese Mechanismen zu-
rückführen.

Betrachtet man die Geschichte Europas und fragt man, weshalb die Aufklärung, der wissenschaftliche und technische Fortschritt und die industrielle Revolution hier und nicht etwa in Hochkulturen wie China oder Indien stattfanden, so gibt die neuere wirtschaftsgeschichtliche Literatur immer wieder eine Antwort: Der Wettbewerb der Staaten um Menschen und Kapital – insbesondere um die jüdische Intelligenz und andere religiöse Minderheiten – war die politische Grundlage der Freiheit, der geistigen Vielfalt und der materiellen Anreize, die das „europäische Wunder" erst möglich gemacht haben. So sah es übrigens schon Max Weber in seiner „Wirtschaftsgeschichte" (1923).

Das „europäische Wunder" war in der Vergangenheit mit vielen blutigen Kriegen verbunden, aber diese haben es nicht verhindern können. Wieviel wichtiger ist politische Dezentralisierung dann für das heutige Westeuropa, das aus stabilen, friedfertigen Demokratien besteht und auch nicht mehr wie zu Adenauers Zeiten einer schweren äußeren Bedrohung ausgesetzt ist?

Diese Zusammenhänge dürften erklären, weshalb der europapolitische Zentralisierungsschub der letzten Jahre – von Details ganz abgesehen – unter den liberalen Ökonomen tiefe Beunruhigung ausgelöst hat. Die etablierten Parteien und die ihnen verbundenen Interessenverbände sehen dies naturgemäß ganz anders, denn sie sind weniger an der Feiheit der Bürger und dafür stärker an ihrer eigenen „politischen Handlungsfähigkeit" interessiert. Sie werfen ihren Gegnern „nationalen Egoismus" oder gar Nationalismus vor. Nationalismus und Liberalismus beruhen aber nicht nur auf ganz unterschiedlichen philosophischen Grundlagen; sie unterscheiden sich auch deutlich in der Frage der Zentralisierung. Vier Unterschiede sind besonders auffällig:

1. Der Nationalist identifiziert sich mit dem Staat – dem Nationalstaat. Der Liberale mißtraut dem Staat.

2. Der Nationalist tritt nicht unbedingt für dezentrale Lösungen ein. Er wendet sich gegen die Zentralisierung der Politik auf supranationaler Ebene, aber gegen einen zentralistischen Nationalstaat hat er nichts einzuwenden. Demgegenüber ist der klassische Liberale konsequent in seiner Forderung nach Dezentralisierung. Er empfiehlt auch, Kompetenzen vom Bund auf die Länder und von den Ländern auf die Gemeinden zu übertragen.

3. Der Nationalist ist stolz auf sein Land und hält es für besser als die anderen. Der Liberale ist möglicherweise auf überhaupt nichts stolz. Er mag zwischen allen Ländern indifferent sein oder ein fremdes Land vorziehen. Aber sie alle haben ein Recht auf Selbstbestimmung.

4. Der Nationalist wünscht sich, daß sein Land am besten abschneidet. Es freut ihn sogar, wenn sein Land Verteilungsgewinne zu Lasten anderer Länder erzielt. Ganz anders der klassische Liberale: ihm geht es darum, daß jeder sich besserstellen kann, ohne anderen zu schaden.

In der Europapolitik wird dieser Unterschied besonders deutlich. Vielen Politikern und Verbandsfunktionären gilt die politische Intergration Westeuropas schon deshalb als wünschenswert, weil sie den Mitgliedstaaten dazu dienen kann, ihre Verhandlungsposition gegenüber Nichtmitgliedern wie den USA, Japan usw. zu stärken. Wer so argumentiert, hat das nationalistische Denken nicht überwunden, sondern lediglich auf eine ander Ebene übertragen. Die Alternative zum Nationalismus des 19. Jahrhunderts ist nicht der neue „Euro-Nationalismus", sondern das kosmopolitische Weltbild des klassischen Liberalismus.

In der Geschichte ist der Zentralismus vor allem eine sozialistische Forderung gewesen. Nicht nur marxistische, sondern auch sozialdemokratische Parteien treten in der Regel für den Einheitsstaat ein. In der deutschen Geschichte wurde dies vor allem bei der Gründung der Weimarer Republik und der Bundesrepublik deutlich. Aber schon August Bebel erklärte im Jahre 1900, er würde es „als einen großen Fortschritt betrachten, wenn der Bundesrat nicht existierte, d. h. wenn statt der Vielfalt von Staaten und Kleinstaaten ein einziges Deutsches Reich, eine große zentrale Organisation bestünde …"

Das Ideal des Sozialisten ist der Weltstaat. Die Zentralisierung des Staates dient dem Sozialismus, weil sie die staatliche Umverteilung, Regulierung und Planung erleichtert. Die Interventionen des Staates können nicht mehr so leicht durch Ausweichreaktionen unterlaufen und durch politischen Wettbewerb begrenzt werden. Auch gelten Wettbewerb und Frieden dem Sozialisten als Gegensätze, obwohl der Markt tagtäglich das Gegenteil beweist. Daß die Menschen unterschiedliche Präferenzen haben, steht nicht im Vordergrund des sozialistischen Bewußtseins. Wilhelm Röpke fand es daher 1949 „durchaus logisch und begreiflich, daß die deutschen Sozialisten die Wortführer des strammsten

Zentralismus sind und für den Föderalismus nur Abscheu haben". Es ist auch kein Zufall, daß mit dem Sowjetkommunismus zugleich das russische Imperium zusammengebrochen ist. Liberalisierung ist auf die Dauer nicht möglich ohne Dezentralisierung.

Das Verhältnis des Konservativen zum Zentralismus ist ambivalent. Einerseits legt der Konservative großen Wert auf gewachsene Traditionen und landsmannschaftliche Unterschiede. Außerdem gehort der Grundsatz der Subsidiarität zum christlich-konservativen Gedankengut. Das katholische Zentrum war im Kaiserreich eine anti-zentralistische Partei, die ihre regionale Basis in süd- und Westdeutschland hatte und sich im Reich als Minderheit verstand. Andererseits wünscht sich der Konservative einen Staat, der nach außen und innen stark ist. Der Staat soll stark sein, damit er die nationalen Interessen in der Weltpolitik wirksam vertreten und im Inneren für Ordnung sorgen kann.

Betrachtet man die (wenigen) Industrieländer, die Föderalstaaten sind, so ist Dezentralisierung fast überall ein Anliegen der im klassischen Sinne liberalen Parteien und Politiker. Dies gilt für die Schweiz und Österreich genauso wie für die USA, Kanada und Australien. Auch in Großbritannien, das ja kein Bundesstaat ist, treten die Liberalen im Inneren für Dezentralisierung ein. Die deutsche liberale Tradition ist dagegen eher zentralistisch. Sie reicht ins 19. Jahrhundert zurück.

Im Gründungsprogramm der Nationalliberalen Partei von 1867 heißt es: „Wir sind entschlossen, die Bundeskompetenz zu befestigen und über alle gemeinsamen Angelegenheiten auszudehnen. Als Ziel schwebt uns vor, daß die parlamentarischen Funktionen des Staates möglichst vollständig in den Reichstag verlegt werden". Von Ludwig Bamberger, einem nationalliberalen Abgeordneten jener Zeit, stammt der Satz: „Ist denn die Einheit nicht selbst ein Stück Feiheit?" Rudolf von Bennigsen, der Führer der Nationalliberalen, setzte 1871 durch, daß der Reichskanzler nicht vom Bundesrat, sondern vom Kaiser ernannt wurde (lex Bennigsen). Auch die Deutsche Fortschrittspartei – die andere liberale Partei, die sich nicht zu Bismarck bekannte – forderte gleichwohl eine „starke Zentralgewalt". Nur die süddeutschen Liberalen waren zum großen Teil föderalistisch gesinnt. In einem der Standardwerke über den Föderalismus des Kaiserreiches heißt es daher zusammenfassend: „Ihren wichtigsten parlamentarischen Bundesgenossen finden die unitarischen Tendenzen im deutschen Liberalismus". (H. Triepel, 1907)

Zu verstehen ist dies wohl nur, wenn man bedenkt, daß die Einigung Deutschlands den Liberalen – spätestens seit der Zeit des Paulskirchen-Parlaments – als ein Mittel zur Überwindung der Fürstenherrschaft galt. Das föderale Organ des Kaiserreichs, der Bundesrat, war – wie schon der verhaßte Deutsche Bund zuvor – letztlich ein Rat der Fürsten. Die deutschen Liberalen meinten daher der Freiheit zu dienen, wenn sie den Föderalismus bekämpften und die Zentralisierung auf ihre Fahnen schrieben. Eine gewisse Rolle spielte auch schon damals, daß die Liberalen den gewerbe- und handeltreibenden Mittelstand repräsentierten, der an einem großen Wirtschaftsraum interessiert war und daß sie die Marktintegration mit der politischen Integration, d. h. Zentralisierung, verwechselten. Die süddeutschen Forderungen nach einer regionalen Differenzierung der Politik wurden daher als Partikularismus, Provinzialismus und „Kleinstaaterei" abgetan. Wer die zunehmende Zentralisierung kritisierte, war automatisch ein „Reichsfeind" – heute würde man sagen: ein „Europa-Gegner".

Diese Tendenzen setzten sich in der Weimarer Republik fort. Allerdings ging es den Liberalen nun eher darum, durch die Zentralisierung des Reiches den preußischen Staat zu entmachten. Führende Repräsentanten der linksliberalen Deutschen Demokratischen Partei (DDP) – vor allem ihr Vorsitzender Koch-Weser und der Staatsrechtler Hugo Preuß, der die Weimarer Verfassung entwarf –, aber auch die rechtsliberale Deutsche Volkspartei (DVP) wollten den Ländern ihre Parlamente nehmen und sie zu reinen Verwaltungseinheiten degradieren. Als das Vorhaben im Verfassungsausschuß unter anderem am Widerspruch Max Webers scheiterte, drängten die liberalen Politiker auf eine Erweiterung der Gesetzgebungs- und Finanzkompetenzen des Reiches und trugen auf vielfältige Weise zu dem Zentralisierungsschub jener Zeit bei. Auch für den Großindustriellen und späteren Außenminister Walther Rathenau (DDP) war Föderalismus gleichbedeutend mit Partikularismus.

Die Deutsche Staatspartei, die 1930 unter anderem aus Teilen der DDP – darunter der Reichstagsabgeordnete Theodor Heuss – hervorging, hielt in ihrem Programm an der Forderung fest: „Durch eine gesunde Reichsreform sollten sinnlos gewordene Ländergrenzen und Länderparlamente beseitigt werden ... Die Staatshoheit der Länder muß bei voller Anerkennung einer lebendigen Selbstverwaltung verschwinden."

Nach dem Zweiten Weltkrieg konnten sich die Liberalen nur in Süddeutschland (Baden-Württemberg, Bayern, Rheinland-Pfalz) für den parlamentrischen Föderalismus erwärmen. Die nord- und ostdeutschen wollten nur den reinen Verwaltungsföderalismus akzeptieren. Die Länder erschienen ihnen eher als alliierte Kunstprodukte, und der Strom der Flüchtlinge und Vertriebenen werde ein übriges tun, die noch vorhandenen regionalen Unterschiede einzuebnen.

Als 1948/49 im Parlamentarischen Rat das Grundgesetz beraten wurde, verfolgten drei der fünf FDP-Vertreter eine zentralistische Linie, einer (Heuss) sprach sich für einen moderaten Föderalismus aus, und einer (Dehler) versuchte zu vermitteln. Heuss, der noch 1926 in einer Reichstagsrede die Geschichte des Föderalismus als „die Geschichte des deutschen Elends" bezeichnet hatte, begründete seinen Sinneswandel mit den nationalsozialistischen Erfahrungen, aber auch rein pragmatisch: „Das künftige Deutschland wird ein Bundesstaat sein, weniger aus unserem eigenen Willen heraus als durch den Zwang der Verhältnisse" (1948). Als sich im Parlamentarischen Rat eine föderalistische Lösung abzeichnete, verhinderten die Vertreter von FDP und SPD, daß der Bundesrat gleichberechtigt mit dem Bundestag an der gesamten Bundesgesetzgebung beteiligt würde, und sie setzten sich für weitreichende Kompetenzen des Bundes ein. Zum Beispiel wollten sie den Ländern keine größeren eigenen Einnahmequellen und keine eigene Finanzverwaltung zugestehen, was jedoch am Einspruch der Alliierten scheiterte.

Auch in den fünfziger und sechziger Jahren enthielten die Programme der FDP immer wieder Forderungen nach zusätzlichen Bundeskompetenzen: für das Bildungswesen, das Presserecht, die Besetzung des Zentralbankrats, die Finanzverwaltung, die Polizei, die Angelegenheiten der Flüchtlinge, Vertriebenen und Kriegsopfer usw. „Wir fordern die Überwindung eines überspitzten Föderalismus", heißt es zum Beispiel im FDP-Programm von 1957.

In den achtziger Jahren hat die FDP die zaghafte Reföderalisierungspolitik ihres neuen Koalitionspartners mitgetragen. Dafür machte sie sich zum Vorreiter einer zentralisierenden Europapolitik. Höhepunkte dieser Entwicklung waren die Genscher/Colombo-Initiative von 1981, die auf eine koordinierte EG-Sicherheitspolitik und die Abkehr vom Einstimmigkeitsprinzip abzielte, weiterhin das Genscher-Memorandum

vom Februar 1988, das die Schaffung einer gemeinsamen Währung vor-
sah und zu den Währungsvereinbarungen von Maastricht führte sowie
der gleichzeitige Versuch, die Gemeinschaft zu einer Politischen Union
umzugestalten.

Will man den zentralistischen Sonderweg der deutschen Liberalen erklären, so genügt es nicht, auf eine langjährige Tradition zu verweisen. Die
Geschichte wäre wohl anders verlaufen, wenn es nicht philosophisch-
weltanschauliche oder politisch-ökonomische Gründe dafür gäbe.

Aus der Sicht der politischen Ökonomie ist relevant, daß die deut-
schen liberalen Parteien im Reich oder Bund sehr viel häufiger als
„Zünglein an der Waage" der Regierung angehörten als in den Ländern.
Man kann daraus auf erhebliche regionale Präferenzunterschiede schlie-
ßen, aber eine liberale Partei ist unter diesen Umständen eher an einer
Zentralisierung interessiert.

In philosophischer Hinsicht haben sich die deutschen Liberalen vielleicht zu sehr auf das Individuum konzentriert und vernachlässigt, daß
sich Individuen – auch feiwillig – in räumlich abgegerenzten Gruppen
organisieren, die unterschiedliche Präferenzen repräsentieren und aus-
bilden. Die Liberalen haben statt dessen die räumliche Mobilität der
Individuen betont und dabei irrtümlich angenommen, daß das Ziel der
Mobilität die Einheitlichkeit der Lebensverhältnisse und daher politische
Zentralisierung rechtfertige. Mobilität erfordert Offenheit, nicht Einheitlichkeit.

Im europäischen Kontext hat der Begriff „Integration" zu dieser Ver-
wechslung beigetragen. Integration bezeichnet je nach Zusammenhang
zwei völlig verschiedene, ja meist gegensätzliche Sachverhalte: die Integration der Märkte und die Integration der Politik.

Bei der Integration der Märkte geht es darum, Beschänkungen und
Verzerrungen des innergemeinschaftlichen Wettbewerbs zu beseitigen.
Mit der Vollendung des Binnenmarktes ist diese Möglichkeit im wesentlichen erschöpft. Nur die Erweiterung der Gemeinschaft kann eine zusätzliche Marktintegration möglich machen. Dagegen sind internationale
Unterschiede in der Arbeitsmarkt-, Sozial-, Steuer- oder Umweltpolitik
usw., die auf Präferenzunterschieden beruhen, keine Verzerrungen, sondern natürliche Standortmerkmale. Nicht die unterschiedlichen Präferenzen und die daraus resultierenden Unterschiede in den komparativen

Freiheit und Dezentralisierung

Kosten verzerren den Wettbewerb, sondern der Versuch, sie durch eine Vereinheitlichung der Politik zu unterdrücken.

Die Vereinheitlichung der Politik ist das Ziel der politischen Integration. Während die Marktintegration die internationalen Präferenzunterschiede respektiert, neigt die politische Integration dazu, sich über sie hinwegzusetzen. Während die Marktintegration den Wettbewerb in Wirtschaft und Politik stärkt, beschränkt die politische Integration den Wettbewerb zwischen den staatlichen Anbietern durch internationale Absprachen oder europaweite Monopolisierung. Beides mag erklären, weshalb es nicht ein Zuviel an politischer Integration geben kann.

Effizienzüberlegungen können für eine politische Zentralisierung sprechen, die lediglich (echte) grenzüberschreitende externe Wirkungen internalisiert oder internationale Skalenerträge nutzt. Wie Hayek betont hat, ist dies jedoch eine rein statische Perspektive. Denn der Wettbewerb auch der politischen Anbieter ist ein Entdeckungsverfahren, das den Fortschritt begünstigt. Er ist deshalb unter dem Gesichtspunkt der dynamischen Effizienz überlegen. Wenn in einem Einzelfall dennoch der statische Effekt schwerer wiegt, muß der Liberale entscheiden, ob er der Effizienz die Freiheit opfern will. Er wird sich dazu nur bereitfinden, wenn die Zentralisierung für die Bürger und Parlamente der einzelnen Mitgliedstaaten kontrollierbar und reversibel bleibt. Die Europapolitik der deutschen Liberalen zielt jedoch auf Unumkehrbarkeit.

Tatsächlich weisen fast alle föderal organisierten Industriestaaten – z.B. die USA, Deutschland, Österreich, die Schweiz und Australien – eine langfristige Zentralisierungstendenz auf, die sich auch in den letzten Jahrzehnten fortgesetzt hat. Dabei ist es gleich, ob man die Entwicklung der Ausgabenanteile oder die verfassungsmäßigen Kompetenzübertragungen betrachtet. Karl-Hermann Flach hat darin – wie Johannes Popitz in der Weimarer Zeit – „gewisse Gesetzmäßigkeiten des Industriezeitalters" gesehen. „Die großen wirtschafts- und gesellschaftspolitischen Fragen unserer Zeit, die Stabilität von Wirtschaft und Währung, der soziale Ausgleich" usw. seien „nur im übergeordneten Rahmen zu lösen". Dagegen spricht, daß der Bundesstaat Kanada seit über hundert Jahren ein Beispiel für fortschreitende Dezentralisierung ist. Es kommt auch auf die Institutionen und die Verfassung an.

Vielleicht liegt hier auch ein Versäumnis der deutschen neoliberalen

Ökonomen. Sieht man einmal von Wilhelm Röpke ab, der nach dem Krieg vor einer zentralistischen Verfassung warnte und später die wirtschaftspolitische Zentralisierung in der Europäischen Wirtschaftsgemeinschaft kritisierte, so haben die meisten sich doch darauf beschränkt, eine Theorie der Ordnungspolitik zu entwickeln, die die optimalen wirtschaftspolitischen Rahmenbedingungen – weshalb eigentlich nicht zentrale? – bestimmt, ohne zu fragen, wie eine solche freiheitliche Wirschaftsordnung politisch-konstitutionell abgeleitet und abgesichert werden kann. Eine Theorie der Politischen Ökonomie, wie sie in den angelsächsischen Ländern entwickelt worden ist, fehlte in Deutschland von Anfang an und wurde von den deutschen Neoliberalen auch später kaum rezipiert.

Regierungsbeteiligung der FDP

Sept. 1949 bis Dez 1993	Dauer in Jahren (gerundet)	Prozent
Bundesregierung	37	84,6
Rheinland-Pfalz	27	59,9
Berlin	25	57,4
Hamburg	25	55,7
Nordrhein-Westfalen	22	49,3
Bremen	22	49,2
Saarland	20	45,6
Schleswig-Holstein	20	45,6
Hessen	16	35,4
Niedersachsen	16	35,2
Baden-Württemberg	16	35,0
Bayern	8	18,1
alte Bundesländer	20	44,2
ab Okt. 1990:		
Brandenburg	3	100,0
Mecklenburg-Vorpommern	3	100,0
Sachsen	0	0,0
Sachsen-Anhalt	3	100,0
Thüringen	3	100,0
Bundesländer insgesamt:		
ab Sept. 1949		45,3
ab Okt. 1969		32,4

Während die FDP seit Gründung der Bundesrepublik fast 85 Prozent der Zeit an der Bundesregierung beteiligt war, bringt sie es in den Ländern nur auf 45 Prozent. (Die unterschiedliche Größe der Länder ist dabei nicht berücksichtigt.) In allen alten Bundesländern beträgt der Anteil weniger als 60 Prozent, in Bayern sogar nur 18 Prozent. Noch größer ist die Diskrepanz seit dem Beginn der sozialliberalen Koalition im Oktober 1969: während die FDP an allen Bundesregierungen beteiligt war, regierte sie in den Ländern noch nicht einmal ein Drittel der Zeit.

Spätscholastische und österreichische Ursprünge im ökonomischen Denken des modernen Katholizismus *)

von Reverend Robert A. Sirico, C.S.P.

Der nachfolgende Beitrag von Reverend Sirico scheint auf den ersten Blick wenig mit unserem Generalthema, der menschenverachtenden Diktatur des Wohlfahrtsstaates, zu tun zu haben. Doch der aufmerksame Leser wird feststellen, daß dieser erste Eindruck trügt. Der rote Faden, den Robert Sirico von der Spätscholastik über die Österreichische Schule der Nationalökonomie bis zur Enzyklika Centesimus Annus (von 1991) zieht, hat als gemeinsamen Nenner zwar den Ausweis der Irrtümer des Sozialismus, doch nahezu alle aufgezeigten Parallelen lassen sich ebensogut gegen den wohlfahrtsstaatlichen Aberglauben des ausgehenden 20. Jahrhunderts kontrastieren. Noch sind die Ausführungen Papst Paul Johannes II. gegen das, was er den „sozialen Unterstützungsstaat" nennt (C. A., Nr. 48), nicht so eindeutig und scharf ablehnend formuliert wie seine Antithesen gegen den manifesten Sozialismus, die wohl unter dem Eindruck des weltweiten Zusammenbruchs der sozialistischen Elendsstaaten entstanden sein mögen. Wenn jedoch Arbeiten wie die vorliegende des katholischen Priesters Sirico bei der Kurie nicht unbemerkt bleiben, besteht Hoffnung, daß demnächst auch die lehramtliche Weisheit Roms zur Erkenntnis der stringent liberalen Politischen Ökonomie gelangen könnte: daß es sich nämlich beim Wohlfahrtsstaat nur um einen Sozialismus in demokratischer Mogelpackung handelt.

Der Herausgeber

---

*) Der Essay ist der Erstabdruck – und darüberhinaus die erste und einzige deutsche Übersetzung – eines Vortrags, den Rev. Sirico vor der Mont Pèlerin Society in Kapstadt, Südafrika (Sept. 1995) gehalten hat. Übersetzung: Dr. Mara Huber, Freiburg. Aus Gründen der termingerechten Publikation wurden (englische) Zitate aus deutschen Quellen nicht aus dem Original übernommen, sondern nach dem englischen Wortlaut rückübersetzt.

Im Vorwort eines bahnbrechenden Werkes über das ökonomische Denken der Spätscholastik (Chafuen 1985) spricht der Philosoph und Nationalökonom Michael Novak von einer Verbindung zwischen der Österreichischen Schule in der Nationalökonomie und der damals einsetzenden Betonung von Wirtschaftsunternehmen und Betriebswirtschaft im Katholizismus. Durch das Auseinandersetzen mit dem Denken der Spätscholastiker, schreibt Novak, „wird die katholische Kirche ein tieferes Verständnis ihrer eigenen ökonomischen und auch politischen Tradition gewinnen". In katholischen Regionen wie Lateinamerika, fährt er fort, „scheint die Österreichische Schule noch mehr zu bedeuten" als die Anglo-Amerikanische Tradition. Er sagt voraus, in den kommenden Jahren werde diese Verbindung der Österreichischen Schule mit den „vernünftigen Beobachtungen der Spätscholastiker von Salamanca" ein wichtiges Ereignis im Katholizismus sein.

Dies wurde mehrere Jahre vor Erscheinen der Enzyklika *Centesimus Annus* geschrieben, der vollständigsten und am weitesten entwickelten Darstellung päpstlichen ökonomischen Denkens in der nachkonziliaren Ära. Wichtige Abschnitte dieses Dokuments enthalten eine wohlwollende Darstellung der Marktwirtschaft, eine bedingte Befürwortung von Institutionen, die die Marktwirtschaft von der sozialistischen und von gemischten Wirtschaftsformen unterscheiden, und eine überraschend spezifische Exegese über Eigenschaften des Marktes, die besonders gut mit der katholischen Moral- und Soziallehre harmonisieren. Mehr denn je ist das ökonomische Denken des modernen Katholizismus zu seinen spätscholastischen Ursprüngen zurückgekehrt. Beide sehen im Zentrum des Wirtschaftslebens Institutionen wie Unternehmertum, menschliche Initiative, das Preissystem, Güteraustausch, Privateigentum, Arbeitsteilung und Vertragsfreiheit. Doch anders als stärker positivistische Schulen des ökonomischen Denkens verliert der moderne Katholizismus nie die handelnde Person als zentralen Punkt und treibende Kraft des Wirtschaftslebens aus den Augen – den subjektiven Willen und die Folgen der Vermischung mit der Tatsache der Ressourcenknappheit. Diese Hochschätzung der handelnden Person ist mit Skepsis gegenüber der Ausübung staatlicher Macht verbunden.

Bei der Analyse dieses katholischen ökonomischen Denkens beginnen wir nun mit einem Abriß des volkswirtschaftlichen Denkens in der Spätscholastik, seiner wichtigsten Denker und Themen sowie seines Beitrages zu unserem Verständnis über Volkswirtschaft und Wirtschaftspolitik. Dann entwickeln wir die von Novak im Ansatz gegebene These, daß die Österreichische Schule mit ihrer Betonung auf Subjektivität und Wahlfreiheit die Übertragung eines Komplexes von Gedanken ermögliche, der die Verbindung zwischen alter und neuer katholischer Volkswirtschaft schlüssig, beachtenswert und stark mache. Schließlich zeigen wir das Wiederauftauchen dieser Ideen in der modernen katholischen Nationalökonomie anhand der päpstlichen Enzyklika *Centesimus Annus* von 1991, wo sie am weitesten entwickelt sind. So wollen wir eine intellektuelle Tradition nachzeichnen, die in der Scholastik (und ihrem Erbe an christlichen und antiken Traditionen) beginnt, zum ökonomischen Denken der Spätscholastiker weiterführt, Ende des 19. Jahrhunderts in Wien wieder auflebt (in den Schriften von Menger und Brentano) und unter der Führung des Papstes Karol Wojtyla wieder in die moderne katholische Soziallehre integriert wird.

Das Ziel der Scholastik in der Tradition Thomas von Aquins war, ein logisch-philosophisches Gedankengebäude zu errichten, das auf einem katholischen Weltverständnis aufbaute, dem Naturrecht große Bedeutung beimaß und für ein breites Spektrum wissenschaftlicher und sozialer Fragen anwendbar war. Dieses ehrgeizige Unterfangen bot scholastischen Theoretikern Gelegenheit, Themen zu untersuchen, die heute zur Volkswirtschaft gehören, zum Beispiel Eigentum, Handel, Geld, Zinsen, Preise und Schaffen von Wohlstand. Die Scholastiker waren mit der generellen katholischen Soziallehre einig darin, daß man die Vorlieben, Ziele, Sichtweisen und Absichten der wirtschaftlich Handelnden reflektieren müsse und beobachten müsse, wie diese sich auf eine materielle Welt begrenzter Ressourcen auswirkten, um Volkswirtschaft zu verstehen: „Der Wert wirtschaftlicher Güter ist das, was vom Menschen verwendet wird", schreibt Thomas von Aquin. (zitiert in Rothbard, S. 53) Ausgehend von dieser Grundlage in der menschlichen Erkenntnis und Verwendung wurde das thomistische ökonomische Denken im Lauf der Jahrhunderte immer mehr verfeinert und immer liberaler, bis hin zur Schule von Salamanca, das im 16. Jahrhundert ein wichtiges Zentrum der Bildung und des Handels war.

Die Vorgeschichte der Spätscholastik baut auf dem ökonomischen

Denken Thomas von Aquins auf und beginnt mit dem Franziskaner
Bernhardin von Siena (1380–1444). Bernhardin hob den Status des Ge-
schäftsmannes auf ein höheres moralisches Niveau als frühere Theoretiker. Den Unternehmer, sagte er, kennzeichnen Fleiß (*industria*), Verantwortung (*solicitudo*), Mühen (*labores*) und die Übernahme von Risiken
(*pericula*). (Rothbard, S. 80) Bernhardin hatte Petrus Johannis [Anm. d.
Ü.: nicht Johannes!] Olivi (1248–98) gelesen und meinte auch, daß wirtschaftlicher Wert aus drei Faktoren resultiere: Seltenheit (*raritas*), Nützlichkeit (*virtuositas*) und Gefälligkeit (*complacibilitas*). (Rothbard, S. 60)
Diese Themen, insbesondere mit der Betonung der Bewertung durch den
Menschen und des Unternehmertums, wurden von späteren Scholasti-
kern aufgegriffen und erscheinen wieder in der Österreichischen Schule
um Carl Menger und in der modernen katholischen Nationalökonomie.
Am Übergang von Thomas und Bernhardin zu den Spätscholastikern
steht Thomas De Vio, Kardinal Cajetan (1468–1534), der in seiner Abhandlung von 1499 über Devisen (*De Cambiis*) die aktuellste monetäre
Theorie seiner Zeit darstellte und zeigte, daß Geld den Gesetzen von Angebot und Nachfrage unterliegt. Kardinal Cajetan gilt als Begründer der
Erwartungstheorie in der Volkswirtschaft, die die Zukunftserwartungen
der Menschen in die Auffassung von ökonomischem Wert einbezieht.
(Rothbard, S. 101) Von Italien und Cajetan führt die Entwicklung weiter
nach Salamanca und zum Begründer der dortigen Volkswirtschaft, dem
Dominikaner Francisco de Vitoria (1485–1546). Vitoria schrieb zwar
keine Abhandlung, hielt jedoch Vorlesungen über die thomistische Mo-
rallehre. Wie andere Scholastiker sah er den „gerechten Preis" als den
gängigen Marktpreis. Bei ungewöhnlichen Gütern sah er jeden Preis als
gerecht an, auf den sich Käufer und Verkäufer einigten. (Rothbard,
S. 103)
    Vitorias dominikanischer Schüler Domingo de Soto (1494–1560)
gehörte zu den angesehensten Juristen und Intellektuellen seiner Zeit.
Seine Preistheorie war weniger liberal als die einiger seiner Vorläufer,
doch auch er schrieb: „Der Preis von Gütern wird nicht durch ihre Natur bestimmt, sondern durch das Maß, in dem sie den Bedürfnissen der
Menschheit dienen". (Rothbard, S. 103) Außerdem sah er es als „Naturrecht" eines Menschen an, „die Dinge, die er rechtmäßig besitzt, in jeder
gewünschten Weise zu verschenken oder zu übertragen". (Chafuen 1986,

S. 60) Über Geld schrieb de Soto, „es sollte das Naturrecht nachahmen, immer stabil und fest". (Chafuen 1986, S. 79) Vitorias anderer dominikanischer Student war Martin de Azpilcueta Navarrus (1493–1586), der als bedeutendster Kirchenrechtler seiner Zeit gilt. Er entwickelte eine klare und logische Ablehnung aller Preiskontrollen in Form von Ober- oder Untergrenzen und eine ebenso klare Theorie, daß der Wert des Geldes sich umgekehrt proportional zur Geldmenge verhält, die in der Volkswirtschaft verfügbar ist. „Jede Ware wird teurer, wenn die Nachfrage groß und das Angebot klein ist". (Rothbard, S. 106) Ein weiterer Zeitgenosse De Sotos und Azpilcuetas war der Franziskaner Juan de Medina (1490–1556), der im Collegium von Alcala lehrte. Seine Ansichten über das Erheben von Zinsen (er hielt es für zulässig, um das Risiko des Verlustes von Geld zu kompensieren) waren ebenfalls liberaler als die seiner Vorgänger und beachtenswert in einer Zeit, als die Verwirrung um Zinssätze und Wucher ein ständiger Makel in einem sonst markt- und eigentumsfreundlichen Denken war. Medina meinte außerdem, für das Seelenheil müsse man der Bindung an Besitz entsagen, nicht aber dem Besitz selbst. (Chafuen 1986, S. 45)

Die mittlere Generation von Salamanca beginnt mit Covarrubias Leiva (1512–1577), der in seinem *Variarum* (1554) argumentierte, wirtschaftlicher Wert richte sich nach dem Nutzwert von Gütern und ihrer Knappheit am Markt. „Der Wert eines Gegenstandes hängt nicht von seiner wesentlichen Natur ab", schrieb Covarrubias, „sondern von der Wertschätzung der Menschen, selbst wenn diese Wertschätzung närrisch ist". (Rothbard, S. 110) Der Dominikaner Tomas de Mercado. (gest. 1585) sammelte auf seinen weiten Reisen praktisches Geschäftswissen über Devisenkurse. Aufgrund des Gedankens, daß Geldwert von Nutzen und Verfügbarkeit abhängt, sprach er sich für liberale Devisengesetze aus. Außerdem war er ein entschiedener Befürworter von Privateigentum. Staatliches Eigentum, schrieb er, „leidet durch unzulängliche Pflege und noch schlechtere Verwaltung": „Wenn sich die Menschen nicht aus allumfassender Liebe um die Dinge kümmern, dann aus privatem Interesse". (Chafuen 1986, S. 50) Ebenfalls zur mittleren Generation gehört Francisco Garcia. Auch er betonte das subjektive Element in den Preisen. „Preise spiegeln die Meinung der Menschen", schrieb er, und „die menschliche Meinung beherrscht die Preise vollständig". (Chafuen 1986,

S. 103) So kann ein Buch für eine Person „von großem Wert und Preis"
sein, für jemand anderen hingegen „von geringem Wert, und für andere
ist sein Wert Null. Und das gleiche geschieht mit allen Produkten".
(Chafuen 1986, S. 102)

Die jüngste Generation in Salamanca wurde angeführt von dem
Dominikaner Domingo de Baquez de Mondragon (1527–1604), einem
Freund und Beichtvater der hl. Theresia von Avila. Er war ein Befürworter des Privateigentums in der Tradition des Aristoteles: „Wir wissen,
daß die Felder in gemeinsamem Besitz nicht ausreichend gefüllt sein
werden, und daß es keinen Frieden im Gemeinwesen geben wird ...
(Chafuen 1986, S. 54) Ein anderer Theoretiker dieser Schule war Luis de
Molina, ein Jesuit und aus tiefer Überzeugung liberaler Nationalökonom, der sich für Privateigentum, Vertragsfreiheit und freie Bewegung
von Preisen, Geld und Devisen einsetzte. Molina war außerdem gegen
jede Festsetzung von Preisen, denn es sei „nicht vernünftig, zu erwarten,
daß die Preise die gleichen sind, wenn die Ware knapp ist, wie wenn sie
reichlich verfügbar ist". (Chafuen 1986, S. 108)

Francisco Suarez (1548-1617) war daran gelegen, die Idee des Naturrechts auf Privatbesitz zu fördern und die thomistische Lehre wiederzubeleben, die im Gegensatz zur Theorie vom Gottesgnadentum besagt,
daß die Macht eines Herrschers in jedem Staat „ihm notwendig durch die
Zustimmung der Gemeinschaft übertragen werden muß". (Rothbard,
S. 116)

Die Theorie von der Zustimmung der Beherrschten griff der radikal-
ste Liberale der Spätscholastiker, Juan de Mariana (1536-1624) auf, ein
Jesuit aus der Schule von Alcala, der in Rom und Paris lehrte. „Wenn
wir zu unserem Wohlergehen jemanden brauchen, der uns regiert",
schrieb er, „sind wir es, die ihm die Macht verleihen müssen, statt daß
er sie uns mit seinem Schwert aufzwingt". (Chafuen 1986, S. 65) Mariana verurteilte Besteuerung, Arbeitsbeschaffung, Kriege, Umverteilung
zum Nachteil der Erfolgreichen, und Politiker allgemein: „Sie ziehen
Privatvermögen ab", „Jeden Tag legen sie neue Steuern auf"; „Wie
traurig ist es für das Gemeinwesen, und wie empörend ist es für gute
Menschen, zu sehen, wie Mittellose, die in die öffentliche Verwaltung
eintreten, im öffentlichen Dienst reich und fett werden". (Chafuen 1986,
S. 64–65)

Über Preise und ihre Funktion bei der Entstehung von Gewinnen und Verlusten im Geschäft schrieb der Jesuit Leonhard Lessius (1554–1623), der von den Theoretikern in Salamanca lernte, aber dort nie lehrte. Preise richten sich nicht nach den Produktionskosten, sondern nach der Verbrauchernachfrage, die wiederum über Gewinne oder Verluste bestimmt. „Doch wenn die Auslagen des Händlers größer waren", schrieb Lessius, „ist das sein Pech, und der gängige Preis kann nicht deshalb erhöht werden, ebenso wie er nicht gesenkt werden muß, selbst wenn er gar keine Auslagen hatte. Dies ist die Lage des Händlers; ebenso, wie er Gewinn machen kann, wenn er wenig Auslagen hat, kann er Verlust machen, wenn seine Auslagen sehr hoch oder außergewöhnlich sind". (Rothbard, S. 123) Lessius' Subjektivismus ging so weit, daß er den „seelischen Gewinn" der Arbeit entdeckte: „Wenn die Arbeit sozialen Status und Vorteile mit sich bringt, kann die Bezahlung gering sein, denn Status und die damit verbundenen Vorteile sind sozusagen ein Teil des Lohns". (Rothbard, S. 124) Lessius rechtfertigte auch Zinsen für verliehenes Geld (Wucher). Schließlich präsentierte der jesuitische Kardinal Juan de Lugo (1583-1660) die vollständige Theorie des wirtschaftlichen Wertes: Es ist nicht der innere Wert einer Ware, sondern ihr Nutzen für die Menschen und ihre Knappheit. Mais ist zum Beispiel nützlicher als Schmuck, aber weniger teuer; das liegt daran, daß die subjektive Wertung durch die Menschen sich vom objektiven Nutzwert unterscheidet. Wäre Mais knapp genug und Schmuck in Massen verfügbar, so könnten sich die Preise umkehren.

Außer den 13 hier erwähnten angesehenen Gelehrten gab es viele andere Intellektuelle, die ähnlich dachten. Insgesamt ist die Schule von Salamanca als eine wichtige Episode in der Geschichte des volkswirtschaftlichen Denkens anzusehen; hier begann eine Tradition der volkswirtschaftlichen Theorie, die eine genauere Untersuchung verdient. Allein für diese Leistung sind die Gelehrten von Salamanca bemerkenswert. Doch Joseph Schumpeter geht in seiner „History of Economic Analysis" noch weiter: „Innerhalb ihrer moraltheologischen Systeme gewann die Nationalökonomie eine definitive, wenn nicht getrennte Existenz", schreibt er, „und sie kommen näher als jede andere Gruppe daran, die ‚Begründer' der Ökonomie als Wissenschaft zu sein. Und nicht nur das: Es hat sogar den Anschein, daß die Grundlagen, die sie für ein brauch-

bares und gut integriertes analytisches Instrumentarium schufen, solider
waren als viele nachfolgende Arbeiten, in dem Sinn, daß ein erheblicher
Teil der Ökonomie des späteren 19. Jahrhunderts von diesen Grundlagen
aus schneller und weniger mühevoll hätte entwickelt werden können...,
und daß einige jener späteren Arbeiten ein zeit- und arbeitsaufwendiger
Umweg waren". (Schumpeter, S. 97)

Die auffälligste Verbindung zwischen den Spätscholastikern und der
Österreichischen Schule des späten 19. Jahrhunderts (die die spätscho-
lastische Tradition nach Schumpeters Ansicht unwissentlich wieder auf-
leben ließ) ist die Theorie des wirtschaftlichen Wertes. Der Wert jeder
Ware – und das schließt auch Dienstleistungen ein – liegt nicht in den objektiven Eigenschaften der Ware selbst, sondern darin, wie die Menschen
die Ware persönlich sehen. D. h., wirtschaftlicher Wert ergibt sich aus individuellen Eindrücken und Absichten und ist letztlich subjektiv. Die
subjektive Werttheorie ist nützlich für die Auflösung von Paradoxen, etwa Lugos Paradox über den Preis von Mais oder das Paradox über den
Preis von Diamanten und Wasser, das Adam Smith viel später formulier-
te, aber nicht auflöste.

Die Bedeutung dieser Erkenntnis geht jedoch weit über die Entstehung von Preisen hinaus. Wenn man wirtschaftlichen Wert als etwas versteht, das in der denkenden und handelnden Person entsteht, ist man
gegen die Idee gefeit, Preise und Pläne könnten besser von außen festgesetzt werden – zum Beispiel von Staaten –, als von den wirtschaftlich
handelnden Individuen selbst. Die Volkswirtschaft „funktioniert", solange die individuellen Absichten der Menschen sich durch Unternehmertum und Güteraustausch verwirklichen lassen, ohne daß Dritte inter-
venieren, um neue Werte und Prioritäten durchzusetzen.

Die Spätscholastiker stellten das individuelle menschliche Denken ins
Zentrum ihrer Analyse und lehnten utopische Phantasien von der Änderung des Naturrechts zugunsten einer anderen Weltsicht ab. Dadurch
schufen sie eine Nationalökonomie, die gleichzeitig theozentrisch und
anthropozentrisch ist. Wie alle weltliche Philosophie muß die Nationalökonomie Gott zum Zentrum haben, denn die Welt ist Gottes Schöpfung, und die Person ist nach dem Bilde Gottes geschaffen; ebenso
reflektieren die schöpferischen Absichten und Ziele des Menschen in
gewisser Weise die schöpferischen Absichten Gottes. Eine Gemeinschaft

aus wirtschaftlich handelnden Individuen entsteht nicht dadurch, daß ein mysteriöser Plan von außen her durchgesetzt wird; sie entsteht dadurch, daß handelnde Individuen die materielle Welt mit ihren Werten prägen und zusammenarbeiten, um die sie umgebende Welt zu verbessern. Ein Versuch der Staatsmacht, diese natürliche Ordnung des Unternehmens zu stören – durch Preiskontrollen, Abschaffung des Privateigentums, exzessive Ausgaben, monetäre Ungezügeltheit und dergleichen – setzt sich über die Absichten der Beteiligten hinweg, schafft Ungleichgewichte und dient nicht der Gerechtigkeit.

Dies ist in groben Zügen die ökonomische Theorie der Spätscholastik. Viel davon wurde Jahrhunderte später, in der sogenannten Marginalen Revolution im nationalökonomischen Denken, unwissentlich wiederbelebt. Die Marginale Revolution kam als Alternative zur Englischen Schule der Politischen Ökonomie und zu den zunehmend dirigistischen Tendenzen auf dem europäischen Festland. Die Österreichische Schule war dem äußeren Anschein nach rein weltlich; dennoch kam sie zu den gleichen Schlüssen über die Natur des wirtschaftlichen Wertes und über die prinzipielle Funktionsfähigkeit des freien Güteraustausches an Märkten. Ihr Gründer und berühmtester Vertreter, Carl Menger (1840–1921), kam zum gleichen Schluß über die Natur des wirtschaftlichen Wertes wie die Spätscholastiker. „Wert ist also nichts, das den Gütern selbst anhaftet, es ist auch keine Eigenschaft der Güter", schrieb Menger, „sondern er entsteht ausschließlich aus der Bedeutung, die wir vor allem der Befriedigung unserer Bedürfnisse beimessen, d. h. unserem Leben und Wohlergehen, die wir dann auf Wirtschaftsgüter übertragen und meinen, sie seien der einzige Grund dieser Bedeutung". (Cubeddu, S. 66) Außerdem war Menger, modern ausgedrückt, ein methodologischer Individualist: Er sah das handelnde Individuum als die relevante Einheit, die man braucht, um das Wirtschaftsleben zu begreifen. (Cubeddu, S. 77–85) Es sind die Absichten und Ziele des Individuums, nicht des Staates oder Kollektivs, die brauchbare Erklärungen für die Welt um uns offenbaren. Die Analyse des Individuums ermöglicht Schlüsse für die Gesamtgesellschaft, weil die Gesellschaft aus handelnden Individuen besteht. Für die Österreichische Schule „war die Maximierung des individuellen Nutzens kein Dogma, sondern ein Instrument, um Vorteile für die Gesellschaft als Ganzes zu gewährleisten". (Cubeddu, S. 206)

Carl Mengers Arbeit legte in der Österreichischen Schule das Fundament für ein Gedankengebäude, das sich im 20. Jahrhundert bei Ludwig von Mises und F. A. Hayek und bei Nationalökonomen wie Eugen von Böhm-Bawerk, Wilhelm Roepke, Ludwig Lachmann, Israel Kirzner und Murray Rothbard weiterentwickelte. Sie betonte „die unüberwachbare Komplexität ökonomischer Phänomene", „die Undurchführbarkeit makroökonomischer Planung" und des Sozialismus, und sie sieht den Markt als „Prozesse, die vor allem von Änderungen in der Wahrnehmung, den Erwartungen und der subjektiven Wertung bei den handelnden Personen getrieben werden". (Smith, S. 299) Ein entscheidender Faktor des subjektiven Wertungsprozesses ist die Frage, wie die handelnde Person die Zeit selbst wertet. Das Maß, in dem Individuen ihr Tun vorausplanen, ist sehr unterschiedlich. Ob handelnde Personen Ersparnisse haben, und wenn ja, in welcher Höhe, ist nur ein Ausdruck subjektiver Bewertung. Menschen haben unterschiedliche Zeithorizonte, und dies muß eine Erklärung ökonomischer Phänomene berücksichtigen.

Wie bei den Spätscholastikern gilt das Hauptaugenmerk der Österreichischen Schule den Absichten und Zielen des Individuums, und beide Schulen zeigen große Achtung vor dem Unternehmertum und wenig Begeisterung für den Einsatz von Macht gegen das natürliche Funktionieren des wirtschaftlichen Austauschs. Menger war zum Beispiel ein aktiver politischer Liberaler im klassischen Sinn; er war bestrebt, staatliche Einmischungen in die Wirtschaft zu verhindern, wo immer möglich, und vertrat die volkswirtschaftliche Notwendigkeit von Privateigentum, Handel und Güteraustausch, Unternehmertum und stabilem Geld. Mises und Hayek verwendeten einen großen Teil ihres Forschungsprogramms darauf, die Behauptung zu kritisieren und schließlich abzulehnen, daß die Wünsche zentraler Planer die soziale Ordnung ebenso effektiv organisieren könnten wie die Wünsche von Personen im freien Austausch des Marktes. Besonders Hayek argumentierte, ökonomische Freiheit sei wesentlich für eine demokratische Gesellschaft, und es sei tollkühn, zu glauben, Sozialismus könne ohne den autoritären Staat existieren. (Cubeddu, S. 201-234)

Eine weitere Gemeinsamkeit der Österreichischen Schule ist eine von der Methode her individualistische und subjektivistische Sicht des Handelns, die voraussetzt, daß Zielgerichtetheit und Absicht das Grundmotiv der Entscheidungen am Markt sind. Ursache und Wirkung sind am Markt nicht anders als in der Gesellschaft allgemein; es gibt keinen Überbau anonymer gesellschaftlicher Kräfte, die eine Evolution abseits der Bewertung durch das Individuum vorantreiben; soziale Bewertung geschieht durch Millionen einzelner Berechnungen, Entscheidungen und Handlungen, die den Eindruck einer Ordnung von oben erwecken. – Diese humanistische Sicht stand im Gegensatz zu vielen positivistisch denkenden Zeitgenossen der Österreichischen Schule; sie sahen die Volkswirtschaft als Maschine, die es zu manipulieren galt, und die Akteure am Markt als ebenfalls reagierende statt treibende soziale Kräfte. Wilhelm Roepke versucht, seine Sichtweise der Volkswirtschaft von der dirigistischen und positivistischen zu unterscheiden, indem er von der „humanen Ökonomie" spricht: Sie beruht auf dem Schutz der menschlichen Freiheit, der Garantie einer stabilen Gesellschaftsordnung und der Achtung vor den Bewertungen und Absichten der handelnden Personen.

Wenn wir aber die These plausibel machen wollen, daß die Ideen der Österreichischen Schule und der Spätscholastiker in Zusammenhang gebracht werden sollten, können wir dann auch einen Übergangsmechanismus zeigen, der Licht auf die Wiederbelebung dieser Ideen im späten 19. Jahrhundert wirft? Menger war zwar Aristoteliker, aber kein bekennender Katholik, und der Katholizismus in Rom schien sich vom klassischen Liberalismus abzuwenden. Gibt es also eine Figur, die Carl Mengers Nationalökonomie mit der Wiederbelebung spätscholastischer Gedanken verbindet und ihre Einbeziehung in die katholische Soziallehre rechtfertigt?

Franz Brentano (1838–1917) war ein Zeitgenosse Mengers und einer der einflußreichsten österreichischen Philosophen, wie sein wichtigster Biograph, der Menger-Schüler Barry Smith schreibt. (Smith, S. 20) Brentano studierte in Deutschland Philosophie, zunächst bei dem angesehenen Aristoteliker Adolf Trendelenburg, dann in Würzburg. 1864 wurde er zum Priester geweiht. Neun Jahre später verließ er das Priesteramt, „zum Teil infolge von Schwierigkeiten, das Dogma der päpstlichen Unfehlbarkeit zu akzeptieren". (Smith, S. 20) Er zog nach Wien und lehrte an der dortigen Universität 20 Jahre lang Philosophie und Psychologie. Doch 1888 wurde er durch Intervention des Kaisers praktisch gezwun-

gen, sein Amt niederzulegen: Brentano hatte inzwischen geheiratet, und
daß ein Ex-Priester dies tat, verstieß gegen die akademische Wohlanstän-
digkeit in dieser Gesellschaft, die kulturell vom Katholizismus geprägt
war. 1896 zog Brentano nach Florenz und später nach Zürich, wo er
starb.

Als katholischer Priester hatte Brentano Verständnis und eine Vorliebe
für die Scholastik und ihre aristotelischen Wurzeln; die Einflüsse Kants
und der deutschen Idealisten mied er in seiner Arbeit. (Smith, S. 17) So
sollte es uns nicht überraschen, daß Brentano der wichtigste Verfechter
der „Lehre der Intentionalität" unter den Wiener Philosophen war. In
„einer der einflußreichsten Passagen in der gesamten zeitgenössischen
Philosophie" (Smith) schreibt Brentano: „Jedes geistige Phänomen ist
gekennzeichnet von dem, was die Scholastiker des Mittelalters die inten-
tionale (oder geistige) Nichtexistenz eines Objekts nannten, und was
wir ... immanente Objektivität nennen könnten. Jedes geistige Phänomen
schließt etwas als Objekt in sich selbst ein, doch nicht jedes auf die
gleiche Weise. Bei der Darstellung wird etwas dargestellt, beim Urteil
wird etwas bejaht oder verneint, bei der Liebe geliebt, beim Haß gehaßt,
beim Begehren begehrt und so fort". (zitiert bei Smith, S. 36)

Brentanos Aussage betont die psychologische, nicht die ökonomische
Dimension der individuellen Wertung, doch sie harmoniert gut mit dem
österreichischen Begriff der Intentionalität (Handeln erfolgt auf ein Ziel
hin), der in dieser Tradition zentral ist. Brentano unterscheidet drei Arten von Intentionalität. Darstellungen, bei denen der Denkende sich des
Objekts bewußt ist; Urteile, bei denen die Existenz eines Objekts bejaht
oder verneint wird; und Phänomene, an denen der Denkende ein positi-
ves oder negatives Interesse hat – eine Form von Intentionen, die zu
unserer Erkenntnis von Gut und Böse führt. (Smith, S. 46–47) So, wie
ein wirtschaftlich handelnder Mensch für die Spätscholastiker und die
Österreicher individuell wertet und aufgrund dieser Wertung handelt, so
wertet der Denkende für Brentano die Güte der Intention in einem subjektiven Prozeß. In beiden Fällen kommen die Daten, die die Person
zum Verständnis der Welt braucht, aus ihrem eigenen Inneren und von
ihrer Erfahrung und Wahrnehmung der Welt. (Grassl, S. 151)

Menger führte die Österreichische Schule der subjektiven Wertung
innerhalb der Juristischen Fakultät der Wiener Universität an, wo die

Volkswirtschaftler lehrten. Brentano führte die sogenannte Zweite Österreichische Schule der Werttheorie innerhalb der Philosophischen Fakultät an. Seine Vorlesungen waren „enorm beliebt und wurden regelmäßig von Studenten von anderen als der philosophischen Fakultät gehört". (Fabian, S. 39) Beide waren Subjektivisten, beide waren Aristoteliker (Menger hat Aristotcles mehr zitiert als jeder andere Philosoph), und Brentano war ein erklärter Verfechter des scholastischen Intentionalismus. Das Wiener Milieu war zu der Zeit, als Menger und Brentano dort lehrten und schrieben, geprägt von diesem scholastisch-subjektivistischen Verständnis menschlichen Handelns. In späteren Jahren studierte Menger – einer Quelle zufolge (Fabian, S. 83) – die Werke von Brentano eingehend, um seine eigene Theorie der ökonomischen Methode abzurunden.

Für beide Schulen setzt Handeln (ob wirtschaftlich oder in der reinen Form des Denkens) eine Wertung voraus, und diese Wertung ist untrennbar von der Person. Werte sind nicht Eigenschaften von Objekten, sondern Produkte des Denkens. Wert ist in der Einstellung des Subjekts begründet. Für die Schule um Brentano führte diese Erkenntnis zu Husserls Phänomenologie, die wiederum das neoscholastische Denken im nachkonziliaren Katholizismus beeinflußt hat. Für die Schule um Menger führte diese Erkenntnis zu einer ambitiösen Neufassung der ökonomischen Theorie und schließlich zur allgemeinen Ablehnung aller Formen von Zentralplanung und Sozialismus zugunsten von Freiheit, Privateigentum und dezentraler Durchsetzung von Gesetzen als Grundlage für ein Wirtschaftssystem. Beide sehen Sozialwissenschaft nicht wie die modernen Positivisten als ein Unterfangen, um Prophezeiungen zu machen, sondern als einen Prozeß, der Erkenntnisse über die Natur des menschlichen Erkennens und Handeln erbringt. In diesem Sinn sucht Sozialwissenschaft nicht nach Konstanten, die automatisch wirken, gleichsam unabhängig von menschlichen Entscheidungen, sondern nach allgemeinen Mustern sozialer Entwicklung, die als Folgen menschlichen Handelns in einer Welt der Knappheit auftreten.

Hierin liegt die Verbindung zwischen Mengers Ökonomie und Brentanos Psychologie und ihrem späteren Höhepunkt in der Soziallehre des nachkonziliaren Katholizismus. Im Mittelpunkt steht die handelnde Person und ihr Einwirken auf die Welt; und dies beruht nicht auf objektiv

definierten, äußeren Werten, sondern auf inneren Werten, die vor allem
von den Handelnden selbst begriffen werden. Für beide Traditionen läßt
sich die Motivation des Handelns nicht auf eine Kategorie wie „Habgier" oder „Eigeninteresse" verkürzen; Gegenstand des Forschens ist
nicht der wirtschaftliche Mensch, sondern der zielgerichtet handelnde
Mensch. Diese Tradition des österreichischen Denkens gedieh weitgehend unabhängig von der klassischen Schule der Nationalökonomie, die
mit den Jahren zunehmend positivistisch wurde und sich im Lauf des
Jahrhunderts vom Naturrecht und auch von der Analyse des Individuums entfernte. Die Schlüsse der Österreicher über Ökonomie und
Politik ähneln denen der Spätscholastiker in vielen verschiedenen Bereichen: der Natur des Wertes, der Gutheit von Handel und Güteraustausch, der Richtigkeit von Privateigentum als gesetzlicher Grundlage
der Gesellschaftsordnung, der Bedeutung einer stabilen Währung und
der Schädlichkeit von Eingriffen des Staates in die Gesellschaft. Die
Österreichische Schule in der Nationalökonomie entwickelte sich getrennt von der sozialistischen und an zentraler Planung orientierten
Mentalität der marxistischen, keynesianischen und neokeynesianischen
Traditionen.

Man könnte einwenden, daß ein Grundzug der Österreichischen
Schule (sowohl in ihren psychologischen als auch in den ökonomischen
Schriften) der methodologische Individualismus ist. Die katholische
Soziallehre hingegen geht von einem familienorientierten Modell des
Christentums aus, das Gott als Vater sieht, Christus als Sohn Gottes und
die Kirche als Braut Christi; daraus ergibt sich insgesamt eine Betonung
der Beziehungen in der Gemeinschaft und die moralische Pflicht zu sozialer Verantwortung. Wie kann diese Sichtweise mit dem Individualismus harmonieren? In seinem Buch „The Acting Person" definiert Karol
Wojtyla den Individualismus etwas anders: als die Sicht der Gesellschaft,
für die das Individuum das höchste und letzte Gut ist, dem alle anderen
Interessen der Gesellschaft und Gemeinschaft untergeordnet sein müssen. (Wojtyla, S. 273) Bemerkenswert ist, daß Wojtyla in seinen Schriften
das Wort „Individuum" meidet und, wie Jacques Maritain, den Begriff
„Person" vorzieht. „Um es rigoros zu formulieren", schrieb Maritain,
„die Person kann nicht allein sein. Sie will sagen, was sie weiß, und sie
will sagen, was sie ist – wem, wenn nicht anderen Menschen? ... Und das

Gemeinwesen ist, soweit es den Namen verdient, eine Gesellschaft aus menschlichen Personen. ... Dies bedeutet, es ist eine Ganzheit, die aus Ganzheiten besteht – denn die menschliche Person ist eine solche Ganzheit. Und sie ist eine Ganzheit aus Freiheiten, denn zur Person als solcher gehört Herrschaft über sich selbst oder Unabhängigkeit". (S. 7–8)

Hier und in allen Schriften Wojtylas sehen wir ein klares Bekenntnis zum Wert des einzelnen Menschen, zur Subjektivität des menschlichen Verstehens und zur Gemeinschaft als Ganzheit, die aus handelnden Personen, ebenfalls Ganzheiten, besteht. Diese Sicht des Individuums ist der österreichischen Tradition nicht fremd; ihre Absicht war es ja, Muster in den Beziehungen der Gemeinschaft zu erklären, und so lehnt sie die gröbere Form des Individualismus ab. In der katholischen wie der österreichischen Tradition sehen wir eine Betonung des Individuums als Person, die handelt und entscheidet, und beide lehnen die mechanistische Sicht des Individuums ab. Beide sehen die handelnde Person wesensmäßig als Teil einer Gemeinschaft und die Teilhabe an der Gemeinschaft als wesentlich für die Erfüllung der Ziele handelnder Personen. Doch „selbst wenn das Sein und Handeln zusammen mit anderen verwirklicht wird, ist es der Mensch als Person [Individuum], der immer sein eigentliches, wesentliches Subjekt" ist (Betonung im Original). Und „Das Sein und Handeln 'zusammen mit anderen' konstituiert nicht ein neues Subjekt des Handelns, sondern führt nur neue Beziehungen zwischen den Personen ein, die wirkliche und tatsächliche Subjekte des Handelns sind". (Wojtyla, S. 334)

Auch Ludwig von Mises sieht das Individuum nicht getrennt von gesellschaftlichen Realitäten wie Gemeinden, Nationen, Parteien und dergleichen. Das Ziel des methodologischen Individualismus ist es zu klären, wie sie entstehen, und wie sich Veränderungen in Gruppen und Gemeinschaften von Individuen vollziehen. (Mises 1963, S. 41) Selbst der Begriff der Freiheit läßt sich auf Individuen einschränken. „Nur im Rahmen eines sozialen Systems kann der Begriff Freiheit eine Bedeutung haben ... Die Freiheit eines Menschen ist überaus eng begrenzt durch die Naturgesetze und die Gesetze der Praxeologie [Logik des Handelns]. Er kann nicht Ziele erreichen, die einander ausschließen. Wenn er in Genüssen schwelgen will, die eine endgültige Wirkung auf das Funktionieren

seines Körpers oder Geistes haben [Wojtyla würde hinzufügen: „seine
Seele"], so muß er die Folgen tragen". (Mises 1963, S. 279)

Wenn Wojtyla, jetzt besser bekannt als Papst Johannes Paul II., anregt,
Rerum Novarum von Papst Leo XIII. im hundertsten Jahr nach ihrer
Promulgation „neu zu lesen", so scheint er aus einer Tradition ökonomischen Denkens zu schöpfen, die mehr Wert auf freie Märkte und freies
Unternehmertum legt als seine Vorgänger. Leo XIII. schrieb zum Beispiel, nachdem Mengers Nationalökonomie und Brentanos Psychologie
sich zu einer Österreichischen Schule entwickelt hatten. Doch statt sich
auf diese Zeitgenossen zu stützen (falls er sie überhaupt kannte), stellte
Leo XIII. Fragen nach der Gesellschaftsordnung, die direkter auf die
verbreitete und scheinbar wirkungsvolle Kritik am Kapitalismus antwor-
teten: Die Machtbalance zwischen Kapital und Arbeit war nämlich so
ungleich, daß sie einen fatalen Makel der liberalen Gesellschaft selbst
darstellte. Johannes Paul II. verlagert die Perspektive, nachdem der Sozialismus 1989 in Osteuropa zusammengebrochen ist, und stellt eine
grundlegendere Frage: Welche Art von wirtschaftlichen Institutionen ist
der Würde der menschlichen Person und dem gesellschaftlichen Gemeinwohl am angemessensten? Dies ist eine typisch scholastische Frage,
und auch die Österreichische Schule hat sich, von Menger bis zur
Gegenwart, ausführlich mit ihr befaßt.

Beachtenswert ist auch, daß die Österreichische Schule schon in den
1920er und 30er Jahren richtig voraussagte, daß der Sozialismus als prak-
tische Alternative zur Marktwirtschaft nicht funktionieren könne. (Mises 1935, S. 87–130) Weil der Sozialismus vor allem ein Versuch sei, Objekten (handelnden Personen) wirtschaftlichen Wert aufzuzwingen, bleibe kein Raum für handelnde Individuen, die Verteilung sozialer Ressourcen oder politische Beziehungen aufgrund ihrer Werte zu beeinflussen, wie es die Marktwirtschaft erlaube. (Mises 1963, S. 698) Statt dessen
habe der Wille des zentralen Planers Vorrang; das Resultat sei Chaos und
politische Unterdrückung. Weder die Werte der Bürger noch der Produzenten oder Verbraucher kommen zum Zug, solange es keine geschützten Institutionen gibt (Recht, Eigentum, Handel), die ein Wirtschaften
möglich machen.

Es wäre sinnlos zu versuchen, jede Quelle dingfest zu machen, die
Centesimus Annus beeinflußt hat. Doch es ist durchaus vorstellbar, daß

die Österreichische Schule einen starken Anteil am Gemisch der Einflüsse hat. Mit Sicherheit ist das gesamte Dokument von österreichischen Methoden, Sichtweisen und Erkenntnissen geprägt. Und wie wir sahen, sind diese Methoden, Sichtweisen und Erkenntnisse im Österreich des späten 19. Jahrhunderts in einem geistigen Umfeld gewachsen und gediehen, das gleichzeitig katholisch und scholastisch war. Es ist auch nicht klar, daß es die erklärte Absicht des Papstes war, das ökonomische Denken der Spätscholastiker wiederzubeleben. Doch auch hier können wir die Parallelen in der Auffassung von Märkten, Eigentum, Güteraustausch, Arbeit und Staat erkennen. Es ist nicht unsere Aufgabe, solche kühnen (und möglicherweise unbegründeten) Behauptungen aufzustellen, wenn zur Erkenntnis der modernen katholischen Soziallehre in ihrer geistesgeschichtlichen Verwurzelung nichts weiter nötig ist, als die Ähnlichkeiten und Verbindungen zu der oben dargestellten, breiten denkerischen Tradition zu sehen. Die Bedeutung der Enzyklika *Centesimus Annus* liegt darin, daß sie das Spektrum der katholischen Soziallehre erweitert hat, sie im Licht der Wirtschaftswissenschaft verfeinert hat und eine Aussage darüber gemacht hat, was die humane Wirtschaft in der Gesamtvision der Kirche ausmacht; das Ergebnis ist eine übergreifende Vision, eine Sicht von Mensch, Gesellschaft, Unternehmertum und Märkten, die fest auf dem Boden der katholischen Geistesgeschichte steht.

Wenn noch Zweifel bleiben, erweist sich eine gründliche Lektüre von *Centesimus Annus* als bemerkenswert überzeugend. In einer kühnen Klarstellung der Aussagen von Leo XIII. schreibt Johannes Paul II., daß *Rerum Novarum* zwar die Pflicht des Staates feststellt, über das Gemeinwohl zu wachen, es zu schützen und zu gewährleisten, daß das Wirtschaftsleben ihm förderlich ist – doch „dies sollte uns nicht zu der Meinung verleiten, daß Papst Leo vom Staat erwartete, jedes soziale Problem zu lösen. Im Gegenteil, er betont oft die Notwendigkeit, Interventionen und Instrumenten des Staates Grenzen zu setzen, da das Individuum, die Familie und die Gesellschaft Vorrang vor dem Staat haben und da der Staat existiert, um ihre Rechte zu schützen, nicht sie zu unterdrücken". (*Centesimus Annus*, Nr. 11)

Wie *Rerum Novarum* lehnt *Centesimus Annus* den Sozialismus aus grundsätzlichen, nicht nur technischen oder pragmatischen Gründen ab.

„Die Soziallehre der Kirche", schreibt Johannes Paul II., „hat immer das
Recht des Individuums auf Privateigentum an Produktionsmitteln anerkannt und in diesem Recht eine Verteidigung der Freiheit gegen jede
mögliche Unterdrückung gesehen. Außerdem führt die Verteilung von
Eigentum in die Hände vieler dazu, daß jede Person auf die Kooperation
anderer zählen muß, um ihre Bedürfnisse zu befriedigen, während der
unverzichtbare gesellschaftliche Austausch durch Verträge geregelt werden muß, in denen der freie Wille des einen auf den eines anderen stößt.
Im Gegensatz zur überbürokratischen und zentralisierten Befehlswirt-
schaft setzt die freie und sozial inspirierte Wirtschaft wahrhaft freie Subjekte voraus, die präzise Verantwortung auf sich nehmen, ihre Pflichten
gegenüber ihren Mitarbeitern getreu einhalten und immer das Gemeinwohl berücksichtigen. Dem freien Markt und der unternehmerischen
Tätigkeit in ihm, der Fähigkeit, Bedürfnisse der Verbraucher durch freies
Handeln mit den zu deren Befriedigung geeigneten Ressourcen zusam-
menzubringen, wird daher mit Recht ein ethischer Wert zuerkannt. Im
Gegensatz zu kollektivistischen Theorien das Recht der individuellen
Initiative in bezug auf den Dienst, der für die Gemeinschaft geleistet
werden muß". (*Centesimus Annus*, Nr. 3)

„Der Sozialismus", fährt er fort, „betrachtet die einzelne Person einfach als ein Element, ein Molekül innerhalb des sozialen Organismus, so
daß das Wohl des Individuums dem Funktionieren des sozioökonomi-
schen Mechanismus völlig untergeordnet ist. Ebenso behauptet der Sozialismus, das Wohl des Individuums könne ohne Berücksichtigung seiner Entscheidungsfreiheit verwirklicht werden, ohne die einzigartige
und ausschließliche Verantwortung, die er im Angesicht von Gut und
Böse hat." In dieser päpstlichen Kritik des Sozialismus haben wir etwas,
was man als Verschmelzung der Einwände von Menger und Brentano an
der objektiven wirtschaftlichen Bewertung bezeichnen könnte: Der Sozialismus leugnet die Notwendigkeit freien wirtschaftlichen Handelns
(Menger) und freien Denkens (Brentanos Analyse des Phänomens, daß
Eigeninteresse zu ethischem Handeln führt).

Der Papst fährt fort: „So wird der Mensch auf eine Reihe sozialer Beziehungen reduziert, und der Begriff der Person als autonomes Subjekt
moralischer Entscheidungen verschwindet, obwohl auf den Entscheidungen dieses Subjekts die Gesellschaftsordnung aufbaut. Aus dieser

irrigen Auffassung der Person entsteht eine Verzerrung des Gesetzes, das die Sphäre der Ausübung der Freiheit definiert, sowie eine Opposition gegen Privateigentum. Ein Mensch, der nichts hat, was er »sein Eigen« nennen kann, und der seinen Lebensunterhalt nicht durch Eigeninitiative verdienen kann, wird abhängig von der sozialen Maschinerie und von denen, die sie kontrollieren. Dies erschwert es ihm, seine Würde als Person zu erkennen, und hindert den Fortschritt zum Aufbau einer wahrhaft humanen Gemeinschaft". (*Centesimus Annus*, Nr. 13) Die Parallelen zum Denken F. A. Hayeks und den antisozialistischen Schriften der Österreicher sind offenkundig.

In seiner Analyse der Ursachen für die Krise in Osteuropa, die 1989 zum Zusammenbruch des Sowjetregimes führte, nennt der Papst mehrere Faktoren, darunter „die Ineffizienz des Wirtschaftssystems, die nicht als bloß technisches Problem zu begreifen ist, sondern als Folge der Mißachtung der Menschenrechte auf private Initiative, Eigentum und Freiheit im wirtschaftlichen Bereich". (*Centesimus Annus*, Nr. 24) „Es ist nicht nur vom ethischen Standpunkt aus falsch, die menschliche Natur zu mißachten, die für die Freiheit geschaffen ist", schreibt der Papst, „sondern in der Praxis ist es unmöglich, dies zu tun." Der Ausdruck „unmöglich" erinnert an das österreichische Argument, Sozialismus sei „unmöglich", weil er durch die Abschaffung von Privateigentum und Markt die Wirtschaft selbst (wirtschaftliches Verhalten aufgrund subjektiver Werte) unmöglich mache. (Mises 1963, S. 671) Die Folge des Sozialismus, so der Papst, „ist, daß das Leben der Gesellschaft mehr und mehr von Chaos und Niedergang erfaßt wird". (*Centesimus Annus*, Nr. 25)

Dann kommt der Papst auf die Grundlagen des Wirtschaftslebens zurück und präsentiert ein Arbeitsmodell der Interaktion zwischen Person, Wirtschaft und der Gesamtgesellschaft. Privateigentum, betont er, war immer zentral in der katholischen Lehre und wurde „von der Kirche immer verteidigt bis in unsere eigene Zeit". (*Centesimus Annus*, Nr. 30) Es sei kein absolutes Recht, macht er klar, doch es kann nie gänzlich verweigert werden, weil dann der gesellschaftliche und sogar geistige Zusammenbruch drohte. Doch ähnlich wie die subjektivistische Österreichische Schule spricht der Papst von einer „Form des Besitzes, die ebenso wichtig wird wie Landbesitz: das Eigentum an Wissen, Technik und Fähigkeiten. Der Reichtum der Industrienationen beruht weit mehr auf dieser Art Besitz als auf natürlichen Ressourcen". (*Centesimus Annus*, Nr. 31)

Wie die Spätscholastiker legt der Papst entscheidenden Wert auf die Rolle der Arbeitsteilung in der Wirtschaft, die zur „sozialen Kooperation" führt, wie die Österreicher es nannten. „Es wird klar, wie die Arbeit einer Person natürlich mit der Arbeit anderer vernetzt ist. Arbeit ist mehr denn je Arbeit mit anderen und Arbeit für andere: Sie besteht darin, etwas für jemand anderen zu tun. Arbeit wird umso fruchtbarer und produktiver, je mehr die Menschen über die Produktivpotentiale der Erde lernen und wie tiefer ihnen die Bedürfnisse derer bewußt werden, für die sie ihre Arbeit tun". (*Centesimus Annus*, Nr. 31) Außerdem ist die Sehnsucht nach Autarkie – einem primitiven und autonomen Produktionsprozeß ohne Güteraustausch – eine unrealistische Hoffnung: „Viele Güter können durch die Arbeit eines isolierten Individuums nicht angemessen produziert werden; sie erfordern die Kooperation vieler Menschen, die auf ein gemeinsames Ziel hinarbeiten". (*Centesimus Annus*, Nr. 32)

Diese Arbeitsteilung ist gleichzeitig eine Erweiterung der Ziele und Absichten der handelnden Individuen: „Eine Person, die etwas für einen anderen Zweck als den eigenen Gebrauch produziert, tut dies generell, damit andere es gebrauchen, nachdem sie einen gerechten Preis gezahlt haben, auf den sich beide Seiten durch freies Handeln geeinigt haben." Die Verwendung des Ausdrucks „gerechter Preis" als Ergebnis einer Einigung zwischen zwei Seiten am Markt ist eine explizite Wiederholung von Themen, die die Schule von Salamanca im 16. Jahrhundert mit ihrer Betonung des freien Handelns dominierten. Über das Unternehmertum schreibt der Papst: „Gerade die Fähigkeit, sowohl die Bedürfnisse der anderen als auch die geeignetste Kombination von Produktionsfaktoren vorauszusehen, um diese Bedürfnisse zu befriedigen, bildet eine weitere, wichtige Quelle des Wohlstandes in der modernen Gesellschaft." Aus diesem Grund „werden Initiative und unternehmerische Fähigkeit immer offensichtlicher und entscheidender.". Die Folgerung des Papstes aus diesem Gedankengang ist dann praktisch unausweichlich: „Die moderne Betriebswirtschaft hat positive Aspekte. Ihre Grundlage ist menschliche Freiheit, ausgeübt im Bereich der Wirtschaft wie auch in vielen anderen Bereichen". (*Centesimus Annus*, Nr. 32) Für die Güter und Dienstleistungen, für die es einen Markt geben kann, der die Nachfrage befriedigt, „ist der freie Markt auf der Ebene einzelner Nationen und internationaler Beziehungen wohl das wirksamste Instrument, um Ressourcen zu nutzen und effektiv auf Bedürfnisse zu reagieren". (*Centesimus Annus*, Nr. 34)

Das Unternehmertum darf nie seine moralische Verpflichtung gegenüber Arbeitnehmern, Verbrauchern und Gott übersehen, der Richter über jedes wirtschaftliche Unterfangen ist. Doch in rein ökonomischen Begriffen „anerkennt die Kirche die legitime Funktion des Gewinns als Zeichen, daß ein Unternehmen gut funktioniert. Wenn eine Firma Gewinn macht, bedeutet dies, daß Produktivfaktoren richtig eingesetzt wurden und entsprechende Bedürfnisse der Menschen angemessen befriedigt wurden". (*Centesimus Annus*, Nr. 35) Gewinn ist, zusammen mit „menschlichen und moralischen Faktoren", der „Regulator" des Lebens einer Firma. Der Papst betont die positive Rolle des Unternehmertums, von Markt, Privateigentum, Verantwortung, von Produktionsmitteln sowie freier menschlicher Kreativität im Bereich der Wirtschaft. Doch anstelle von „Kapitalismus" zieht er die Begriffe „Betriebswirtschaft", „Marktwirtschaft" oder „freie Wirtschaft" vor. (*Centesimus Annus*, Nr. 42) Diese Wirtschaftsform „setzt sichere Garantien persönlicher Freiheit und privaten Eigentums voraus, außerdem eine stabile Währung und funktionierende öffentliche Dienste". (*Centesimus Annus*, Nr. 48) Sowohl die Spätscholastiker als auch die Österreichische Schule sahen den Schutz des Privateigentums und eine stabile Währung als Grundvoraussetzung einer gut funktionierenden Volkswirtschaft – im Gegensatz zum sozialistischen und auch zum keynesianischen Ansatz.

Der Papst legt Wert darauf, das, was er befürwortet, von den gröberen, stärker positivistischen Formen der kapitalistischen Volkswirtschaft zu unterscheiden, die die Person (ebenso wie der Marxismus) als Einheiten in einer Maschine behandeln – ohne Eigenwert. Die ökonomische Theorie, mit der er sich am ehesten identifiziert (oder an die er am ehesten erinnert), ist diese spätscholastisch-österreichische Denkweise, die den Menschen weder als ökonomisches noch als rein soziales Wesen ansieht, sondern statt dessen mit dem weiteren und humaneren Begriff des handelnden Menschen arbeitet. „Wenn der Mensch mehr als Produzent oder Konsument von Gütern gesehen wird denn als Subjekt, das produ-

ziert und konsumiert, um zu leben", schreibt er, „dann verliert wirtschaftliche Freiheit ihre notwendige Beziehung zur menschlichen Person
und endet in Entfremdung und Unterdrückung". (*Centesimus Annus*,
Nr. 39)

Der Papst akzeptiert Eingriffe in die Marktwirtschaft, um die Rechte
der Arbeitnehmer zu schützen und feste Regeln und Sicherheit für das
Individuum zu garantieren. Er akzeptiert außerdem Interventionen,
„wenn bestimmte Monopole Verzögerungen und Hindernisse für die
Entwicklung schaffen", wobei solche Monopole freilich ebenso staatliche wie private sein können. Doch solche „zusätzlichen Interventionen" müssen „so kurz wie möglich sein, damit gesellschaftlichen und ge-
schäftlichen Systemen nicht auf Dauer ihre ureigenen Funktionen genommen werden, und damit die Sphäre staatlicher Intervention nicht
übermäßig ausgedehnt wird, zum Schaden der wirtschaftlichen wie auch
der bürgerlichen Freiheit". (*Centesimus Annus*, Nr. 48)

Im Bereich der Politik wiederholt der Papst eine entscheidende Erkenntnis der katholischen Soziallehre, das Prinzip der Subsidiarität.
Nach dieser Regel sollten gesellschaftliche Funktionen auf niedrigen
Ebenen der Gesellschaft erfüllt werden, und außer im Fall offensicht-
lichen und kritischen Scheiterns nicht auf höhere Ebenen übertragen
werden. „Es scheint, daß Bedürfnisse am besten von den Menschen verstanden und erfüllt werden, die ihnen am nächsten sind und den Bedürftigen gegenüber als Mitmenschen handeln", schreibt Johannes Paul.
(*Centesimus Annus*, Nr. 48) Dann wendet der Papst diese Lehre auf den
modernen Wohlfahrtsstaat an, wie er in modernen Industrienationen existiert. „Störungen und Mängel im sozialen Unterstützungsstaat sind die
Folge eines falschen Verständnisses von den eigentlichen Aufgaben des
Staates", schreibt er. Behörden, warnt er, „sind mehr von bürokratischen
Denkmustern beherrscht als von dem Anliegen, ihren Schutzbefohlenen
zu dienen; dies ist mit einer enormen Steigerung der Ausgaben verbunden. (*Centesimus Annus*, Nr. 48)

Diese soziopolitische Aussage stellt eine Synthese der spätscholastischen und der österreichischen Aussagen über den Staat dar. Sie ist vielleicht nicht allein auf diese Schulen zurückzuführen, aber die Parallelen
sind auch hier offenkundig und beachtlich. Die beiden Schulen betrachteten Steuern und hohe Staatsausgaben als schädlich für die gesellschaft-

liche Ordnung. Sie berücksichtigten nicht nur die angeblichen Vorteile des Wohlfahrtsstaates, sondern daneben auch die Kosten, denn das Geld, das der Staat ausgibt, wird nicht produziert, sondern von der Bevölkerung genommen. Überhöhte Staatsausgaben und Regulierung beeinträchtigen außerdem das Recht des freien Unternehmertums und das Recht zum Güteraustausch, weil sie mit Privatunternehmen konkurrieren und die Wahlmöglichkeiten im Güteraustausch beschränken.

Diese Erkenntnisse von Papst Johannes Paul sind empirisch in dem Sinn, daß sie auf der Erfahrung realer politischer Geschichte beruhen und das Scheitern des Sozialismus und die wohlbekannten Übel des Sozialstaates dokumentieren. Sie sind aber auch logisch-deduktiv in dem Sinn, daß sie bestimmte Wesenszüge der handelnden Person reflektieren und die gesellschaftlichen Institutionen nennen, die unter Berücksichtigung bestimmter Regeln entwickelt werden müssen. Diese Methode kombiniert die Suche nach allgemeingültigen Prinzipien, die der Österreichischen Schule und den Spätscholastikern gemeinsam ist, in den vorherrschenden Hauptströmungen der Nationalökonomie – sei sie links oder rechts – hingegen fehlt. Außerdem lehnt der Papst die kollektivistische Vorstellung von einer handelnden Gesellschaft ab, die in sozialen Heilslehren und „progressiven" Schulen der theologischen Linken zu finden ist. Die wirre und bittere Reaktion katholischer Sozialdemokraten auf *Centesimus Annus* zeigt, daß der Papst sich klarer zu diesen Punkten geäußert hatte, als manchen lieb war.

Die Entwicklung der katholischen Soziallehre hat aus vielen Traditionen geschöpft und wird dies weiter tun. Doch wie Michael Novak nahelegt, haben die Spätscholastiker und die Österreichische Schule den Weg gewiesen und werden die Richtung dieser Entwicklung wahrscheinlich weiter beeinflussen. Es ist im Interesse religiöser Führer und Wissenschaftler, die die Richtung der Veränderung in der katholischen Soziallehre besser verstehen möchten, sich mit der spätscholastisch-österreichisch-liberalen Tradition vertraut zu machen, denn sie kann einen positiven Beitrag zur Entwicklung der Soziallehre und zur Lösung realer Probleme leisten.

„Mit Sicherheit", schreibt Michael Novak in *Will it Liberate?* (1986) „können es sich katholische Autoren, die an tiefer Reflexion über die menschliche Freiheit interessiert sind, nicht mehr lange leisten, (die

Österreichische Schule und die damit verbundene Tradition des ökonomischen Liberalismus) zu ignorieren. Ein tiefgehender geistiger Austausch ist unverzichtbar für den Fortschritt der katholischen Soziallehre". (S. 221)

Literatur

Chafuen, Alejandro A: *Christians for Freedom: Late-Scholastic Economisc* (San Francisco: Ignatius, 1986).

Cubeddu, Raimondo: *The Philsosophy of the Austrian School* (London: Routledge, 1993).

Fabian, Reinhard and Simons, Peter M: „The Secons Austrian School of Value theory", in: Smith and Grassl, *Austrian Economics: Historical and Philosophical Background* (New York: New York University Press, 1986), pp. 37–101.

Grassl, Wolfgang: „Markets and Morality: Austrian Perspectives on the Economic Approach to Human Behavior" in: Smith and Grassl, *Austrian Economics: Historical and Philosophical Background* (New York: New York University Press, 1986), pp. 139–181.

John Paul II: *Centesimus Annus* (Wash, D.C.: Catholic News Service, 1991).

Mises, Ludwig von: „Economic Calculation in the Socialist Commonwealth", in: F.A. Hayek, ed., *Collectivist Economic Planning: Critical Studies of the Possibility of Socialism* (G. Routledge and Sons, Ltd., 1935).

– *Human Action*. Third Edition. (Chicago: Regnery, 1963).

Novak, Michael: *Will it Liberate* (Mahawah, NJ: Paulist Press, 1986).

Rothbard, Murray N: *Economic Thought Before Adam Smith: An Austrian Perspective on the History of Economic Thought*, Vol. I (Hants, England: Edward Elgar, 1995).

Schumpeter, Joseph A: *History of Economic Analysis* (New York: Oxford University Press, 1954).

Smith, Barr:. *Austrian Philosophy: The Legacy of Franz Brentano* (Peru, Ill.: Open Court, 1994).

Smith, Barry and Grassl, Wolfgang: *Austrian Economics: Historical and Philosophical Background* (New York: New York University Press, 1986).

Wojtyla, Karol: *The Acting Person* (Boston, MA: D. Reidel Publishing Co. 1979; trans. Andrezj Potocki).

Wege und Irrwege
in der Umweltpolitik*⁾

von Walter Block

I. Einleitung

Auf den ersten Blick scheint die Beziehung zwischen Umweltbewußtsein und Freiheit direkt und klar: Ein Mehr beim einen führt zu einem Weniger beim anderen und umgekehrt.

Und tatsächlich spricht viel für eine umgekehrt proportionale Beziehung zwischen den beiden.

Da ist zum Beispiel der marxistische und sogar kommunistische Hintergrund einiger Verfechter des Umweltbewußtseins.[2] Menschen wie sie kommen mit einem persönlichen Interesse zur Umweltbewegung. In Wirklichkeit geht es ihnen um Macht: Sie wollen das Leben anderer bestimmen – zu deren eigenem Wohl, zum Wohl der Gesellschaft oder zum Wohl der unaufhaltsamen „Kräfte der Geschichte". Jahrzehntelang waren sie in Rußland und Osteuropa recht erfolgreich darin. Ihnen ist zu danken, daß dieser riesige Teil der Erde im Gleichschritt auf die marxistische Vision „Alle Macht dem Proletariat" zumarschierte. Doch dann wurde ihre Welt 1989 aufgrund der inneren Widersprüche des Kommunismus (Mises, 1969) auf den Kopf gestellt. Einige suchten sich neue Freunde in den einzig verbleibenden völlig kommunistischen Systemen – Kuba und Nordkorea. Andere wechselten unerschrocken die Pferde vor

---

*⁾ Übersetzt aus dem Englischen von Dr. Mara Huber

demselben alten Karren: Anstelle des formalen Sozialismus wählten
diese Leute den Umweltschutz als besseres Mittel für ihren unveränderten Zweck. Man kann sie am besten als „Wassermelonen" beschreiben,
denn sie sind außen grün, aber innen noch immer rot.

Dann gibt es die echten Grünen.*) Sie sind durch und durch grün. Für
sie ist die Rettung der Erde nicht nur ein Mittel, ein Zweites Reich des
Kommunismus wiedererstehen zu lassen. Nein, sie huldigen Gaia ohne
jedes Eigeninteresse.

Die Radikalsten unter ihnen nehmen kein Blatt vor den Mund. Sie
sehen den Menschen als Feind der Natur, und wenn sie könnten, würden
sie ihn vernichten, um sie zu retten. So schreibt Graber, ein Biologe im
Dienst der US-Nationalparks (1989, S. 9): „Bis zu der Zeit, in der Homo
sapiens sich entschließt, zur Natur zurückzukehren, können einige unter
uns nur auf das richtige Virus hoffen." Foreman, Mitbegründer von
Earth First[3] und einstiger Lobbyist für die Wilderness Society, meint,
„Wir sind eine Krebsgeschwulst in der Natur". (1990, S. 48) Und Mills
(1989, S. 106) beschreibt die anderen Individuen ihrer eigenen Art als
„heruntergekommenes menschliches Protoplasma".[4]

Andere sind kaum weniger radikal. Sie sehnen sich nicht direkt nach
dem Ende der Spezies Mensch, sondern meinen nur, daß Tiere Rechte
haben, daß Mikroorganismen Rechte haben. Von Gandhi wird z. B. erzählt, er sei manchmal mit einer Chirurgenmaske ausgegangen, damit er
nicht aus Versehen einen Mikroorganismus durch Einatmen tötete.

Eine Stufe weiter unten auf der Extremismus-Skala der Umweltschützer stehen diejenigen, die den Märkten, dem freien Unternehmertum,
dem Kapitalismus die Schuld für den Ruin der Erde geben. In ihren
Augen ist es nötig, diese bösen Gelüste zu zügeln und zu einer „sanfteren" Version des Sozialismus zurückzukehren. So sagte der New Yorker
Gesundheitsbeauftragte im öffentlichen kanadischen Fernsehen (CTV,
30. Juli 1988) über den verschmutzten Big Apple: „Ich glaube, die Motivation ist Habgier, wissen Sie – ohne Rücksicht auf die Erde, ohne Rücksicht auf das Meer, ohne Rücksicht auf die Menschen, die auf der Erde
leben und das Meer nutzen wollen – Habgier."

---

*) Anmerkung der Redaktion: Der amerikanische Autor meint mit dem Begriff „die Grünen" nicht
die Partei in Deutschland, sondern verschiedene, sich ökologischen Ideen verschriebenen Personen.

Renate Kroisa meint über die Betreiber von Papiermühlen (CTV-Bericht am 15. März 1989): „Denen ist es lieber, die Umwelt zu vergewaltigen und eine Menge Geld zu verdienen, als die Umwelt nicht zu vergewaltigen, sauber zu werden und später... wettbewerbsfähig zu bleiben. Die Mühlen sind hier, um dicke Gewinne zu machen, und sie machen dicke Gewinne – auf Kosten unserer Umwelt."[5]

Und Commoner: „Das Entstehen der Umweltkrise kann auf die kapitalistische Regel zurückgeführt werden, daß die Wahl der Produktionstechnik nur vom Privatinteresse an Gewinnmaximierung bestimmt zu sein hat."[6]

Andere Angriffe gegen die wirtschaftliche Freiheit kommen von Porrit und Winner (1988, S. 11): „Die Gefahr liegt nicht in der einen oder anderen umweltschädlichen Fabrik, Branche oder Technologie, sondern im industriellen System selbst", Bookchin (1970, S. 14): „Der Plünderung des menschlichen Geistes durch den Markt entspricht die Plünderung der Erde durch das Kapital"; freie Märkte „nehmen dem Leben das Heilige, denn etwas, das einen Preis hat, kann nicht heilig sein". (Schumacher, 1973, S. 45)

Manche sind nicht nur gegen den Markt allgemein, sondern wollen obendrein bestimmte Produkte verbieten, die durch dieses System möglich werden. Dies betrifft 747-Jets (Rifkin, 1980, S. 216), Autos (Sale, 1989, S. 33), Brillen (Mills, 1989, S. 106), private Waschmaschinen (Bookchin, 1989, S. 22), maßgeschneiderte Kleidung (Schumacher, 1973, S. 57–58) und Toilettenpapier. (Mills, 1989, S. 167-168)[7]

Paradoxerweise ist es in einem sehr beschränkten, aber denkbaren Sinn vernünftig, die Roten den Grünen vorzuziehen. Zwar haben die ersteren, nicht die letzteren, Millionen und Abermillionen Menschen getötet. (Conquest, 1986, 1990) Doch wenigstens war es ihr Ziel, ihr Wille, ihre Absicht, der Zweck, Menschen zu helfen. Sie wählten einen auf tragische Weise falschen Weg dazu – eine Philosophie, unter der die Völker der Welt noch immer leiden. Doch muß man ihnen zugestehen, daß sie nicht ihre eigene Art verrieten.[8] Über einige Grüne kann man das leider nicht sagen, besonders nicht über die radikalen. Freilich läßt sich nicht leugnen, daß die Grünen zumindest bis jetzt – abgesehen von ein paar unglücklichen Holzfällern – nicht sehr viele Menschen getötet oder verletzt haben. Glaubt man aber ihren öffentlichen Absichtserklärungen, so könnten sie eine noch größere Bedrohung für die Menschheit werden als die Kommunisten, wenn sie die entsprechende Macht bekämen. [9]

Dies sind in Kürze die Gründe für die Meinung, daß Umweltbewußtsein und Freiheit umgekehrt proportional zueinander seien. Dies trifft jedoch nicht immer und unbedingt zu: Ein Mehr vom einen führt nicht immer zu einem Weniger vom anderen oder umgekehrt.

Welches sind die Ausnahmen? Wie kann man Umweltbewußtsein und wirtschaftliche Freiheit miteinander vereinbaren? [10]

Bevor wir diesen scheinbar unrealistischen Versuch unternehmen, müssen wir beide Begriffe klären. Umweltbewußtsein läßt sich konsensfähig als eine Philosophie definieren, die einen hohen Wert in sauberer Luft und sauberem Wasser sowie geringerem Artensterben sieht. Umweltschützer engagieren sich besonders für das Überleben und die Stärkung gefährdeter Arten – Bäume, Nashörner, Elefanten –, gegen Lärm und Luftverschmutzung, Ölverklappung, Treibhauseffekt und die Zerstörung der Ozonschicht. Diese Version des Umweltbewußtseins ist wohlgemerkt sehr moderat. Außerdem ist sie rein zielorientiert. Sie gibt keinerlei Mittel zu diesen Zwecken vor. In dieser Sichtweise ist Umweltbewußtsein mit freiem Unternehmertum ebenso vereinbar wie mit dessen genauem Gegenteil, der zentralisierten, staatlichen Kommando- und Kontrollwirtschaft.

Auch wirtschaftliche Freiheit läßt sich klar definieren. Sie ist die Idee, daß der Mensch rechtmäßiger Besitzer seiner selbst und des Eigentums ist, das er der Natur durch Besiedeln „abringt"[11], sowie auch des zusätzlichen Eigentums, das er außerdem gewinnt, indem er entweder seine Arbeit oder seinen rechtmäßigen Besitz verkauft.[12] In dieser Sichtweise, die manchmal Indeterminismus oder Liberalismus genannt wird, ist dem Menschen alles erlaubt außer der Bedrohung oder Gewalt gegen einen anderen oder dessen Eigentum. Dies ist auch der einzig legitime Grund für Gesetze. Mord, Diebstahl, Vergewaltigung, unbefugtes Eindringen, Betrug, Brandstiftung und dergleichen Übergriffe zu verhindern, ist die einzig berechtigte Funktion gesetzlicher Vorschriften.

Wie lassen sich wirtschaftliche Freiheit und Umweltschutz vereinbaren? Ganz einfach. Indem man zeigt, daß freies Unternehmertum das beste Mittel zum Schutz der Umwelt ist. Dies scheint auf den ersten Blick ein kühnes Unterfangen, neigen doch die meisten Umweltschützer zum Sozialismus und verabscheuen den Kapitalismus. Doch eine Ahnung der Lösung ergibt sich aus der Tatsache, daß liberaler Kapitalismus, wie er oben definiert wurde, Übergriffe oder Grenzüberschreitungen strikt ablehnt, und daß viele Umweltkatastrophen – von der Luftverschmutzung bis zur Ölpest – durchaus als solche gedeutet werden können. Der Grund für Umweltschäden liegt also im Versäumnis des Staates, Eigentumsrechte zu schützen, und in anderen staatlichen Aktivitäten, die Privatbesitz entweder regulieren oder direkt verbieten. Betrachten wir einige Beispiele:

II. Luftverschmutzung

Laut der gängigen ökonomischen Lehrmeinung ist der Liberalismus schlecht. Das Problem der Luftverschmutzung entsteht nach dieser Lehrmeinung nicht durch das Versäumnis des Staates, private Eigentumsrechte zu schützen. Es entsteht vielmehr durch das „Versagen der Marktwirtschaft", durch einen wesensmäßigen Fehler des freien Unternehmertums. Pigou (1912, S. 159) hat dieser Sichtweise den klassischen Ausdruck verliehen: „Rauch in großen Städten, der der Gemeinde schwere Verluste zufügt, ... kommt daher, daß es keine Möglichkeit gibt, private Verursacher zu zwingen, die sozialen Kosten ihrer Tätigkeit zu tragen."

Samuelson (1956, 1970) vermittelt den gleichen Gedanken im Zusammenhang der unterschiedlichen privaten und sozialen Kosten. Lange und Taylor (1938, S. 103) sind zwei weitere Sozialisten, die ein ergänzendes Argument bringen: „Ein Merkmal, das eine sozialistische Wirtschaft von einer auf Privatunternehmen gründenden Wirtschaft unterscheidet, ist die Menge der Faktoren, die in das sozialistische Preissystem einfließen."

Mit anderen Worten: Aus irgendeinem geheimnisvoll-unergründlichen, mysteriösen Grund sind Kapitalisten im Liberalismus davon befreit, den materiellen Schaden, den sie dem Eigentum anderer durch die Emission ihrer Rauchpartikel zufügen, auch nur zu bedenken. Im Sozialismus hingegen nimmt der zentrale Planer darauf natürlich Rücksicht, so daß das Problem der Umweltverschmutzung gar nicht erst aufkommen kann.

Dieses Szenario ist so grundverkehrt, daß es schwerfällt, zu entscheiden, wo man mit der Widerlegung beginnen soll. Vielleicht beginnen wir am besten mit einer empirischen Beobachtung. Träfe diese Kritik der Marktwirtschaft zu, so würde man erwarten, daß wenigstens in Sachen Umwelt auf die Sowjets Verlaß gewesen wäre, selbst wenn sie keine erfolgreiche Wirtschaft auf die Beine stellen konnten. In der Wirklichkeit sieht es allerdings ganz anders aus.

Musterfall „A" ist vielleicht das Verschwinden des Aralsees und des Kaspischen Meers aufgrund massiver, ungebremster Umweltverschmutzung, Raubbau an den Wäldern und der daraus resultierenden Wüstenbildung. Dann ist da Tschernobyl, das Hunderte, wenn nicht Tausende von Menschenleben kostete.[13] Auf Fähren auf der Wolga ist Rauchen verboten – nicht aus gesundheitspolitischer Bevormundung wie im Westen, sondern weil der Fluß so mit Öl und anderen brennbaren Flüssigkeiten verseucht ist, daß man große Angst hat, daß eine über Bord geworfene Zigarette das ganze Wasser in Brand setzen könnte. Außerdem gab es im Kommunismus keine Abwasser-Aufbereitung; das Goldene Dach in Krakau löste sich im sauren Regen auf, ein Großteil der DDR lag unter dunkelbraunem Dunst, und die Schwefeldioxidkonzentration in der Tschechoslowakei war achtmal so hoch wie der übliche Wert in den USA. (DiLorenzo, 1990)

Freilich lag es nicht nur am Fehlen der Demokratie in der UdSSR. Auch das ökologische Sündenregister der US-Regierung ist trotz Demokratie nicht gerade appetitlich. Das Verteidigungsministerium hat 400 000 Tonnen Sondermüll verklappt, mehr als die fünf größten Chemiekonzerne zusammen. Das Rocky Mountain Arsenal hat Nervengas, Senfgasbomben und das Pflanzenvernichtungsmittel TX sowie Zündvorrichtungen unsachgemäß entsorgt. Ganz zu schweigen von dem bösen Waldbrand im Yellowstone Park (die Behörden weigerten sich, ihn zu löschen, und schützten ökologische Bedenken vor)[14] – oder von den 59 Kohlekraftwerken der TVA – oder von dem zu billigen, ausgelaugten Land, das das Bureau of Land Management verwaltet – oder von der Tatsache, daß der Staat den Raubbau an Wäldern subventioniert, indem er Rückestraßen baut.

Dies sind keine Beispiele für das Versagen der Marktwirtschaft. Es sind Beispiele für das Versagen des Staates: direkte Kontrollen und mangelnde Fähigkeit oder Bereitschaft, private Eigentumsrechte zu schützen.

Was ist aber dran an Pigous und Samuelsons Vorwurf der Fehlverteilung infolge negativer Wirkungen nach außen? Auch er führt in die Irre.

Bis in die 1820er und 1830er Jahre beruhte die Rechtsprechung in Großbritannien und den USA weitgehend auf dem liberalen Prinzip des Nichteindringens in die Privatsphäre. (Coase, 1960, Horwitz, 1977) Ein typischer Fall war ein Farmer, der klagte, weil Funken von einer Lokomotive sein Heu oder seine Felder in Brand gesetzt hatten. Oder eine Frau, die eine Fabrik beschuldigte, durch die Luft Schmutzpartikel zu ihrem Grundstück zu schicken, die ihre saubere Wäsche auf der Leine verschmutzten. Oder jemand erhob Einspruch gegen die Fremdstoffe, die ohne seine Zustimmung in seine Lungen gelangten. Fast immer erkannten die Gerichte auf einen Verstoß gegen die Rechte des Klägers.[15] Die übliche Entscheidung in dieser Zeit war ein Unterlassungsbefehl plus Schadenersatz.

Anders als Pigou und Samuelson meinen, konnten produzierende Betriebe, Gießereien, Eisenbahngesellschaften usw. nicht in einem Vakuum handeln, als wären die Kosten, die sie anderen zumuteten, ohne Bedeutung. Es gab durchaus eine Möglichkeit, „private Verursacher zu zwingen, die sozialen Kosten ihrer Tätigkeit zu tragen": sie verklagen, sie zur Kasse bitten für ihre Übergriffe, und eine gerichtliche Verfügung erwirken, die ihnen solche Übergriffe für die Zukunft verbot.

Dieser Schutz der Eigentumsrechte hatte mehrere nützliche Folgen. Erstens war er ein Anreiz, Anthrazitkohle zu verwenden, die sauberer brennt als schwefligere Kohle, aber etwas teurer war – so war das Risiko geringer, verklagt zu werden. Zweitens lohnte es sich, Rieseltürme und andere Vorrichtungen einzubauen, um die Abgase zu reinigen. Drittens gab es einen Anreiz, Forschung und Entwicklung zu betreiben, um Außenwirkungen nach innen zu verlegen bzw. seinen Schmutz für sich zu behalten. Viertens begann man, bessere Kamine und andere Vorrichtungen zur Rauchverhinderung zu benutzen. Fünftens begann die Entwicklung einer industriellen forensischen Umweltforschung.[16] Sechstens wurde die Standortwahl produzierender Firmen direkt betroffen. Bei der herrschenden Rechtslage war es lohnender, Fabriken in dünn oder gar nicht besiedelten Landstrichen zu

bauen; eine Fabrik in einem Wohngebiet hätte eine Flut von Klagen
heraufbeschworen.[17]

Doch dann setzte sich in den 1840er und 1850er Jahren eine neue
Rechtsauffassung durch. Private Eigentumsrechte wurden nicht mehr
hochgehalten. Jetzt gab es ein noch wichtigeres Gut: das Gemeinwohl.
Und worin bestand das Gemeinwohl in dieser neuen Rechtsprechung?
Im Wachsen und Gedeihen der US-Wirtschaft. Zu diesem Zweck wurde
beschlossen, die Rechtsprechung der 1820er und 1830er Jahre sei ein
unnötiger Luxus gewesen. Wenn unter diesem neuen System jemand
Umweltklage vor einem Gericht erhob, wurde er entsprechend abgefertigt. Man sagte ihm praktisch, seine privaten Eigentumsrechte seien in
der Tat verletzt worden, aber das sei völlig in Ordnung; es gebe etwas
Wichtigeres als egoistische, individualistische Eigentumsrechte. Und das
war das „Gemeinwohl", in dessen Interesse die Produktion unterstützt
wurde.[18]

Unter dieser Rechtsprechung machten alle wirtschaftlichen Anreize
des alten Systems eine Kehrtwende. Warum Anthrazitkohle verwenden,
die sauber brennt, aber etwas teurer ist als die schmutzige Schwefelkohle? Warum Rieseltürme und andere Vorrichtungen einbauen, um die
Abgase zu reinigen, warum Forschung und Entwicklung für den Umweltschutz treiben, warum bessere Kamine und andere Vorrichtungen
zur Rauchverhinderung benutzen, warum den Standort so wählen, daß
möglichst wenig Menschen betroffen waren? Und natürlich war die
industrielle forensische Umweltforschung eine Totgeburt.

Was aber geschah mit dem „grünen" Produzenten, der die Atmosphäre der Erde nicht verpesten wollte, oder dem Liberalen, der dies
nicht tun wollte, weil es ein unrechtmäßiger Eingriff in das Eigentum anderer war? Solche Leute haben einen Namen, und er lautet „Pleitiers".
Denn wer umweltverträglich produziert, obwohl die Rechtslage das
nicht mehr erfordert, erlegt sich einen Wettbewerbsnachteil auf. Kann er
diesen nicht ausgleichen, so ist ihm der Bankrott gewiß.[19]

Etwa von 1850 bis 1970 durften Firmen straflos die Umwelt verschmutzen. Das ist der Grund, warum „es keine Möglichkeit gibt, private Verursacher zu zwingen, die sozialen Kosten ihrer Tätigkeit zu
tragen" (Pigou); das ist der Grund der „unterschiedlichen privaten und
sozialen Kosten" (Samuelson). Es war kein Versagen der Marktwirt-

schaft – es war das Versäumnis des Staates, mit seinem Rechtssystem das freie Unternehmertum und die privaten Eigentumsrechte zu schützen.

In den 1970er Jahren wurde eine „Entdeckung" gemacht: Die Luft-qualität war gefährlich für Menschen und andere Lebewesen. Der Staat, der das Problem selbst geschaffen hatte, machte sich nun daran, es zu lösen – mit einer Heerschar von Vorschriften, die alles nur noch schlim-mer machten. Es gab Forderungen nach Elektroautos, nach einem Mini-mum an gefahrenen Meilen pro Gallone Benzin, nach Subventionen für Wind-, Wasser-, Solar- und Kernenergie[20], nach Steuern für Kohle, Öl, Gas und andere fossile Brennstoffe, nach willkürlichen Grenzwerten für die Verschmutzung der Luft. Das landesweite Tempolimit von 55 M/h wurde ursprünglich nicht aus Sicherheitsgründen eingeführt, sondern aus ökologischen. Die Produzenten schmutzig brennender Schwefelkoh-le aus den Oststaaten setzten sich gegen ihre Konkurrenten aus den westlichen Staaten (sauber brennende Anthrazitkohle) durch: Die Ost-staatler wollten eine Rieselturm-Vorschrift, die Weststaatler wollten eine Vorschrift, daß ihre eigene Kohle statt die der Konkurrenten zu verbren-nen sei.

Und was dachte die angeblich marktorientierte Schule von Chicago? Statt auf das System privater Eigentumsrechte zurückzugreifen, drängte sie auf die „effizienteren" dirigistischen Regulierungen. Anstelle eines Systems von Befehlen und Kontrollen forderten sie die Einführung ver-käuflicher Emissionsrechte. In diesem System (Hahn, 1989, Hahn und Stavins, 1990, Hahn und Hester, 1989) sollte nicht jeder Umweltver-schmutzer gezwungen werden, seine eigene Emission etwa um ein Drit-tel zu reduzieren, sondern dieses Ziel sollte allen als Gesamtheit auferlegt werden. Warum sollte das nützlich sein? Es könnte für manche Firmen schwierig und teuer sein, ihre Emission von 150 auf 100 Tonnen zu sen-ken, für andere hingegen leicht und billig. Gäbe es verkäufliche Emissi-onsrechte, so könnten einige ihre Emission um weniger als ein Drittel senken (oder sogar steigern) und zum Ausgleich andere dafür bezahlen, daß sie ihre Emission entsprechend mehr senken. Für diese Emissions-rechte soll es einen organisierten Markt geben, auf dem man sie kaufen und verkaufen kann.

Was dieser Plan für die Freiheit bedeutet, ist klar. Anderson meint da-zu (1990): „Zum Glück steht eine einfache, wirksame Methode zur Verfügung, die seit langem bekannt ist, doch zu wenig angewandt wird. Eine Methode, die fest auf dem Boden ... der privaten Eigentumsrechte steht.

Im Grunde ist jede Umweltverschmutzung eine Form von Abfallentsorgung. Der Kern des Problems ist, daß unsere Gesetze und die Rechtsprechung nicht mit dem Abfall Schritt gehalten haben, der durch das explosionsartige Wachstum von Industrie, Technik und Wissenschaft entstanden ist.

Wenn Sie einen großen Beutel Müll nehmen und ihn Ihrem Nachbarn auf den Rasen kippen, weiß jeder, was geschieht. Der Nachbar würde die Polizei rufen, und Sie würden schnell feststellen, daß Sie für die Entsorgung Ihres Abfalls verantwortlich sind, und daß Sie sie auf eine Weise erledigen müssen, die nicht die Eigentumsrechte eines anderen verletzt.

Komplizierter wird es, wenn Sie den gleichen Beutel Müll nehmen und ihn in einem Ofen in Ihrem Garten verbrennen, und die Rußwolken ziehen durch die Nachbarschaft. Die Verletzung von Eigentumsrechten ist dann klar, aber sie zu schützen ist schwieriger. Und wenn der Abfall mit bloßem Auge nicht sichtbar ist, bei einem Großteil der Verschmutzung von Luft und Wasser ist das der Fall, scheint das Problem oft unüberwindlich.

Wir haben schon viele Versuche gemacht, dem abzuhelfen. Wir haben versucht, Umweltverschmutzer mit Bußgeldern abzuschrecken, mit staatlichen Programmen, bei denen alle dafür zahlen, daß der Abfall von wenigen beseitigt wird, mit einer Heerschar detaillierter Regulierungen zur Kontrolle der Umweltverschmutzung. Jetzt gibt es sogar den ernstgemeinten Vorschlag, von Umweltverschmutzern eine Gebühr zu verlangen – je mehr Schmutz, desto höher die Gebühr. Doch das ist nicht anders, als wollte man Einbrecher besteuern, um sie davon abzuhalten, das Eigentum anderer zu stehlen – und ebenso sinnlos.

Die einzig effektive Methode, ernsthafte Umweltverschmutzung loszuwerden ist, sie genau als das zu behandeln, was sie ist – Abfall. Ebenso, wie niemand das Recht hat, einen Beutel Müll auf den Rasen seines Nachbarn zu kippen, so hat auch niemand das Recht, Abfall in die Luft, ins Wasser oder in die Erde abzugeben, wenn dies die Eigentumsrechte anderer auf irgendeine Weise verletzt.

Was wir brauchen, sind härtere, klarere Umweltgesetze, die auch durchgesetzt werden – nicht mit wirtschaftlichen Anreizen, sondern mit Gefängnisstrafen.

Was die strikte Anwendung des Gedankens der privaten Eigentumsrechte zur Folge haben wird, ist, daß die Kosten der Abfallentsorgung steigen. Dieser höhere Preis wird sich in höheren Preisen für die Produkte und Dienstleistungen niederschlagen, bei deren Entstehung der Abfall produziert wurde. Und so sollte es auch sein. Dann zahlen nur diejenigen für die Entsorgung des Abfalls, die einen Nutzen aus seiner Entstehung ziehen."[21]

Es gibt natürlich Einwände dagegen, „die Uhr auf die 1820er Jahre zurückzudrehen". Einer davon ist die Furcht, wenn wir erlaubten, daß jemand einen anderen wegen Umweltverschmutzung verklagt, würde das für die ganze Industrie das Ende bedeuten. Und nicht nur das Ende für die Industrie und die anderen Errungenschaften des modernen, zivilisierten Lebens: Es würde das Aus für das Leben selbst bedeuten, denn strenggenommen könnte sogar das Ausatmen von Kohlendioxid als Umweltverschmutzung gesehen und deshalb verboten werden. Zum Glück ist dieses Szenario nicht haltbar. Erstens war die Industrie in den 1830er Jahren nicht mit der heutigen zu vergleichen, aber sie war auch kein solches Nichts, wie dieser Einwand glauben macht. Zweitens gibt es hierfür einen Grund: Die Beweislast liegt beim Kläger, und so konnten nur die schwerwiegenderen Fälle von Umweltverschmutzung geahndet werden; das Prinzip *de minimis* war wirksam, so daß leichtfertige Klagen oder Bagatellfälle abgewiesen wurden.[22]

Ein anderer, vernünftigerer Einwand ist, daß die Wiederzulassung von Umweltklagen die Industrie zwar nicht zu einem abrupten Stillstand bringen, aber in ein großes Chaos stürzen würde. Es wäre vielleicht besser, eine Kulanzfrist von 10 Jahren einzuräumen, damit die Industrie sich umstellen kann, bevor man so drakonische Maßnahmen einführt.

Diese Option klingt in der Tat pragmatischer, aber auch hier gibt es Probleme. Wir haben gesagt, daß Umweltverschmutzung ein Übergriff ist. Nehmen wir an, jemand hätte die Autorität, einen Übergriff – z. B. Sklaverei – sofort zu unterbinden, täte dies aber zehn Jahre lang nicht, mit der Begründung, das wäre zu „störend" oder „unpraktisch". Aus pragmatischen Gründen mag vieles für eine solche Entscheidung sprechen, aber man kann nicht behaupten, sie diene der Freiheit.

Zum Glück können wir in dieser Frage beides auf einmal haben: Wir können sofort Umweltklagen zulassen und gleichzeitig in jedem Fall eine „Kulanzfrist" von vielleicht zehn Jahren einräumen. Das wird dadurch möglich, daß sich die forensische Umweltforschung 150 Jahre lang, etwa zwischen 1845 und 1995, nicht weiterentwickelt hat, weil das Rechtssystem sie nicht förderte.[23] Hätte sich die forensische Umweltforschung nämlich in diesen letzten 150 Jahren entwickelt, wäre aber aus irgendeinem Grund vor Gericht nicht verwendet worden, und würden wir dann plötzlich ab 1995 Umweltklagen zulassen, so würde das die Industrie tatsächlich schlagartig zum Stillstand bringen. Denn der Kläger könnte die Beweise unter diesen Bedingungen leicht erbringen. Zudem gäbe es eine Menge Übergriffe in Form von Umweltverschmutzung, für die man Leute verurteilen müßte.

Denn wären Emissionen früher streng kontrolliert worden, so hätte sich die Entwicklung umweltfreundlich vollzogen. Mit einem Freibrief für Emissionen hingegen (die spätere Periode) hätte sich die Industrie umweltschädigend entwickelt. Der Übergang von einem System, wo Umweltverschmutzung praktisch legal war (1845–1970), zu einem System, wo sie streng kontrolliert wurde (wie vor 1845), hätte somit eine grundlegende Neustrukturierung der Industrie erfordert.

Wirtschaftliche Freiheit impliziert also eine Rückbesinnung auf die frühere rechtliche Behandlung der Umweltverschmutzung. Dabei braucht man keine ungerechten wirtschaftlichen Härten und Verwerfungen aufgrund von Anpassungsproblemen zu fürchten. Denn abgesehen von offenkundigen und schweren Fällen, die bereits durch Vorschriften und Regulierungen eingeschränkt wurden, wird es mindestens einige Jahre dauern, bis sich die forensische Umweltforschung so weit entwickelt hat, daß die Industrie sich grundlegend umstellen muß.

III. Abfallentsorgung

Der Rummel um Verpackungen aus Papier statt Plastik und Styropor hat auch Bedeutung für die wirtschaftliche Freiheit.

Ende der 1980er Jahre eröffnete McDonald's ein Restaurant in Moskau. In mancherlei Hinsicht war das nichts Besonderes. Ray Kroc hatte seine

Hamburger-Läden schon in Hunderten von anderen Ländern. Doch in anderer Hinsicht war es sogar etwas ganz Besonderes. Denn damals war Rußland noch kommunistisch beherrscht. Daß ein Privatunternehmen im Herzen der UdSSR operieren durfte, zeigte eine Schwäche im totalitären System. Was konnte ein größerer Riß in der Rüstung sein als ein populäres Restaurant, das zum Inbegriff des westlichen Kapitalismus geworden war!

Doch McDonald's ist vielleicht nicht einmal das beste Symbol des freien Unternehmertums. Computer, Klimaanlagen, Autos oder viele andere Produkte wären wohl bessere Symbole gewesen, denn sie verkörpern zusätzlich zur wirtschaftlichen Freiheit auch hochentwickelte Technologie, eine weitere wichtige Errungenschaft des liberalen Kapitalismus. Um den Fuß in die Tür zu bekommen, war McDonald's freilich bestens geeignet, schönen Dank. Das Unternehmen hat Tausende von Beschäftigten, besonders junge, Angehörige von Minderheiten und Einwanderer. Es bringt Millionen von Kunden Freude und hat fast unvorstellbar viele Hamburger verkauft – Milliarden. Das ist ein Zeichen für Qualität. Man kann praktisch die ganze Welt bereisen und bekommt mit Sicherheit die gleiche Art Essen wie in „Kansas". Diese Kette (und andere Nachahmer) ist ein Segen für die Armen. Vor ihrer Entstehung war ein Essen im Restaurant für Arme praktisch unerschwinglich; dank dieser Initiative ist Essengehen auch für Menschen mit schmalem Geldbeutel etwas Normales geworden. Insgesamt war McDonald's keine schlechte Karte in dem Poker mit den Roten um die Zukunft der Weltwirtschaft.

Doch etwa zur gleichen Zeit als Ronald McDonald hinter den Eisernen Vorhang zog, bekam er es zu Hause, im „Land der unbegrenzten Möglichkeiten", mit Barrieren zu tun. Dutzende von Städten in diesem unserem großartigen Land verweigerten McDonald's die Genehmigung, neue Läden zu eröffnen. Warum? Ein Coup der Fünften Kolonne der UdSSR? Eine kommunistische Revolution in den guten alten USA? Mitnichten. Es war vielmehr das Werk linker Umweltschützer.

Warum stemmten sich die lokalen Grünen so erbittert gegen mehr Hamburger-Läden? Weil die Hamburger in Styropor und anderen Plastikhüllen verpackt waren, und wenn es eines gibt, das einem Umweltschützer den Schaum vor den Mund treibt, dann sind es genau diese Materialien.

Nehmen wir einmal an – nur hypothetisch –, alles, was je ein Umweltschützer über Plastik und Styropor gesagt hat, wäre wahr. Diese
Stoffe wären also, im Gegensatz zu Papier, nicht umweltfreundlich, nicht
biologisch abbaubar, nicht recycelbar, nicht wiederverwertbar, sie könnten der Natur nicht zurückgegeben werden. Sie kämen vielmehr zurück,
wenn man sie in der Erde vergraben hätte, und spukten in der Zukunft
als Altlasten herum. Und jeder, der närrisch genug wäre, sie wegzuwer-
fen, ruinierte sein Land für spätere Landwirtschaft, für den Bau von
Häusern, Fabriken, Einkaufszentren usw.

Schauen wir einmal unter diesen Voraussetzungen nach der Fähigkeit
des Marktes, dieses Wissen (Papier = gut, Plastik = böse) weiterzugeben,
so daß die Wirtschaft es berücksichtigt. Schließlich ist genau das angeblich die Funktion des Preissystems. Preise sind ja wie Wegweiser: Sie
sollen die Wirtschaft in die richtige Richtung lenken.[24]

Auf den ersten Blick hat es den Anschein, daß Preise ihre Funktion
vielleicht in der Gesamtwirtschaft erfüllen, aber bei Umweltbelangen
kläglich versagen. Stellen Sie sich vor, Sie stehen an der Kasse in einem
Supermarkt. Sie haben sich gerade Lebensmittel ausgesucht, und der
Kassierer hat die Preise eingegeben. Sie bitten um eine Tüte, und nun
kommt die unvermeidliche, schicksalhafte 64 000-Dollar-Frage: „Papier
oder Plastik?"

Der einzige Grund, eine umweltverträgliche Papiertüte zu nehmen
und das giftige Plastik zu meiden, ist Wohlwollen. Denn nehmen wir an,
jede Tüte kostet einen Cent. In manchen Geschäften wird dies extra be-
rechnet. Beide Arten kosten Sie einen Cent. In anderen Fällen zahlen Sie
nichts für die Tüte, ob Papier oder Plastik; sie ist im Preis inbegriffen, so
wie Beleuchtung, Reinigung oder Werbung im Laden. Wohlwollen gegenüber der Erde oder Ihren Mitgeschöpfen ist Ihre einzig mögliche
Motivation, die Papiertüte zu wählen, denn wirtschaftlich gesehen sind
sie gleich viel wert. Jede einen Cent.

Doch wir alle wissen, was Smith (1776) über Wohlwollen gesagt hat.
Nicht aus Wohlwollen, sondern aus einem klaren Bewußtsein des Eigen-
interesses heraus geben uns der Metzger, der Bäcker und der Kerzenzie-
her von ihren Waren ab. Angesichts der Schädlichkeit von Plastik ist
Wohlwollen in der Tat eine schwache Grundlage für unsere Hoffnungen,
daß es verschwindet. Es ist auch keine Frage der Abwägung zwischen

Wohlwollen und Egoismus. Es ist so wichtig, die Erde von diesen schäd-
lichen Stoffen zu befreien, daß wir *beide* Motivationen mobilisieren
müssen, nicht nur eine.

Warum hat das Preissystem scheinbar versagt? Ist das ein Webfehler
des Kapitalismus, das „Versagen der Marktwirtschaft", von dem sozialistische Ökonomen so gern schwafeln? Mitnichten. Das Versagen liegt
nicht beim Liberalismus, sondern in staatlichen Verboten. Genauer gesagt darin, daß der Staat die Müllentsorgungsindustrie entprivatisiert hat.

Zur Zeit zahlen wir [in den USA] keinen roten Heller für die Müllabfuhr. Statt dessen nimmt uns der Staat Steuern für diesen Zweck ab, und
dann bekommen wir diese Dienste „gratis". Mit anderen Worten: Die
Müllabfuhr funktioniert nach einem ähnlichen Prinzip wie das staatliche
Gesundheitswesen. Auch dort werden Dienste „gratis" geleistet – mit
unseren Steuergeldern.

Diese Systeme haben mehrere Nachteile.[25] Erstens gibt es das Phänomen des „moralischen Risikos" (moral hazard). Wenn die Leute für etwas sehr wenig oder nichts bezahlen müssen, kaufen sie viel mehr davon
als zu normalen Preisen. Außerdem werden sie die Ware oder Dienstlei-
stung „verschwenden".[26] Das erkennt man daran, daß das staatliche Gesundheitswesen ein Paradies für Hypochonder ist und daß Verbraucher
Waren kaufen, die aufwendig verpackt sind. Da die Hausfrau die Entsorgung der Verpackung nicht bezahlen muß, ist es kein Wunder, daß der
Hersteller wenig Anreiz hat, bei der Verpackung zu sparen.[27]

Wie würde ein privater Markt in der Müllentsorgung funktionieren?
Alles wäre privatisiert. Die Müllwagen und die Deponien selbst. Es gäbe
kein Pflichtrecycling und keinen Zwang zum Flaschenpfand[28]; es gäbe
nur Gesetze gegen unbefugtes Betreten – das Abladen von Abfällen auf
fremdem Privatbesitz.

Wie würden die Preise entstehen? Nehmen wir an, es koste nur einen
Cent, eine unschädliche Papiertüte zu vergraben, aber eine Plastiktüte sei
so schädlich, daß jede dem Land, auf dem sie deponiert wird, einen Schaden von 5 Dollar zufügt. Aufgrund des Wettbewerbs kann kein Deponiebesitzer mehr als 5 Dollar dafür verlangen, daß er die Plastiktüte ver-
gräbt, damit nicht der zusätzliche Gewinn daraus neue Konkurrenten in
das Geschäft lockt. Der Preis kann auch nicht unter diese Marke fallen,
denn wenn er das tut, ruiniert er alle, die ihn akzeptieren. Wenn zum Bei-

spiel ein privater Deponiebesitzer einen Preis von 4 Dollar dafür akzeptiert, daß er eine Plastiktüte auf seinem Land endlagert, würde er dabei 1 Dollar verlieren. Mit ein paar Wagenladungen multipliziert, bringt ihm das den Bankrott.

Kommen wir nun zurück zu unserem Supermarkt-Szenario. Nur sieht unsere Kalkulation dieses Mal, aufgrund vollständiger Privatisierung, ganz anders aus:

	Kaufpreis	Entsorgungspreis	Gesamt
Papier	$ 0,01	$ 0,01	$ 0,02
Plastik	$ 0,001	$ 5,00	$ 5,01

Zuvor gab es keinen Anreiz, zwischen Papier und Plastik zu wählen. Beides kostete einen Cent, und damit basta. Nun aber sieht es anders aus. Denn wir müssen das Verpackungsmaterial nicht nur kaufen, sondern später auch auf eigene Kosten entsorgen. Bei einem Entsorgungspreis von einem Cent für Papier und fünf Dollar für Plastik sind unsere Gesamtkosten schnell errechnet: zwei Cent für Papier und fünf Dollar ein Cent für Plastik.

Gibt es irgendeinen Zweifel, daß das ganze Problem unter diesen wirtschaftlichen Bedingungen im Handumdrehen verschwinden würde? Wohl kaum ein geistig gesunder Verbraucher würde das umweltschädliche Plastik kaufen. Die Kosten würden es einfach verbieten. Jeder würde „umweltbewußt" Papier wählen.

Das bedeutet natürlich nicht, daß Plastiktüten aus wirtschaftlichen Gründen ganz verschwänden. Sie würden noch immer benutzt, aber nur wenn ihr Wert höher wäre als $ 5,01. Blut, Lösungen zur Infusion und andere Flüssigkeiten für die Medizin wären weiterhin in Plastikbehältern.

So können wir dank der „Magie des Marktes" wiederum beides haben. Bei vollem Schutz des Privateigentums gibt es keinen Grund, McDonald's per Gesetz zu verbieten. Wenn Plastik und Styropor wirklich eine Gefahr für die Gesundheit der Erde sind, werden sie Deponiebesitzern enorme Kosten bescheren. Diese werden an die Verbraucher weitergegeben. Ließe sich McDonald's nicht davon abbringen, Plastik und Styropor zu verwenden, würde diese Firma gegen ihre Konkurrenten (Burger

King, Wendy`s, Pizza Hut, Taco Bell, A&W usw.) verlieren, die mehr an das Portemonnaie ihrer Kundschaft dächten. So, wie es jetzt aussieht, ist es einfach nicht nötig, die Freiheit zu beschränken, um die Erde zu schützen. Beides geht Hand in Hand.

Doch nun ist es Zeit, unsere Annahmen zur relativen Schädlichkeit von Plastik und Styropor für die Erde zu hinterfragen. Nach dem „Müllforscher"[29] Rathje (1989) ist Plastik eher neutral als gefährlich für die Erde. Wenn etwas gefährlich für die Erde ist, dann Papier; nicht in Form von Tüten, sondern von Telefonbüchern. Nach vielen Jahren in der Erde setzen sie Methangas und andere schädliche Stoffe frei. Wenn es so ist, können Papier und Plastik durchaus miteinander konkurrieren.

Dies ist eine empirische Frage, die sich nicht durch ökonomisches Theoretisieren im Lehnstuhl entscheiden läßt. Wir können sie getrost den privaten Deponiebesitzern überlassen, denn diese Unternehmer riskieren, im Unterschied zu Umweltbürokraten, ihr persönliches Vermögen zu verlieren, wenn ihre Preise nicht dem tatsächlichen Schaden an ihrem Eigentum (und damit an der Umwelt allgemein) entsprechen.

Anmerkungen

1 Der Autor möchte Jonathan Adler (CEI), Dianna Reinhart, Jane Shaw und Rick Stroup (PERC), P. J. Hill vom Wheaton College und Jan Leek (NCPA) für ihre bibliographische Hilfe danken. Niemand unter ihnen ist für den Inhalt dieses Aufsatzes verantwortlich.
2 In diesem Zusammenhang denkt man an Namen wie Tom Hayden, Jane Fonda, Helen Caldicott, Jeremy Rifkin, Kirkpatrick Sale und E. F. Schumacher. Analysen dieses Phänomens bei Horowitz (1991), Bramwell (1989), Rubin (1994) und Kaufman (1994).
3 Dies ist die Gruppe, die das „Bäumenageln" befürwortet: Ein Metallnagel wird in den Baum getrieben, und wenn der Holzfäller mit seiner Kettensäge darankommt, wird er verletzt oder sogar getötet. Ihr Schlachtruf lautet: „Zurück zum Pleistozän!"
4 Diese Ansichten zitieren Goodman, Stroup et al. (1991), S. 3)
5 Berichtet in „On Balance", Bd. II, Nr. 9, (1989), S. 5.
6 Zitiert bei DiLorenzo (1990).
7 Zitiert bei Goodman, Stroup et al. (1991) S. 4.
8 Aus diesem Grund kann man die Kommunisten den Nazis vorziehen. Denn die Nazis wollten nichtarische Menschen in Massen töten und taten es auch. Bei den Zahlen der tatsächlich Getöteten verhält es sich allerdings umgekehrt.
9 Natürlich sprechen Taten lauter als Worte, und so gesehen verdienen es die Grünen nicht einmal, im selben Atemzug genannt zu werden. Andererseits sind Absichten moralisch nicht bedeutungslos, auch wenn sie weniger wichtig sind als wirkliche Taten.
10 Ein Buch, das genau dies versucht, ist Block (1990a).
11 Vgl. die Kritik der amerikanischen Siedlungspolitik bei Stroup (1988), die Erwiderung bei Block (1990b) und eine weitere Verteidigung der Siedlungspolitik bei Hoppe (1993).

12 Vgl. die allgemeine Darstellung des auf Privateigentum basierenden freien Wirtschaftssystems bei Rothbard (1973) und Hoppe (1989). Politisch-nationalökonomische Perspektiven, die manchmal mit dieser Sichtweise verwechselt werden, finden sich bei Hayek (1973) und Nozick (1974), ein Widerspruch gegen sie bei Rothbard (1982b).

13 Zwar gibt es die amerikanische Entsprechung in der Kernschmelze von Three Mile Island. Doch ein beliebter Aufkleber brachte sie in eine gewisse Perspektive. Darauf stand: „In Chappaqui-dick starben mehr Menschen als in Three Mile Island." (In Chappaquidick starb eine einzelne Person – Mary Jo Kopechne – auf einer Autofahrt mit Senator Ted Kennedy.) Die Pointe ist natürlich, daß in Three Mile Island kein einziger Mensch ums Leben kam.

14 Waldbrände, so hört man, seien „natürlich", und man dürfe der Natur nicht ins Handwerk pfuschen.

15 Sie wurden damals „Belästigungsklagen" genannt; von heutiger Sicht aus sind sie als Umwelt-klagen zu erkennen.

16 Nur weil Mord und Vergewaltigung gesetzwidrig waren, gab es Bedarf für eine Forensik, die aufgrund von Sperma, Blut, Haarfollikeln, DNS usw. Schuldige überführen konnte. Wären diese Taten legal, hätten sich diese Fähigkeiten nicht entwickelt. So ist es auch, wenn Umwelt-klagen möglich sind, von höchster Bedeutung, Schuld oder Unschuld zu ermitteln; daher die Entstehung der forensischen Umweltforschung.

17 Natürlich galt es nicht als akzeptabel, „zu der Belästigung zu kommen". Man konnte also nicht in einem Gebiet, das schon zuvor Umweltverschmutzer besiedelt hatten, ein Wohnhaus bauen und sie dann wegen Umweltverschmutzung verklagen. Vgl. hierzu Rothbard (1982a, 1990).

18 Zur Beschwichtigung der Kläger wurde das Gesetz und die Rechtsprechung dahingehend geän-dert, daß sehr hohe Mindesthöhen für Schornsteine eingeführt wurden. So war die Umwelt-schmutzung durch den lokalen Verursacher kein Übergriff gegen den lokalen Kläger mehr. Natür-lich wurde das Problem dadurch nur unter den Teppich gekehrt, oder besser, in die Wolken gebla-sen. Denn wenn der Verursacher den Kläger A nicht länger schädigte, so schädigte er andere. Und die Verursacher B, C, D usw., die A zuvor nicht geschädigt hatten, begannen dies nun zu tun.

19 Dies ist das genaue Gegenteil von Adam Smiths (1776) „unsichtbarer Hand". Gewöhnlich dient egoistisches Gewinnstreben im liberalen Kapitalismus letztlich dem Gemeinwohl. Man inve-stiert z. B. in ein Gut, das sehr knapp ist und daher von der Masse am meisten gebraucht wird, und macht damit den größten Gewinn. Hier hingegen geht ein Mensch pleite, wenn er umwelt-bewußt handelt.

20 Der Price Anderson Act, der Firmen vor der Haftung für Unfälle schützt, ist der krasseste Fall in diesem Bereich.

21 Eine weitere Kritik der verkäuflichen Emissionsrechte bei McGee und Block (1994).

22 Vgl. hierzu Rothbard (1982a, 1990).

23 Von etwa 1845 bis 1970 hatten Luftverschmutzer freie Bahn in die Atmosphäre, in das Eigentum anderer Menschen und deren Lungen. Von etwa 1970 bis heute wurde auf Luft- und Wasserver-schmutzung reagiert, jedoch nur mit Vorschriften, Kontrollen und Regulierung (und in den letzten Jahren mit Plänen für verkäufliche Emissionsrechte). Für die Zulassung von Umweltkla-gen wurde bis jetzt, 1995, praktisch nichts getan. Vgl. Horwitz (1977), Block (1990, S. 282–285).

24 Wenn eine Stadt in früheren Jahrhunderten von einem feindlichen Heer belagert wurde, bestand eine der Verteidigungsmaßnahmen darin, die Wegweiser abzunehmen. Der Gedanke dahinter war, daß dies alteingesessenen Bürgern kaum etwas ausmachen, die Feinde aber verwirren würde.

25 Ganz abgesehen davon ist es unmoralisch, jemanden zu zwingen – ob durch demokratische Ab-stimmung oder nicht —, etwas zu bezahlen, das er gar nicht kaufen will (Spooner 1870, 1966).

26 Wenn wir die Milchversorgung ebenso in öffentliche Hände gäben wie die Müllabfuhr und die medizinische Versorgung, würden die Leute wahrscheinlich mit „Milchpistolen" statt Wasser-pistolen kämpfen, ihre Autos mit Milch waschen und in Milch baden.

27 Unsere Nullpreispolitik hat außer dem Zuviel an Verpackung auch zur Folge, daß dabei verschiedene Materialien kombiniert werden, z. B. Papier, Plastik, Blech und andere Metalle, Pappe usw. All dies macht das Recycling teurer.

28 Auch dies sind weitere Einschränkungen der wirtschaftlichen Freiheit.
29 Ein Müllforscher verhält sich zu Abfallhügeln wie ein Altertumsforscher zu antiken Ruinen. Beide sehnen sich danach, ihrem Material „auf den Grund zu kommen". Beide analysieren es ihrer eigenen Perspektive gemäß.

Literatur

Anderson, Martin, *The Christian Science Monitor*, 4 January 1989, p. 19, reprinted in Block, 1990 a.

Block, Walter, „Earning Happiness Through Homesteading Unowned Land: a comment on ‚Buying Misery with Federal Land' by Richard Stroup", *Journal of Social Political and Economic Studies*, Vol. 15, No. 2, Summer 1990 b, pp. 237–253.

Block, Walter, ed., *Economics and the Environment: A Reconciliation*, Vancouver: The Fraser Institute, 1990 a.

Bookchin, Murray, „Death of a Small Planet", *The Progressive*, August 1989.

Bookchin, Murray, „Toward and Ecological Solution", *Ramparts,* May 1970.

Bramwell, Anna, *Ecology in the 20th Century*, New Haven: Yale University Press, 1989.

Case, Ronald H., „The Problem of Social Cost", *Journal of Law and Economics*, 3: 1–44, 1960.

Commoner, Barry, *Making Peace with the Planet*, New York Pantheon Books, 1990.

Conquest, Robert (1986), *The Harvest of Sorrow*, N.Y.: Oxford University Press.

Conquest, Robert (1990), *The Great Terror*, Edmonton, Alberta: Edmonton University Press.

DiLorenzo, Thomas, „Does Capitalism Cause Pollution?", St. Louis, Washington University: Center for the Study of American Business, Comtemporary Issues Series 38, 1990.

Foreman, David, „Only Man's Presence Can Save Nature", *Harpers,* April 1990.

Gichard L. Stroup, and John C. Goodman, et. al. (1991), *Progressive Environmentalism: A Pro-Human, Pro-Science, Pro-Free Enterprise Agenda for Change*, Dallas, TX: National Center for Policy Analysis, Task Force Report.

Graber, David M., „Mother Nature as a Hothouse Flower", *Los Angeles Times Book Review*, 22 October 1989.

Robert W. Hahn and Robert N. Stavins, „Incentive-Based Environmental Regulation: A New ERA from an old idea?", *Harvard University Energy and Environmental Policy Center Discussion Paper*, June 26. 1990.

Robert W. Hahn, „Economic prescriptions for environmental problems: How the patient followed the doctor's orders", *Journal of Economic Perspectives*, Vol. 3, No. 2., Spring 1989, pp. 95–114.

Robert W. Hahn and Gordon L. Hester, „Where did all the markets go? An analysis of EPA's Emissions Trading Program", *Yale Journal on Regulation*, Vol. 6, No. 1, Winter 1989, pp. 109–153.

Hayek, F. A., *Law, Legislation and Liberty*, The University of Chicago Press, Chicago, 1973.

Hoppe, Hans-Hermann, *The Economics and Ethics of Privat Property: Studies in Political Economy and Philosophy*, Boston: Kluwer, 1993.

Hoppe, Hans-Herman, *A Theory of Socialism and Capitalism: Economics, Politics and Ethics*, Boston: Dordrecht, 1989.

Horowitz, David, *Deconstructing the Left*, Lanham, Md., Secons Thoughts Books, 1991.

Horwitz, Morton J., *The Transformation of American Law: 1780–1860*, Cambridge: Harvard University Press, 1977.

Kaufman, Wallace, *No Turning Back: Dismantling the Phantasies of Environmental Thinking*, New York: Basic Books, 1994.

Lange, Oscar, and Fred M. Taylor, *On the Economics Theory of Socialism*, Minneapolis: University of Minnesota Press, 1938.

McGee, Robert, and Block, Walter, „Pollution Trading Permits as a Form of Market Socialism, and the Search for a Real Market Solution to Environmental Pollution", *Fordham University Law and Environmental Journal*, Vol. VI, No. 1, Fall 1994, pp, 51–77.

Mills, Stephanie, 1989, *Whatever Happened to Ecology?*, San Francisco: Sierra Club Books.

Mises, Ludwig von, *Socialism*, Indianapolis: Liberty Fund, 1981 (1969).

Nozick, Robert, *Anarchy, State, and Utopia*, New York: Basic Books Inc., 1974.

Pigou, Arthur (1912), *Wealth and Welfare*, London: MacMillan

Porrit, Jonathan, and Winner, David (1988), *The Coming of the Greens*, London: Fontana.

Rathje, William L., „Rubbish!", *Atlantic Monthly*, December 1989, pp. 99–109.

Rifkin, Jeremy, „Time Wars: A New Dimension Shaping Our Future", *Utne Reader*, September (1987).

Rifkin, Jeremy, 1980, *Entropy: A New World View*, New York: Bantam.

Rothbard, Murray N., „Law, Property Rights, and air Pollution", *Cato Journal*, Vol. 2, No. 1, Spring, 1982 a, reprinted in: *Economics and the Environment: A Reconciliation*, Walter Block, ed., Vancouver: The Fraser Institute, 1990.

Rothbard, Murray N., *For a New Liberty*, Macmillan, New York, 1973.

Rothbard, Murray N., *The Ethics of Liberty*, Humanities Press, Atlantic Highlands, N.J., 1982 b.

Rubin, Charles T., *The Green Crusade: Rethinking the Roots of Environmentalism*, New York: McMillan Free Press, 1994.

Sale, Kirkpatrick, „Presidential Matters", *Resurgence,* No. 132, January-February 1989.

Samuelson, Paul A., *Economics*, New York: McGraw Hill, 8th ed., 1970.

Samuelson, Paul A., „Social Indifference Curves", *Quarterly Journal of Economics*, 70, No. 1, February 1956. pp. 1–22.

Schumacher, E. F. (1973), *Small is Beautiful*, New York: Harper and Row.

Smith, Adam, *An Inquiry into the Nature and Causes of the Wealth of Nations*, New York: Modern Library, 1776/1965.

Spooner, Lysander, *No Treason*, Larkspur, Colorado, (1870) 1966.

Stroup, Richard, „Buying misery with federal land", *Public Choice*, Vol. 57, 1988, pp. 69–77.

Von der liberalen Demokratiekritik zur liberalen Verfassungsreform – oder: Kann der Parteienstaat gebändigt werden?*⁾

von Andreas K. Winterberger

In den letzten Jahren hat das Ansehen der Politik, der Glaube an deren Fähigkeit, Probleme zu lösen, in breiten Kreisen der Bevölkerung der westlichen Demokratien enormen Schaden genommen. Aus klassisch-liberaler bzw. libertärer Sicht ist diese Entwicklung insofern zu begrüßen als sie die realistische Chance eröffnet, daß die Ideen liberaler Denker, die diese Entwicklung prognostiziert haben, in Zukunft auch im deutschsprachigen Kulturraum eine prägende Renaissance an den Hochschulen, in Teilen der veröffentlichten und der öffentlichen Meinung erleben könnten. In der Folge dürften die politischen Verhältnisse im Sinne eines fortschreitenden Abbaus der von der Politik und der Bürokratie bestimmten Staatssphäre eine radikale Umwälzung erfahren.

Im ersten Teil dieses Essays wird auf einige politische und wirtschaftliche Fehlentwicklungen in der Bundesrepublik vor und nach der Wiedervereinigung eingegangen und auf verpaßte Chancen hingewiesen. Anschließend wird gezeigt, daß die beschriebenen Fehlentwicklungen nicht neu, sondern systembedingt sind. Zuerst wird der echte, d. h. der „strikte Liberalismus"[1] definiert und klar vom „lockeren" Pseudo-

---

*⁾ Es handelt sich hier um die leicht abgeänderte Fassung eines Vortrags, den der Autor am 11. März 1995 auf einer Tagung der Hermann-Ehlers-Akademie in Kiel hielt.

„Liberalismus" etatistischer Provenienz abgegrenzt. Der Leser wird be-
merken, daß nicht die geringsten Gemeinsamkeiten zwischen beiden
Liberalismen bestehen: Der „lockere" Pseudo-„Liberalismus" droht
vom „sanften" zum radikalen Kollektivismus, von der als „Liberalismus" kaschierten Sozialdemokratie für gehobene Bürger, die *Zeitgeist-
surfer* sind, zum *Sozialismus,* zum *Nationalismus* oder unter der Voraussetzung einer akuten Krise zu einer Mischung von beiden Hauptströmungen des ausgehenden 20. Jahrhunderts, die sich als *Faschismus oder
Nationalsozialismus* manifestiert, zu mutieren.[2] In diesem Sinn kann der
sozial-„liberale" *New Deal* Franklin D. Roosevelts durchaus als eine
„demokratische" Spielart des Faschismus begriffen werden.

Anschließend wird kurz auf die *von Benjamin Constant. Alexis de
Tocqueville, Lord Acton, A. V. Dicey, Herbert Spencer und Auberon Herbert*[3] *etc. begründete klassisch-liberale und klassisch-libertäre Tradition
der Demokratiekritik* eingegangen, die *von Wilhelm Röpke, Ludwig von
Mises*[4]*, Bruno Leoni, Friedrich August von Hayek*[5]*, James M. Buchanan,
Murray N. Rothbard*[6] *und Anthony de Jasay im 20. Jahrhundert weiterentwickelt* worden ist und in konkreten Verfassungsreformvorschlägen
von Hayek mündet. Zuletzt wird kurz auf mögliche zukünftige Entwicklungen eingegangen.

I. Deutschlands schleichende Entwicklung zur „Wohlfahrtsdiktatur"

Als 1982 nach 13 Jahren die „sozial-liberale Koalition" von einer „kon-
servativ-liberalen Regierung" abgelöst und im sogenannten „Wende-
wahlkampf" des Jahres 1983 vom Wähler bestätigt wurde, herrschte in
bürgerlichen Kreisen Deutschlands Optimismus, ja gar Aufbruchstim-
mung vor: Viele Konservative erhofften sich die bis heute nicht einge-
löste *„geistig moralische Erneuerung bzw. Wende"* (Helmut Kohl), während die Liberalen und Liberalkonservativen sich mit bescheideneren
Erwartungen begnügten: Das von der Großen Koalition von 1966 bis
1969 erst richtig eingeleitete und von der SPD/FDP-Koalition massiv
beschleunigte Wachstum von Staatsfunktionen, Staatsquote, Staatsverschuldung und staatlicher Regelungsdichte sollte durch Deregulierung,
Re-/Privatisierungen, durch eine Durchforstung der Staatsaufgaben bzw.

Subventionen umgekehrt werden und es sollte Raum für Steuersenkungen bei gleichzeitigem Abbau des Staatsdefizits geschaffen werden. Die Regierung Kohl–Genscher konnte in den ersten anderthalb bis zwei Jahren trotz zögerlicher Vorsicht (Rücksichtnahme auf die wohlfahrtsstaatlichen Zielsetzungen der *linken Christlichsozialen in der CDU* und der *Sozial-„Liberalen" in der FDP*) Anfangserfolge zeitigen: Es schien, als ob die Intention des früheren sozialdemokratischen Bundeskanzlers Willy Brandt – „Wir wollen mehr Demokratie wagen!" – in der Tat von einer die politische Sphäre begrenzenden und die Privatinitiative stärkenden Wende abgelöst würde. Doch kam es anders: Die politischen Machtmenschen Helmut Kohl und Hans-Dietrich Genscher, von Sensibilität für ordnungspolitische und ökonomische Erkenntnisse nicht „angekränkelt", dafür unbestrittenermaßen mit wachem Sinn für kurzfristige politische Opportunitätsüberlegungen begnadet, die 1984 so zwingend nicht waren, entschieden sich für eine *Kehrtwende zur beschränkt konservativen Variante des „Sozialdemokratismus".* Die Folgen sind bekannt: Die Staatsverschuldung der alten Bundesrepublik Deutschland stieg kontinuierlich an, so daß die politische Umsetzung der Wiedervereinigung 1990 von denkbar ungünstigen finanz- und wirtschaftspolitischen Rahmenbedingungen begleitet war.

1. Verpaßte institutionelle Erneuerung bei der Wiedervereinigung

Anstatt daß die Wiedervereinigung als *die Chance für eine institutionelle Erneuerung der politischen und wirtschaftlichen Rahmenbedingungen* erkannt und genutzt worden wäre, indem der Prozeß der fortschreitenden *Aushöhlung des Föderalismus* durch den wegen seines Allzuständigkeitsanspruchs zugleich inflexibler wie in seiner Gestaltungskraft fortschreitend impotenter werdenden Zentralstaat ins Gegenteil gekehrt worden wäre, indem aufgrund der *Gewährung echter politischer wie fiskalischer Autonomie* ein echter *Standortwettbewerb* nicht nur zwischen den *Ländern*, sondern auch zwischen den *Kommunen* (Einführung der *Gemeindeautonomie* nach schweizerischem Vorbild) begonnen hätte *(Fiskalföderalismus)*, statt daß die aktive Partizipation breitester Kreise der ostdeutschen Bevölkerung an der „friedlichen Revolution", die sich im Willen des Volkes nach sofortiger Beseitigung des totalitären Staats-,

Gesellschafts- und Wirtschaftssystems und nach baldmöglicher Wiedervereinigung manifestierte, in Bonn zur Erkenntis geführte hätte, daß *das deutsche Volk mittlerweile zum Subjekt republikanischer Politik herangereift* sei, das auf kommunaler, Landes- und Bundesebene durchaus *direktdemokratisch* entscheiden könne und solle, entschied sich die *classe politique aus wohlverstandenem Eigeninteresse* für den Weg des geringsten Widerstands: Die Bundesrepublik sollte ungeachtet der Wiedervereinigung weiter auf dem Pfad des zunehmend korporativistischen Parteienstaats wandeln. Die weitgehend unmodifizierte Überstülpung altbundesrepublikanischer positivistischer Rechtsnormen auf die neuen Bundesländer sowie die ebenso gravierende Entscheidung, daß der „Aufschwung Ost" mehr auf *staatlichen Transferzahlungen* als auf der privaten Initiative, d. h. dem freien Markt, gründen solle, ist ebenfalls auf dieselbe Logik zurückzuführen. Gegen die in der alten Bundesrepublik vorherrschende, erfahrungsgemäß die Fehlleitung von Kapital begünstigende Praktik der Verteilung von *Fördermitteln*, hatte die in anderen Staaten bewährte, effiziente und marktkonformere *Alternativkonzeption – Schaffung von Tiefsteuergebieten* – in den neuen Bundesländern ebensowenig Chancen wie der Versuch einer Übertragung von *Infrastrukturaufgaben an private Anbieter (überregional:* Erneuerung und Erweiterung des Autobahn- und des Telekommunikationsnetzes; *kommunal:* Müll-, Energie- und Wasserwerke, letztere auch für Kläranlagen zuständig), obwohl dadurch sowohl die ostdeutschen Konsumenten wie die – primär westdeutschen – Steuerzahler insgesamt kostenmäßig massiv *entlastet* worden wären (keine Einführung des „Solidaritätszuschlags" etc.). Die *Treuhandanstalt*, eine echt *realsozialistische Kopfgeburt* aus dessen Endphase, konnte ihre Aufgabenstellung, die möglichst effiziente und sozialverträgliche Privatisierung von einstigen Staatsbetrieben, naturgemäß („Anmaßung von Wissen" im Sinne Friedrich A. von Hayeks) nur schlecht erfüllen. Als zusätzliche Hypothek erwies sich ferner die von rein kurzfristigen und kurzsichtig populistischen Erwägungen (Stimmenkauf im Osten) diktierte fatale Ausgestaltung der *Währungsreform*, die in ihrer konkreten Umsetzung ökonomisch wie sozial *verantwortungslos* war, trieb sie doch zahlreiche durchaus konkurrenzfähige Ostbetriebe in den *Konkurs*. Dennoch hält diese für Ökonomen feststehende Tatsache[7] den amtierenden Kanzler Helmut Kohl nicht ab, in

Wahlkampfreden im Osten wie im Westen Deutschlands bis zum heutigen Tag über die einstigen Warner zu spotten und von einer „geglückten Reform" zu sprechen.

2. Ungünstiger Vergleich mit dem tschechischen Erfolgsmodell

Zieht man einen Vergleich mit der marktwirtschaftlichen Alternative par excellence, dem tschechischen Erfolgsmodell, wie es vom „Ludwig Erhard der 90er Jahre", Ministerpräsident Václav Klaus, durchgesetzt wurde, wird deutlich, wie sehr *Deutschland* seit dem Sturz von Bundeskanzler Ludwig Erhard im Jahre 1966 der *fortschreitenden ordnungspolitischen Verwahrlosung anheimgefallen* ist. *Erhard, Liberaler und Patriot, Euro- und Wohlfahrtsstaatsskeptiker* sowie in langfristigen politisch-ökonomischen Kategorien denkender *Visionär*, wollte noch kurz vor seinem erzwungenen Rücktritt einen sich aus jährlichen Budgeteinnahmen speisenden *Wiedervereinigungsfonds* schaffen, der für die Erneuerung der staatlichen Infrastrukturen im deutschen Osten zum Zeitpunkt X vorgesehen gewesen wäre. Diese weitsichtige Idee wurde von der Regierung Kiesinger–Brandt wie deren Nachfolgern nicht weiter verfolgt; die überwältigende Mehrheit der classe politique wie der Intellektuellen glaubte offensichtlich schon damals nicht mehr an eine Wiedervereinigung beider Teile Deutschlands. Der Weg zur sogenannten *„Entspannungspolitik"* wurde bis 1969/70, vorerst behutsam, Schritt für Schritt eingeleitet.

3. Dominierender Rechtspositivismus in der Bundesrepublik

Ungeachtet der im *Dritten Reich* gemachten Erfahrungen prägt der Rechtspositivismus weitgehend das Grundgesetz der Bundesrepublik Deutschland sowie den Einigungsvertrag; das *Naturrecht* und die klassisch-liberale Konzeption der *„Rule of Law"* spielen eine eher marginale Rolle, wie die alles andere denn rechtsstaatliche Aufarbeitung von *DDR-Unrecht* und die Mißachtung von wohlerworbenen Eigentumsansprüchen in der ehemaligen DDR und in Berlin („Mauergrundstücke") beweisen. Eine freiheitliche Gesellschaft ist eine *Privatrechtsgesellschaft;* dominiert hingegen das sogenannte „Öffentliche Recht", steht alles zur

Disposition der Politik und der Staatsbürokratie. Es vermag daher kaum zu erstaunen, daß sich Regierung und Opposition einträchtig nicht als Verteidiger legitimer Rechte, sondern nach Meinung angesehener Staatsrechtler wie Professor Schachtschneider als *Hehler* von Eigentum betätigen, das das linkstotalitäre DDR-Regime bzw. anfänglich die rote Besatzungsmacht seit 1945 den rechtmäßigen Eigentümern *geraubt* hatte. Die nachträgliche rechtspositivistische „Legitimierung" des auf Geheiß der Sowjets in der *blutigen „Landreform" von 1945 bis 1949* durchgeführten gigantischen Landraubs durch die Bundesregierung Kohl–Genscher unter Irreführung des allzu leichtgläubigen Bundesverfassungsgerichts und der Öffentlichkeit (Verweis auf eine *schriftlich nicht existierende vertragliche Verpflichtung der BRD* gegenüber der damaligen UdSSR) war in Wirklichkeit von politischen Opportunitätsüberlegungen diktiert.

4. Die Alteigentümerproblematik

Von Gesichtspunkten politischer Opportunität war auch die Haltung Helmut Kohls und des *selbstgestylten „Nationalkonservativen"* Wolfgang Schäuble in der Alteigentumsproblematik, insbesondere im *Landwirtschaftsbereich*, geprägt: Statt daß die Landwirtschaftlichen Produktionsgenossenschaften *(LPGs)* und damit eine Machtbasis der kommunistischen Parteikader von SED/PDS und der Agrar-SED „Demokratische Bauernpartei (DBP)" zerschlagen worden wären, begünstigte Bonn deren Nachfolgeorganisationen, rechtlich nunmehr als GmbHs oder GBRs organisiert, was kurz- bis mittelfristig zwangsläufig negative Konsequenzen aufs politische Lebens, insbesondere in den Dörfern Mecklenburg-Vorpommerns und Brandenburgs, hat. Es war daher nur folgerichtig, daß die CDU die Mitglieder der Agrar-SED in ihren Reihen aufnahm; deren Aktivisten können nunmehr als CDU-Parlamentarier die Agrarpolitik in den Ländern und im Bund maßgeblich mitprägen; im Falle von Sachsen-Anhalt hintertrieb gar ein Ex-DBP-Mitglied als Landwirtschaftsministerin die Interessen der Wiedereinrichter, indem sie gegen die massiven Bilanzfälschungen vieler LPG-Nachfolgebetriebe nicht einschritt, diese gar in Abrede stellte und den dagegen ankämpfenden Staatssekretär Klaus Gille, einen Wiedereinrichter aus der 1989 gegründeten Bürgerrechtspartei „Demokratischer Aufbruch", wegen „Befangenheit" entließ. Erst der Machtantritt der rot-grünen Regierung von PDS-Gnaden beendete ihr ministerielles Wirken.

II. Liberale Demokratiekritik

Der klassische wie der moderne, gleichermaßen *„strikte Liberalismus"*, aber auch dessen radikal-libertäre Strömung hat sich seit jeher kritisch mit der Demokratie auseinandergesetzt und Vorschläge zu deren Begrenzung und Reformierung gemacht: *Der liberale Konstitutionalismus* glaubte mit der Idee der *Gewaltenteilung,* wie sie von *Algernon Sidney, John Locke* und *Montesquieu* entwickelt worden war, und der in England gleichermaßen evolutionär entstandenen Idee der „Rule of Law", der „Herrschaft des Rechts", eine endgültige Lösung zur Verhinderung politischen Machtmißbrauchs gefunden zu haben: Die *Begrenzung von Herrschaft jeglicher Art, selbst jener des Volkes*[8]. Doch dies war, wie sich rasch zeigen sollte, ein Trugschluß: Bereits 1853, zu einem Zeitpunkt, wo nach vorherrschender Geschichtsinterpretation der Liberalismus in Großbritannien seine Hochblüte erlebte, schrieb der damals noch dem Naturrecht verpflichtete „Laissez-faire"-Liberale bzw. Altlibertäre Herbert Spencer in seiner Aufsatzsammlung „The Man versus the State" – „Der Mensch gegen den Staat" – im Essay „Over-Legislation"[9]: „Während Tag für Tag ein Mißerfolg registriert werden kann, kommt dennoch Tag für Tag erneut der Glaube auf, daß nur ein Parlamentsakt und einige – zusätzliche – Beamte notwendig seien, um irgendein beliebiges Ziel zu erreichen. Nirgendwo sonst kann das ewige Vertrauen der Menschheit besser beobachtet werden. Seitdem die Gesellschaft existiert und die Enttäuschung gepredigt hat: ‚Vertraue nicht der Gesetzgebung', ist das Vertrauen in die Legislative dennoch kaum zurückgegangen. Hätte der Staat seine unbestrittenen Aufgaben effizient erfüllt, könnte man eine Entschuldigung für diesen Eifer finden, ihm weitere Pflichten zuzuweisen. Gäbe es keine Klagen über seine fehlerhafte Ausübung von Gerechtigkeit, über seine endlosen Verzögerungen und verschwiegenen Ausgaben, über seine Hervorbringung von Ruin statt von Entschädigung, über sein Auftrumpfen als Tyrann statt als Protektor: Hörten wir nie über seine

komplizierten Dummheiten, seine 20 000 Statuten, bei denen er voraussetzt, daß alle Engländer sie kennen, die aber in Wahrheit niemand
kennt, seine vielfältigen Formen, die im Bemühen, jeder denkbaren
Eventualität zu begegnen, tatsächlich aber mehr Schlupflöcher öffnen,
als daß welche geschlossen werden? Hatte der Staat nicht seine Ver-
rücktheit im System gezeigt, jegliche kleine Änderung durch einen neu-
en Gesetzesakt zu regeln, der auf unterschiedliche Art zahllose vorheri-
ge Gesetzesakte beeinträchtigt, wodurch die Übersicht auch für
Spezialisten verlorengeht?"

Fazit: Die Parallelität zu dem uns heute in allen sogenannten „liberalen Demokratien" bedrängenden Problem der *Gesetzesinflation*, das zu
einer Mehrung unkontrollierter staatsbürokratischer Macht und einer
entsprechenden Minderung individuellen Gestaltungsvermögens in Staat
und Gesellschaft führt, ist unübersehbar. Spencer warnte bereits 1842 zu
Recht, daß die Gesetzesflut den Rechtsstaat erodiere und *die liberale Errungenschaft des „Systems der freiwilligen Zusammenarbeit" auf der
Grundlage von Verträgen nach und nach in das alte reaktionäre „System
der Zusammenarbeit aufgrund von Zwang" zurückverwandle*, das er mit
dem Sozialismus gleichsetzte. Der große amerikanische Libertäre *Albert
Jay Nock* knüpfte in seinem in den 30er Jahren unter dem Eindruck des
„New Deal" des damaligen Präsidenten Franklin D. Roosevelt publizier-
ten Hautpwerk „*Our Enemy, the State*"[10] an diese Gedanken Spencers
an.

III. „Spontane Ordnung" kontra „Gemachte Ordnung"

Friedrich A. von Hayek und Bruno Leoni haben in ihren grundlegenden
Werken „*Verfassung der Freiheit*", „*Law, Legislation and Liberty*"[11]
bzw. „*Freedom and the Law*"[12] den Liberalismus unter Anknüpfung an
die im 20. Jahrhundert fast schon vergessene klassisch-liberale angelsächsische Tradition der „*Rule of Law*" erneuert und weiterentwickelt.
Hayek vertritt die Grundthese, „daß nicht nur einige wissenschaftliche,
sondern auch die bedeutendsten politischen Differenzen unserer Zeit
schlußendlich auf gewisse grundlegende philosophische Unterschiede
zwischen zwei Denkschulen zurückzuführen"[13] seien, von denen die

eine auf falschen Grundlagen basiere. Obwohl beide Konzeptionen gemeinhin dem Rationalismus zugeordnet werden, sind sie fundamental verschieden: Die erste Denkschule, von Hayek als *„konstruktivistischer bzw. ,naiver' Rationalismus"* bezeichnet, beruht meist auf dem *kartesianischen Konstruktivismus (Descartes, Voltaire, Hobbes etc.)* und geht davon aus, daß alle sozialen Institutionen »das Produkt willentlicher Schöpfung" seien und sein sollten. Diese „falsche Ansicht" sei aufs engste mit der im gleichen Maß grundfalschen Vorstellung verbunden, wonach der Verstand „außerhalb des natürlichen Kosmos„ stehe, weshalb „die Konstruktion der gesellschaftlichen Institutionen und der Kultur, in der er lebt, ermöglicht" werde. Doch Tatsache sei, „daß der Verstand eine Anpassung an die natürlichen und sozialen Umgebungen ist, in denen der Mensch lebt".

Der Verstand habe sich in konstanter Wechselwirkung mit den Institutionen, die die Gesellschaftsstruktur bestimmten, entwickelt. Die andere Denkschule, als „evolutionärer bzw. ,kritischer' Rationalismus" bezeichnet, geht auf *Bernard Mandeville, David Hume, Adam Smith, Edmund Burke,* aber auch auf *Wilhelm von Humboldt, F. C. von Savigny* und *Immanuel Kant* zurück und betont, „daß die Geordnetheit der Gesellschaft, die zu einer erhöhten Wirksamkeit der individuellen Handlung(en) führt, nicht nur von Institutionen und Praktiken herrührte, welche zu diesem Zweck eigens erfunden oder konstruiert worden waren, sondern hauptsächlich von einem Prozeß, der zuerst als ,Wachstum' und später als ,Evolution' bezeichnet wurde; ein Prozeß, indem Praktiken, die zuerst für andere Gründe oder aber nur rein zufällig angewandt wurden, erhalten blieben, befähigten sie doch die Gruppe, in der sie entstanden waren, dazu, sich gegenüber anderen Gruppen durchzusetzen".

Da *„die gemachte Ordnung oder Taxis"* auf dem Glauben beruhe, daß Ordnung nur durch Kräfte außerhalb des Systems, d. h. exogen erzielt werden könne, handle es sich bei ihr um eine *Konstruktion*, ein künstliches Gebilde, und falls es sich um eine zielgerichtete Ordnung handle, um eine *Organisation*.

„Die gewachsene Ordnung oder Kosmos" ist dagegen selbstregulierend und endogen, somit handelt es sich um eine „spontane Ordnung" (Hayek).

„Gemachte Ordnungen (Taxis)" sind relativ einfach oder zumindest derart beschaffen, daß ihre Komplexität noch durchaus überblickbar ist, dadurch sind sie meist auch konkret, d. h. ihre Existenz kann intuitiv durch Nachprüfen wahrgenommen werden: „Da sie auch konstruiert wurden, dienten sie ihrem Hervorbringer zu bestimmten Zwecken." Anders liegt der Fall bei der „spontanen Ordnung (Kosmos)": „Ihr Komplexitätsgrad ist nicht beschränkt darauf, was die menschliche Vernunft aufnehmen kann. Ihre Existenz braucht sich nicht zu manifestieren in unseren Sinnen, sondern mag gegründet sein auf rein abstrakte Beziehungen, die wir nur geistig rekonstruieren können." Folglich wird unsere „Kenntnis beschränkt sein auf den allgemeinen Charakter der Ordnung, die sich selber formt". Die Bildung einer *spontanen Ordnung* – beispielsweise der *„Marktwirtschaft ohne Adjektive"* (Václav Klaus), wofür Adam Smith den bildhaften Vergleich mit der *„unsichtbaren Hand"* verwendete, oder der historisch gewachsenen *„Herrschaft des Rechts"* im Sinne von *„lawyer's law"* – sei nun stets das Resultat von deren Elementen, die gewissen Regeln in Antwort auf ihre unmittelbare Umgebung folgten. Merkmale dieser Regeln seien es, daß sie auf eine unbekannte und unbestimmbare Anzahl von Personen und Instanzen anwendbar seien. Damit nun aber eine umfassende Ordnung entsteht, müßten alle Individuen bestimmten Regeln folgen, wodurch ihre Handlungen beschränkt werden. Hayek bestreitet natürlich nicht, daß in jeder Gesellschaft menschliche Zusammenarbeit sowohl auf spontaner Ordnung als auf konstruierter Organisation beruhet, doch bedeute diese Koexistenz nicht, „daß wir sie nach Lust und Laune kombinieren können"[14].
Da das Recht spätestens seit dem letzten Viertel des 19. Jahrhunderts auch in Großbritannien mit dem Prozeß der Rechtssetzung immer mehr in direkte Beziehung gebracht wurde, veränderte sich zwangsläufig das Rechtsverständnis: Es wurde mehrdeutig.

1. „Nomos" und „Thesis"

Friedrich A. von Hayek unterscheidet demgegenüber zwischen „Nomos – dem freiheitlichen Recht" – und „Thesis – dem gesetzten Recht". Das freiheitliche Recht ist evolutionär entstandenes oder *gewachsenes Recht* und besteht aus Regeln, die das menschliche Zusammenleben ordnen.

Diese Regeln sind „auf eine unbekannte Zahl von künftigen Instanzen anwendbar" und umfassen Verbote, die den geschützten Bereich von jeder Person abgrenzen. „Diese Regeln werden ihre beabsichtigte Wirkung, nämlich die Sicherung der Bildung einer abstrakten Ordnung mittels Handlungen, nur durch ihre allumfassende Anwendung erreichen, während ihre Anwendung auf besondere Veranlassung hin nicht auf einen bestimmten Zweck, der sich vom Zweck des gesamten Regelsystems unterscheidet, zugesprochen werden kann". Dieses System aus Rahmengesetzen entwickelt sich durch die „systematische Anwendung einer negativen Überprüfung von Gesichtspunkten der Gerechtigkeit". Regeln, die bei dieser Überprüfung versagen, werden entweder modifiziert oder eliminiert. Während *das freiheitliche Recht von einer spontanen Ordnung ableitbar* ist, dient das *gesetzte Recht* dem „bewußten (willentlichen) Aufbau einer *Organisation*, die bestimmten Zwecken dient". Diese „Organisationsregeln" zielen auf besondere Resultate hin, die von den Absichten ihres Organisators abhängen. In den meisten Fällen entspricht *„Thesis"* dem *Öffentlichen Recht*, während *„Nomos"* für *Privatrecht* steht.

2. Schrittweise Transformation der liberalen Ordnung in den Totalstaat bzw. die Wohlfahrtsdiktatur

Indem nun eine Verwischung dieser fundamental verschiedenen Rechtsbegriffe von den *Staatsinterventionisten* – d. h. den „lockeren" Sozial-„Liberalen", den Sozialdemokraten, Sozialisten/Kommunisten, Nationalsozialisten, Faschisten, etatistischen Konservativen und Rechtspositivisten jeglicher ideologischer Färbung angestrebt und bereits teilweise erfolgreich durch die Parlamente in die Praxis umgesetzt worden ist, können wir die schrittweise, schleichende Transformation der liberalen rechtsstaatlichen und marktwirtschaftlichen Ordnung in einen sozialistischen oder sozialdemokratischen Totalstaat bzw. eine „Wohlfahrtsdiktatur" (Roland Huntford) spätestens seit dem letzten Viertel des 19. Jahrhunderts konstatieren, eine Entwicklung, die durch *Bismarcks Sozialgesetzung* eingeleitet und von den *ersten demokratischen Sozial-„Liberalen"* (T. H. Green, L. T. Hobhouse) im Zeichen des *deutschen Idealismus (Hegel etc.)* aufgegriffen wurde[15]. Der politische Triumph der

Sozial-„Liberalen" sowie ihrer Bündnispartner, der nationalistischen Konservativen bzw. der Sozialdemokratie, über die radikalliberale *Manchesterschule,* die für die spontane Ordnung, den internationalen Freihandel, eine auf freien Verträgen gründende Sozialpartnerschaft, für Selbsthilfe und gegenseitige Hilfe (karitative Organisationen), einen kosmopolitischen Antiimperialismus und Antikolonialismus einstand[16], basierte auf einem geistigen Paradigmenwechsel bei den Intellektuellen und der Einführung des allgemeinen Wahlrechts für alle Männer[17]: Diese Umwandlung der *elitären Demokratie,* die zuvor auf den *Kreis der Wohlhabenden und Gebildeten* im Sinne Benjamin Constants[18] beschränkt war, in eine Massendemokratie, beschleunigte den Siegeszug von Nationalismus und Sozialismus und resultierte im Ersten Weltkrieg, der bolschewistischen und der faschistischen bzw. nationalsozialistischen Revolutionen und schlußendlich im Zweiten Weltkrieg. *Ein Ergebnis jedes Krieges* war zudem *neben der Zerstörung sozialer Bindekräfte die Mehrung staatlicher Gewalt* zu Lasten des freien Individuums und der Familie, von Gesellschaft und Wirtschaft[19].

IV. Weitere Gründe für die Niederlage des Liberalismus

Im *Pluralismus,* im Verzicht auf die Verkündung von Heilsgewißheiten, war und ist die Stärke, zugleich aber auch die Schwäche der liberalen Ordnung begründet: Der rasante technische Wandel, wie er einer arbeitsteiligen Wirtschaft und Gesellschaft seit der Industrialisierung eigen ist, erhöht(e) zugleich auch fortwährend deren *Komplexitätsgrad.* Zahlreiche Menschen wußten und wissen die Chancen einer fortschreitenden Individualisierung zu nutzen; es fiel und fällt ihnen nicht allzu schwer, Nischen in Wirtschaft und Gesellschaft zur persönlichen Gestaltung ausfindig zu machen. Andere wiederum, etwa Massenmenschen, von eher passivem und staatsgläubigem Charakter, fühl(t)en sich überfordert, aus dem vielfältigen Angebot die ihnen zusagenden Rosinen herauszupicken. Sie hatten und haben Mühe, zwischen der *Moral der „Großen Gesellschaft"* (Adam Smith), (gemeint ist die Ehtik des Wirtschaftslebens, des Wettbewerbs) – und *der von Solidarität geprägten Moral der kleinen Gruppe* zu unterscheiden, wie sie in der Familie, unter Freunden, Bekannten, Nachbarn etc. herrschen kann. Die das wirtschaftliche Leben prägende Abstraktheit betrieblicher Abläufe – ein Ergebnis der Arbeitsteilung – überstieg bzw. übersteigt ihr Verständnis, sie vermiß(t)en die Geborgenheit der – stets überschaubaren – *Gemeinschaft*, die eine *geschlossene* ist. Nationalismus, Faschismus, Sozialismus/Kommunismus und Sozialdemokratie üb(t)en auf die stumpfen Massen eine große Faszination aus, da sie mit der Idee der *„Volksgemeinschaft"* oder des *„Volksheims"* das Versprechen einer Rückkehr zur primitiven, nicht-komplexen Urgesellschaft verb(a)nden, *wo totale Sicherheit gegenüber den Wechselfällen des Lebens garantiert* erscheint. Den effektiven Vorteil der „ausgedehnten" (Hayek) oder marktwirtschaftlichen Ordnung, daß viele Individuen daran mit kontinuierlich steigendem Wohlstand partizipieren, ohne daß sie sich kennen müssen oder wie in der kleinen Gemeinschaft wertemäßige Homogenität haben, wenn man von einer Ausdehnung der Akzeptanz von Prinzipien wie Ehrlichkeit oder des Privateigentums über den eigenen Kreis hinaus absieht, konnten und können sie nicht erkennen.

Eine große Gefährdung der liberalen Ordnung lag und liegt ferner darin, daß vielen Menschen das Verständnis dafür fehlt(e), daß die *freiheitliche Ordnungsidee ganzheitlich Staat, Wirtschaft, Gesellschaft und den Kulturbereich prägt*. Das ist paradoxerweise ein *Ergebnis der Arbeitsteilung* und des Trends zur Spezialisierung. Eine relativ kleine Minderheit von Menschen dürfte seit dem letzten Viertel des 19. Jahrhunderts aufgrund praktischer Erfahrungen als Unternehmer oder leitende Angestellte gelernt haben, wie der Markt funktioniert, obwohl alle Personen an sich auch handelnde Wirtschaftssubjekte (als Konsumenten, Arbeitnehmer, Unternehmer etc.) sind. Noch weniger Individuen scheinen das Funktionieren des Marktes in der Theorie begriffen zu haben, d. h. als „spontane Ordnung" (Hayek), in der die Signale des Preismechanismus der Koordination der Handlungen der Marktteilnehmer dienen und derart die „Nutzung von breit verstreutem Wissen" (Hayek) ermöglichen. Als Adam Smith lebte, war der Anteil der Individuen, die als Selbständige oder als unselbständig Erwerbende mit einer unternehmerischen Nebentätigkeit (als Bauern, als Produzenten von Textilprodukten etc.) wirkten, bedeutend größer. Die *heutige „Angestellten- und Beamtenkultur"* hat deshalb die fatale Tendenz, den Staat als unparteiischen

allumfassenden Problemlöser in jeder Lage, ja gar als Dienstleistungsorganisation par excellence, aufzufassen. Daß Rechts- und Marktordnungen hochkomplexe Gebilde sind, die auf ordnungswidrige Staatsinterventionen mittel- bis langfristig anders reagieren, als man sich eigentlich
versprochen hat, wird zu wenig beachtet. Gleichzeitig begünstigt dieser
Trend das Streben vieler Repräsentanten organisierter Sonderinteressen
(Gewerkschaften, Unternehmerverbände, Großunternehmen etc.), Politiker jeglicher Couleur, Beamter und *„Sinnproduzenten"* – so Helmut
Schelsky[20] über die Klasse der Intellektuellen – nach Machtmehrung
bzw. nach Einkünften und Unternehmergewinnen, die sie auf dem freien
Markt unter Verzicht auf Verwendung politischer Mittel schwerlich
erzielen würden. Da ihre Legitimation sich letztlich auf den – sachlich
unhaltbaren – Anspruch stützt, Probleme im Sinne des sogenannten
„Gemeinwohls" einer Lösung näher zu bringen, sind sie an einer
Schürung derartiger Vorurteile letztlich existenziell interessiert.

1. Staats-, nicht „Marktversagen"

Die Konsequenz ist eine *Kaskade von sich beschleunigenden und sich
selbst nährenden Staatsinterventionen,* die offiziell mit – vermeintlichem
– „Marktversagen" begründet werden, tatsächlich aber das ständig
zunehmende Staatsversagen kaschieren sollen. Dies hat wiederum zur
Folge, daß *wirtschaftliche Kalkulation,* die einzig in einer „Marktwirtschaft ohne Adjektive" uneingeschränkt möglich ist, immer mehr beeinträchtigt wird, was die Fehlallokation von Kapital ständig erhöht und
zu sich häufenden wirtschaftlichen Krisen führt. Zugleich beschleunigt
sich der *Mentalitätswandel bei Unternehmern, Bürgern und Politikern:*
Immer weniger wird auf den Markt und die eigene Leistung und immer
stärker auf – korrumpierende – politische Einflußnahme, Stimmenkauf
und Käuflichkeit von Entscheidungsträgern in Politik und Verwaltung
gesetzt: Die liberale Demokratie transformiert sich zum von Interessengruppen, Parteien und Beamten („Sozialtechnikern") gelenkten sozialdemokratischen Kooperativismus, dem schlechter organisierte Gruppen
und letztlich auch der Staat, bei den vom Neid diktierten Verteilungskämpfen, die mit nebulösen, scheinbar „moralisch" klingenden Zielsetzungen wie der Verfolgung der „sozialen Gerechtigkeit" beschönigt

werden, zum Opfer fallen. Es ist nach Ansicht von Anthony de Jasay[21] offen, ob eine derartige *„Schacherdemokratie"* (Hayek) unter Verzicht auf autoritäre oder gar totalitäre Instrumentarien rein rechtsstaatlich überwunden und in liberalere Bahnen gelenkt werden kann.

V. Liberale Gerechtigkeit laut Hayek

Nach Friedrich A. von Hayek[22] kann demgegenüber in der liberalen Privatrechtsgesellschaft nur *menschliches Verhalten* als *„gerecht"* oder *„ungerecht"* bezeichnet werden: „Den Begriff der Gerechtigkeit auf andere Umstände als menschliche Handlungen oder Regeln, die diese bestimmen, anzuwenden, ist ein kategorischer Fehler". Kriterien der Gerechtigkeit lassen sich somit auf Handlungen oder daraus resultierende Ergebnisse von Organisationen wie jene des Staates, nicht aber auf jene innerhalb einer „spontanen Ordnung" (Marktwirtschaft) beziehen, zumal deren Umstände nicht das willentlich beabsichtigte Ziel der individuellen Handlungen ist. Hayek erinnert an die heute kaum in der realen Praxis geltende Tatsache, daß in einer freiheitlichen Gesellschaft nur der Teil des Rechts, der aus *„Regeln des gerechten Verhaltens"* (*„rules of just conduct"*) besteht – d. h. im wesentlichen *das Privat- und das Strafrecht* – für den privaten Bürger bindend ist. Die Regeln des gerechten Verhaltens sind *negativ*, d. h. aus ihnen ergeben sich im allgemeinen keine positiven Pflichten für irgend jemand, sofern er diese nicht vertraglich eingegangen ist. Diese Regeln umschreiben die Bereiche, innerhalb derer sich das Individuum frei bewegen kann – was sich aus ihrem negativen Charakter ergibt – und die auf eine unbekannte Zahl künftiger Fälle anwendbar sind, indem sie einem Test der Generalisierung oder Universalisierung unterworfen werden können. *Hayek setzt Gerechtigkeit mit dem „Prinzip, alle nach denselben Regeln zu behandeln"*, gleich. Er legt schlüssig dar, daß die „offene Gesellschaft" (Karl Popper) möglich geworden sei, indem Handlungen nicht mehr nach besonderen Ergebnissen wie in der zielorientierten primitiven Gesellschaft („Teleokratie"), sondern nach Regeln („Nomokratie") beurteilt würden: „Gerechtigkeit ist daher betontermaßen nicht eine Ausbalancierung der partikulären Interessen, um die es in einem konkreten Fall geht, oder selbst der Interessen von bestimmbaren Klassen von Personen, noch sucht sie in besonderen Umständen Bedingungen zu erreichen, die als ‚gerecht‘ betrachtet werden. Gerechtigkeit kümmert sich nicht um die Ergebnisse, die eine bestimmte Handlung tatsächlich hervorrufen wird."

Das Privatrecht setzt statt dessen Vertragsfreiheit, Unverletzlichkeit des Eigentums und die Pflicht zum Schadenersatz als Entgeltung für widerrechtlich verursachte Schäden voraus. Das Streben nach mehr Gerechtigkeit kann daher verfolgt werden, indem das existierende Rechtssystem entsprechend dieser Zielsetzung im Sinne eines negativen Tests weiterentwickelt wird. Daher ist auch die Idee der „sozialen Gerechtigkeit" in einer freiheitlichen Ordnung bedeutungs- und inhaltsleer. Eine Marktwirtschaft könne nicht erhalten werden, wenn ihr im Namen „der ‚sozialen‘ Gerechtigkeit oder irgendeines anderen Vorwands ein Belohnungsschema aufgezwungen wird, das auf einer Einschätzung der Leistungen oder Bedürfnisse der verschiedenen Individuen oder Gruppen basiert und von einer mit Macht versehenen Autorität erzwungen wird". Dieses Konzept hat gar eine selbstbeschleunigende Neigung: „Je mehr erkannt wird, daß die Stellung der Individuen oder Gruppen von den Handlungen der Regierung abhängig wird, desto mehr werden diese insistieren, daß die Regierung auf ein erkennbares Schema der Verteilungsgerechtigkeit hinzielt. Je mehr die Regierungen versuchen, irgendein vorher ausgedachtes System der wünschbaren Umverteilung zu realisieren, desto mehr müssen sie die Positionen der verschiedenen Individuen und Gruppen ihrer Kontrolle unterwerfen": der Totalstaat als Endstation.

In einer freien Marktwirtschaft könne jeder Mensch seine Beschäftigung frei wählen und sein Wissen für seine eigenen Zwecke nutzen – daher habe aber auch niemand die Macht oder die Pflicht, durchzusetzen, daß die Ergebnisse wirtschaftlichen Handelns unseren Wünschen entsprächen.

VI. Liberale Verfassungsreform nach Hayeks Vorschlägen

Im dritten Band von „Recht, Gesetzgebung und Freiheit": „Die politische Ordnung eines freien Volkes"[23], tritt Hayek für eine radikalliberale

Verfassungsreform ein, um den andauernden Prozeß der Erosion der individuellen Freiheit zu stoppen und umzukehren, den er auf die fehlende Unterscheidung von „Nomos" und „Thesis", von „Regeln des gerechten Verhaltens" und verwaltungsinterner Verordnungen, von Gesetzgebung im eigentlichen Sinn und von Administration, zurückführt. Durch die *Aufteilung der heutigen Legislative in ein Zwei-Kammer-System*, wobei die eine Kammer, die „nomothetae" für das eigentliche Recht, und die „Regierungskammer" für die „Taxis" zuständig wäre, soll dieses Ziel erreicht werden. Der renommierte Verfassungsrechtler Gianfranco Miglio hat diese Ideen teilweise in seinen Reformplänen für eine *Dreiteilung Italiens in Kantone oder Makroregionen*, denen ein *föderalistisches Präsidialregime* übergeordnet ist, aufgegriffen.

VII: Verhindert der demokratische Wohlfahrtsstaat das Trittbrettfahrertum?– Widerlegung durch Anthony de Jasay

Die Propagandisten des demokratischen Wohlfahrtsstaates suchen ihre handfesten Sonderinteressen durch die *„Vermittlung falschen Bewußtseins"* (Karl Marx) in allen Bevölkerungsschichten durchzusetzen, namentlich durch den *Mythos des Gesellschaftsvertrags* und der damit untrennbar verknüpften *Behauptung der Existenz sogenannter „öffentlicher Güter"*. Anthony de Jasay, meines Erachtens der bedeutendste lebende Sozialphilosoph des „strikten Liberalismus" (Jasay), widerlegt in seinem Werk „Social Contract, Free Ride"[24] diese Zwillingsmythen gründlich.

1. Vertrag oder Befehl

Er unterscheidet grob in – eingestandenermaßen – reduktionistischer Art zwischen *zweierlei Formen von sozialer Kooperation:* dem Vertrag (klassischer Liberalismus bzw. Libertarismus) und dem Befehl (Kollektivismus). Sitten und Gebräuche sind für ihn „Kinder des Vertrages", „versteinerte Verträge", deren Konditionen im Unterschied zu Verträgen, die ad hoc abgeschlossen werden, standardisiert werden.

Der *Naturzustand* wird gemäß der *klassischen Gesellschaftsvertrags-*

lehre wie folgt skizziert: Alle führen gegeneinander Krieg. Leben und Eigentum werden nicht durch kollektive Anstrengung geschützt: jedes Individuum ist Richter in eigener Sache. Verträge sind nicht erzwingbar, da andauernde soziale Kooperation nicht denkbar ist. Daher gibt es bloß nicht-produzierte, nicht aber von Menschen hergestellte öffentliche Güter.

Jasay meint demgegenüber, dieses Bild habe wenig mit der historischen Realität gemein: Die vorherrschende Form der sozialen Kooperation im Naturzustand sei entweder *unilaterale Kooperation* oder *selbsterzwingender Vertrag,* da unter der Hypothese gleicher Stärke die Unterwerfung der anderen unter das eigene Kommando nur unrentabel zu erreichen sei. Die Durchsetzung nicht-selbsterzwingender Verträge sei weniger unwahrscheinlich, als gemeinhin gedacht werde, aber dennoch problematisch. Wenn wir uns entlang des Spektrums von der gleichmäßig verbreiteten, vollkommen gleichen Gewaltverteilung in Richtung des vollkommen konzentrierten Monopols von Macht bewegten, würden wir uns durch „Naturzustände" von zunehmend mangelnder Perfektion bewegen. Diese Entwicklung auf der Grundlage eines Gedankenexperiments setzt etwa die Bildung von Koalitionen voraus, aus der ungleiche Machtverteilung resultiert. Ein ausreichend unperfekter Naturzustand könnte sehr wohl ein instabiler sein: Dann wenn Ungleichheiten von Macht sich stark entwickelt hätten, arbeite die Anreizstruktur nicht länger gegen die Erstanwendung von Gewalt. Wenn ein stabilisierender Faktor fehle, könne die Entwicklung nicht kurz vor Erreichung des Machtmonopols, des absoluten „Nicht-Naturzustands" gestoppt werden. Diese simplizistische Darstellung ergibt nach Jasay eine an Fakten mangelnde Darstellung des Staates im Rahmen der rationalen Entscheidungstradition, die der traditionellen Theorie (Hobbes) ebenfalls eigen ist, letzterer aber einen Strich durch die Rechnung macht aufgrund einer abweichenden Beschreibung des Naturzustands. In der Tat entstehen die Lösungen von Koordinationsproblemen oft – wie schon Friedrich A. von Hayek eindrücklich darlegte – aufgrund spontaner Prozesse; meist entwickeln sie sich zu Standardlösungen (etwa Schlangestehen an Bushaltestellen). Gleichzeitig kann damit selbst im perfekten Naturzustand die Durchsetzung privater Verträge logisch begründet werden, ohne daß hierfür ein souveräner Koordinator und

Vertragserzwinger notwendig wäre – darin stimmt Jasay mit *libertären Minarchisten* – Befürwortern des liberalen Minimal- bzw. *Nachtwächterstaats* – wie Bruno Leoni, John Hospers[25] und *libertären Anarchokapitalisten* wie Murray N. Rothbard, David Friedman[26] und Bruce Benson[27] überein.

2. Der Abschluß eines Gesellschaftsvertrags ist nicht notwendig

Damit besteht in der Tat auch keine Notwendigkeit zum Abschluß eines Gesellschaftsvertrags, der einen Souverän legitimieren würde. Die Vorteile sozialer Kooperation, nützlicher *liberaler Normen wie des Respekts gegenüber Leben und Eigentum,* der *Herrschaft des Rechts,* der *Verläßlichkeit von Verträgen* sind selbst im Naturzustand gewährleistet. Anthony de Jasay ist der Meinung, Vertreter des Gesellschaftsvertrages wie John Locke und Rousseau behaupteten zwar, die Regierung übe nützliche und wichtige Aufgaben aus, die nicht durch irgendeine andere Institution ausgeübt werden könnten, wenn der Spielraum hierfür bereits von einem de-facto-Souverän ausgefüllt worden sei. Doch werde nicht gezeigt, warum diese oder Substitutionsfunktionen nicht ausgeübt werden könnten. Die (Rechts-)Geschichte seit dem Mittelalter liefert hierfür eindrückliche Belege.

Jasay unterscheidet zwischen verschiedenen Kategorien von Gütern: nicht produzierte, ständig vorhandene oder selbsterneuerte Güter brauchen in der Tat nicht reproduziert zu werden. Die meisten produzierten Güter müssen bekanntlich solange nicht reproduziert werden, bis sie knapp und damit zu *ökonomischen Gütern* werden. Diesen wendet er sich nun zu: Wenn unterschiedlicher Zugang zu den betreffenden Gütern bestehe, so daß die einen Menschen davon aus-, die anderen aber eingeschlossen seien, existierten bereits vorhandene Lösungen, um eine Einschließung mit dem Vorteil der Beitragszahlung zu verknüpfen („cash-nexus": ein ausreichend teilbares Gut hat einen Preis je Einheit). Andere Mechanismen wie die Erhebung einer außerordentlich geringen Zulassungsgebühr oder „kreuzweise Subventionierung" führten zum *uneingeschränkten Genuß eines Gutes,* wodurch die beschriebene Verknüpfung deformiert oder gelockert werde (Effizienzverlust), ohne daß die Produktion des Gutes völlig unterbunden würde. Wenn unterschied-

licher Zugang nicht länger gewährleistet ist, entsteht das *berühmte*
„Dilemma" der *„öffentlichen Güter"*. Nach traditioneller Doktrin wird
axiomatisch behauptet, daß öffentliche Güter an sich nicht ausschließbar
seien und daß eine sogenannte „Gemeinsamkeit des Angebots" bestünde. Jasay bestreitet nun unwiderlegbar, daß irgendein Gut an sich nicht
ausschließbar sei; *für jedes denkbare öffentliche Gut* seien durchaus *Aus-*
schließungsmechanismen möglich. Ausschließbarkeit sei eine variable
Eigenschaft aller Güter, was durch variable Ausschließungskosten re-
flektiert werde. Er schlägt daher vor, daß statt der „Nichtausschließ-
barkeit" von Gütern von den größeren oder geringeren Ausschließungskosten von Gütern im allgemeinen gesprochen werde. Denn: „Probleme
der öffentlichen Güter entstehen nicht, wenn ein Gut nicht ausschließbar
ist (selbst wenn es eine derartige Kategorie gäbe), sondern wenn es
tatsächlich nicht ausgeschlossen wird, aus welchen Gründen auch immer.
Soziale Gebräuche mögen ebenso sehr damit zu tun haben wie die
Schwierigkeit und die hohen Kosten einer Ausschließung; mehr als ein
Grund mag am Werk sein". Jasay erinnert an zahllose vergangene wie gegenwärtige Beispiele erfolgreicher wie erfolgloser Versuche, öffentlich
verschiedene Güter für die eine oder andere Gruppe und zunehmend für
die Gesellschaft als ganzes zu liefern, obwohl die gewählten Güter häufig *relativ einfache und billige „Ausschließungskosten"* hätten, so daß
kein technisches Hindernis im Wege stünde, diese auf privater, vertrag-
licher, profitorientierter Basis zu liefern: *„Obwohl 'ausschließbar', sind*
sie nicht 'ausgeschlossen'".

3. *„Öffentliche" Güter – Produkte des Staatsinterventionismus*

Fazit: Das Problem besteht somit letztlich in der Art der Bereitstellung
der Güter. Murray N. Rothbard[28] bestreitet aus denselben Gründen, daß
„öffentliche" Güter als solche überhaupt existieren – sie sind Produkte
des Staatsinterventionismus und damit einer echten selbstregulierten
marktwirtschaftlichen Ordnung fremd. Ich denke, daß es sich primär um
ein *semantisches Problem* handelt, wenngleich ich Rothbards Meinung
prinzipiell teile.

4. Soziale Kooperation und Trittbrettfahrertum

Letztlich zieht Jasay nach detaillierten Analysen folgendes Fazit: „Jede 'Armlänge' sozialer Koexistenz und Kooperation, die nicht vertraglich geregelter Tauschhandel ist, trägt in sich selbst ein Element des potentiellen Mißbrauchs durch das Trittbrettfahrertum. Dies ist so, da im Falle, daß Vorteile nicht vertraglich mit Beitragsleistungen verbunden sind, beide, Beitragsleistende wie nicht Beitragsleistende, Zugang zum Vorteil haben." Es sei von Aussagekraft über die conditio humana, daß der Spielraum fürs Trittbrettfahren und die „Strategien", die ihm Zugang verschafften, „die grundlegendste Erklärung der allgemeinen Prinzipien nicht vertraglich geregelter sozialer Koordination liefern". Im Naturzustand sei der Entscheid einer Person zum Trittbrettfahrertum essentiell ein nützlichkeitsmaximierendes „Spiel über die Wahrscheinlichkeit", daß jedermann sonst freiwillige Entschlüsse treffe, Beiträge zu leisten oder Trittbrettfahrer zu sein, was das Ergebnis zeitige, daß Trittbrettfahrertum für die betreffende Person überhaupt denkbar sei. Das *Resultat* sei krass „*unfair*", jedoch konsistent mit der Erstellung „öffentlicher" Güter aufgrund völlig freiwilliger Beitragsleistung: „*Während es aber die Absicht des Gesellschaftsvertrags ist, das Trittbrettfahrertum zu unterdrücken, ist seine tatsächliche Wirkung, ein völlig neues Gelände zu eröffnen, auf dem es straflos gedeihen kann.*" Denn das *Trittbrettfahren im Naturzustand* werde *durch die sinkende Wahrscheinlichkeit der erfolgreichen Bereitstellung eines Gutes abgeschreckt*, wenn dessen Mißbrauch durch das Trittbrettfahren zunehme: „*Wenn die notwendigen Beitragszahlungen für eine erfolgreiche öffentliche Erbringung mit Hilfe der Anwendung von Zwang gegeben ist, wirkt keine derartige Kontrolle mehr und das Trittbrettfahren ist nie allzu riskant.* Das *Risiko* beeinflußt die Kalkulationen der Menschen unter entgegengesetzten Zeichen; *von einer Kontrolle des Trittbrettfahrens* wendet es sich *in einen Anreiz: Alle müssen nun die Vorteile des Trittbrettfahrens durch den Prozeß der sozialen Entscheidung (d. h. der Politik) zu nutzen versuchen und anderen entreißen. Denn wenn einige dies nicht tun, würden sich andere voraussichtlich größere Anteile auf ihre Kosten zuschanzen.* (…)* Das Verhalten des Trittbrettfahrertums wird daher *praventiv* und *defensiv* angewandt, es wird zur Angelegenheit der *Vorsicht. Die zuneh-*

mende Erstellung öffentlicher Güter verdrängt nach und nach den ver-
traglichen Tauschhandel, und der Staat tendiert dazu, zum ,Maximal-
staat' zu werden, ohne daß dieses Resultat im eigentlichen Sinne des Wor-
tes ,gewählt' worden wäre und ohne daß irgend jemand darüber sichtlich
erfreut wäre." Es sei daher eine Selbsttäuschung zu behaupten, die
Erstellung öffentlicher Güter bedürfe der „sozialen" (kollektiven) „Entscheidung" ebensosehr wie die Gewährleistung von Fairneß. Denn *bei*
freier individueller Entscheidung wäre der *Grad an Fairneß keinesfalls*
geringer, der *Zwang* würde aber *entfallen* (zumal staatliche Leistungen
mit Hilfe des staatlichen Gewaltmonopols in Form von Steuern finanziert werden). „Die Normen der kommutativen Gerechtigkeit regulieren
den Tauschhandel: Daß über die Bedingungen gebührend Übereinstim-
mung herrscht, als daß sie mit einem gewissen Moralkonsens in Über-
einstimmung gebracht werden sollten. Es liegt in der Natur der Sache,
daß bei der öffentlichen Bereitstellung von Gütern die distributive Gerechtigkeit zur Wirkung kommt, wo keine gegenseitig zugestimmte und
abhängige Versprechen regulieren, wer was gibt und wer was erhält und
wo die unwiderstehliche Versuchung dominiert, faire Anteile anstelle
von ad hoc festgelegten Anteilen aufzuerlegen. Während es zweifelhaft
ist (und unmöglich, dies zu belegen), daß das Streben nach Fairneß
größere Fairneß in bezug auf das Maß gerechter Verteilung hervorbringt,
führt es offensichtlich zu weniger Fairneß, wenn diese als Maß der Im-
munität jedes Einzelnen vor dem unbeschränkten Willen aller anderen
und als Maß der Verantwortung jedes Einzelnen für die Konsequenzen
seiner Handlungen betrachtet wird."

5. Jasay: „Die Unfairneß der Anarchie"

Jasays Argumentation wider die „Unfairneß der Anarchie" vermag kaum
zu überzeugen, auch wenn durchaus eine *Entwicklung vom perfekten*
zum unperfekten Naturzustand denkbar ist, wie dies in der Tat im Spät-
mittelalter in Europa geschah. Ich muß einräumen, obwohl ich als libertärer Minarchist ein *Befürworter des auf freiwilliger Besteuerung grün-*
denden dezentralen föderalistischen Minimalstaates bin[29], der *jeder klei-*
neren territorialen Gemeinschaft das einseitige Sezessionsrecht[30] einräumt, da nur so die schleichende Entwicklung zum Maximalstaat ver-

hindert werden kann, daß die Behauptung von Murray N. Rothbard und David Friedman, eine *anarchokapitalistische Ordnung mit konkurrenzierenden Gerichtshöfen, privaten Schutzorganisationen (Polizei, Militär)*, in der die Sicherheit der Bürger und ihres Eigentums sowie die Vertrgsfreiheit technisch *durch ein vielfältiges Angebot privater Versicherungen gewährleistet bzw. abgerundet* wird, sei funktionstüchtig und relativ stabil, durchaus stimmen mag.[31] In einer derart nur oberflächlich skizzierten Ordnung ist die *Bildung von „Mikrogesellschaftsverträgen" nicht notwendig: Sämtliche – vermeintlich – „öffentlichen" Güter, die mit den klassischen Staatsaufgaben identisch sind, sind durchaus ausschließbar und durch Vertragsabschluß bindend für die Partner,* weshalb zur Erzwingung von Beitragszahlungen nicht allein die Bildung von „Gruppenexekutiven" (Jasay) als Lösung offenstünde: *Morris und Linda Tannehill*[32]. Rothbard und Friedman denken etwa an *konkurrierende Gerichtshöfe,* die gegen Vertragsbrüchige vorgehen – letztere würden rasch ihr Ansehen, ihre Kreditwürdigkeit verlieren und in der Geschäftswelt und im privaten Bereich zu *randständigen Außenseitern (Ostrazismus)* werden.

6. Aus beiden libertären Modellen leiten sich langfristig anzustrebende Zielsetzungen her

Immerhin: Beide libertäre Modelle, der *Minarchismus* wie der *Anarchokapitalismus,* ziehen aus der *alten liberalen Erkenntnis, daß jegliche Politik, besonders ausgeprägt jene in der repräsentativen Demokratie, im Unterschied zum Markt selten zu sachgerechten, der Komplexität von Gesellschaft und Wirtschaft angepaßten Problemlösungen führt, sondern vielmehr ständig neue Probleme schafft und die Eigentumrechte stets anzutasten droht, sofern dies im Sinne einer mehrheitsfähigen Interessenkoalition ist,* gegenwärtig noch *utopisch* erscheinende Konsequenzen. Offen bleibt die Frage, ob seine *beharrliche Verfolgung der klassisch-liberalen Agenda auf pragmatischerer Basis,* etwa *im Sinne Friedrich A. von Hayeks,* aufgrund der demokratischen Pendelschläge zwischen „links" und „rechts", zwischen etatistischen und freiheitsmaximierenden Konzeptionen, eine *hoffnungslose Sisyphusarbeit* ist, *da selbst die beste liberale Modellverfassung jederzeit nach Belieben durch demokratischen*

Freiheit und Politik

Mehrheitsentscheid vom Parlament und/oder vom Volk aufgehoben werden kann, oder ob sie schließlich doch zum minarchistischen Endziel führen kann. Die bisherigen Erfahrungen, etwa die Exempel der Vereinigten Staaten seit ihrer Gründung oder Großbritanniens seit dem 19. Jahrhundert, bieten Anlaß zur Skepsis. Immerhin liegt die Hoffnung in einem durchgreifenden Bewußtseinswandel, zumal das heutige wohlfahrtsstatliche System als letzte verbliebene Spielart des etatistischen Sozialismus vor dem Kollaps steht.

Anmerkungen

1 Anthony de Jasay: Choice, Contract, Consent: A Restatement of Liberalism, Institute of Economic Affairs, London 1991. S. 53–118.
2 F. A. Hayek: The Road to Serfdom, Routledge & Kegan Paul, London 1976. Deutsche Übersetzung: Der Weg zur Knechtschaft, Eugen Rentsch Verlag, Erlenbach/Zürich 1944.
3 Andreas K. Winterberger: Ein Visionär des libertären Minimalstaats. Auberon Herbert (1838–1906), Schweizer Monatshefe, Heft 7/8, Juli/August 1992. Auberon Herbert: The Right and Wrong of Compulsion by the State and other Essays, edited and with an Introduction by Erich Mack, Liberty Classics, Idianapolis 1978.
4 Andreas K. Winterberger: Der wiederauferstandene Liberalismus – Ludwig von Mises zum 100. Geburtstag, Zürichsee-Zeitung, 7. Oktober 1981. Andreas K. Winterberger: Ludwig von Mises oder der Sieg des Laissez-faire-Liberalismus. Zum 20. Todestag des Nationalökonomen, Soziologen, Philosophen, Historikers und Rechtswissenschaftlers, Reflexion Nr. 31, November 1993, Zürich.
5 John Gray: Hayek on Liberty, Basil Blackwell, Oxford 1984. Norman P. Barry: Hayek's Social and Economic Philosophy, Macmillan, London 1979. Christoph Zeitler: Spontane Ordnung, Freiheit und Recht. Zur politischen Philosophie von Friedrich August von Hayek, Peter Lang, Bern 1995. Andreas K. Winterberger: Theoretiker eines ganzheitlichen Liberalismus. Zur Erinnerung an Friedrich August von Hayek, Reflexion Nr. 27, 1992. Andreas K. Winterberger: Die fatale Täuschung. Die Irrtümer des Sozialismus, Reflexion Nr. 19, 1989. Andreas K. Winterberger: Interview mit Friedrich A. von Hayek, Zürichsee-Zeitung, 5. Dezember 1981. Andreas K. Winterberger: Hayek and Liberalism's Future in Christoph Frei/Robert Nef (eds.): Contending with Hayek. On Liberalism, Spontaneous Order and the Post-Communist Societies in Transition, Peter Lang, Bern 1994.
6 Andreas K. Winterberger: Murray N. Rothbard, ein großer Libertärer, Schweizer Monatshefte Nr. 3, März 1995.
7 Horst Siebert: Das Wagnis der Einheit. Eine wirtschaftspolitische Therapie, Deutsche Verlags-Anstalt, Stuttgart 1993.
8 Anderer Meinung waren die utilitaristischen Radikalen, Männer wie Jeremy Bentham, James Mill und John Stuart Mill. Siehe John Stuart Mill, edited by Jack Stillinger: Autobiography, Oxford Paperbacks, Oxford 1971.
9 Herbert Spencer: The Man versus the State, Liberty Classics, Indianapolis 1981.
10 Albert Jay Nock: Our Enemy, the State, Laissez-faire Books, San Francisco 1992. Siehe auch meine beiden 1991 in der „Reflexion" und in den „Schweizer Monatsheften" erschienenen Essays über „Our Enemy, the State" bzw. Nock.
11 Friedrich A. von Hayek: Die Verfassung der Freiheit, J. C. B. Mohr (Paul Siebeck), Tübingen 1971.

F. A. Hayek: Law, Legislation and Liberty, Volumes 1–3, Routledge & Kegan Paul, London 1973, 1976, 1979.

12 Bruno Leoni: Freedom and the Law, Nash Publishing, Los Angeles 1972.

13 F. A. Hayek: Law, Legislation and Liberty, Volume I: Rules and Order, Zitate übersetzt durch Andreas K. Winterberger. Eine Rezension dieses Buches von Andreas K. Winterberger erschien 1979 in Criticon, München.

14 Andreas K. Winterberger: Interview mit Friedrich A. von Hayek, Zürichsee-Zeitung, 5. Dezember 1981.

15 Andreas K. Winterberger/Ralf Dahrendorf: Kontoverse um F. A. von Hayek, Reflexion Nr. 25–26, 1991.

16 Andreas K. Winterberger: Ein Visionär des libertären Minimalstaats, siehe Anmerkung 3.

17 Anthony de Jasay: The State, Basil Blackwell, Oxford 1985.

18 Benjamin Constant: Œuvres. Texte présente et annoté par Alfred Roulin, Bibliothèque de la Pléiade, Gallimard, Paris 1979. Benjamin Constant: Über die Gewalt, Verlag Herbert Lang & Cie., Bern 1942. Über Constant auch in Ulrich Ernst Gut: Grundfragen und schweizerische Entwicklungstendenzen der Demokratie, Schulthess Polygraphischer Verlag, Zürich 1983.

19 Randolph Bourne, edited by Olaf Hansen: The Radical Will: Randolph Bourne, Selected Writings 1911–1918, Urizen Books, New York 1977. Randolph S. Bourne: War and the Intellectuals. Collected Essays, 1915–1919, Harper Torchbooks, Harper & Row, New York 1964.

20 Helmut Schelsky: Die Arbeit tun die anderen. Klassenkampf und Priesterherrschaft der Intellektuellen, Westdeutscher Verlag, Opladen 1975.

21 Anthony de Jasay: The State.

22 Andreas K. Winterberger: Hayeks Theorie der Gerechtigkeit, in Schweizer Monatshefte, Sondernummer Heft 5a 1992 „in memoriam Friedrich August von Hayek 1899–1992" F. A. Hayek: Law, Legislation and Liberty, Volume II: The Mirage of Social Justice, London 1976.

23 F. A. Hayek: Law, Legislation and Liberty, Volume III: The Political Order of a Free People, London 1979.

24 Anthony de Jasay: Social Contract, Free Ride. A Study of the Public Goods Problem, Clarendon Paperbacks, Oxford University Press, Oxford 1990.

25 John Hospers: Libertarianism: A Political Philosophy for Tomorrow, Nash Publishing, Los Angeles 1971.

26 David Friedman: The Machinery of Freedom, New York 1989.

27 Bruce Benson: The Enterprise of Law. Justice without the State, Pacific Institute, San Francisco 1990.

28 Murray N. Rothbard: Power and Market. Government and the Economy, Sheed Andrews and McMeel, Inc. Kansas City 1977.

29 Siehe Anmerkung drei.

30 Diese Konzeption wurde von Murray N. Rothbard wiederholt sehr schön dargestellt, zuletzt im Journal of Libertarian Studies, 1994.

31 In meinem Buch „Strömungen liberalen und libertären Denkens", an dem ich gegenwärtig schreibe, gehe ich eingehender auf diese Frage ein.

32 Morris and Linda Tannehill: The Market for Liberty, Laissez-faire, San Francisco 1992.

Die Angst des Lohnes
und der Lohn der Angst

von Roland Baader

> *„Den Lohn der Angst kassieren die Angstmacher."*
> Dr. Jürgen Blum

Die Angst des Lohnes, d. h. die Furcht der Arbeiter vor zu niedriger Bezahlung, vor ungerechter Behandlung seitens des Unternehmers und/oder vor Arbeitsplatzverlust, verschafft den Syndikatsfunktionären der Gewerkschaften und den Stimmenfangstrategen der Parteien die Gelegenheit, den Lohn der Angst in Form von Macht, Ansehen, Einfluß, hohen Einkommen, Zusatzverdiensten und Pensionen zu kassieren. Dieses Angstspiel, die verhängnisvollste aller sozio-ökonomischen Manipulationen mit dem Sicherheitsstreben der Menschen, hat volkswirtschaftliche Schäden und „opportunity costs" (Kosten der verpaßten Gelegenheiten) zur Folge, deren astronomische Größenordnungen keine Statistik jemals in ihrem ganzen Ausmaß erfassen können wird. Und da die weitaus meisten Bürger Arbeitnehmer sind, schädigt das makabre Spiel diejenigen Bevölkerungsschichten am schwersten, zu deren angeblichem Schutz und in deren vorgeblichem Interesse es inszeniert wird. „Im allgemeinen", schreibt Gerard Radnitzky, „leben die Funktionäre komfortabel von den Prozenten, die das 'Kapital' von Marx bringt." (Radnitzky 1982, S. 86) Weil aber bei machtstrategischen Aktionen zum einen nicht die fairen, allen Teilnehmern bekannten und für alle gleichermaßen verbindlichen Regeln wie bspw. beim Schach oder Skat gelten, sondern auch und zuvörderst die Kalküle der Täuschung, Tarnung, Verschleierung und Verfälschung, und weil zum anderen jedoch in einem rechts-

staatlichen Umfeld solches Gebaren keine illegalen oder gar kriminellen
Formen annehmen darf, bleiben den Akteuren auf der großen Bühne des
Arbeitsmarktes meist nur die facettenreichen Variationen der Begriffs-
verwirrung und des terminologischen Bluffs als Aktionsparameter. Wer
das Spiel durchschauen und die wahren Mechanismen dieses größten aller Teilmärkte erkennen will, muß sich also bemühen, die auf ihm typi-
scherweise angewendete Nomenklatur auf ihre jeweilige ideologische
und politisch-interessengeladene Interpretationsverfälschung hin zu prü-
fen. Er muß gewissermaßen testen, welcher Essig unter welchem Weine-
tikett angeboten wird.

Besonders einfalls- und variationsreich stellt sich dieser Etiketten-
schwindel bei Begriffen dar wie: 'Abhängige Beschäftigung', 'Gerechter
Lohn', 'Gerechte Verteilung der Arbeit', 'Gleicher Lohn für gleiche Ar-
beit', 'Arbeit als Nicht-Ware oder als besondere Ware', 'Tarifautonomie',
'Beschäftigungsförderung', 'Arbeitsplatzerhaltung', 'Solidarität', 'Sozial-
dumping', 'Recht auf Arbeit', 'Interessengegensatz von Kapital und
Arbeit', 'Arbeitgeberbeitrag zur Sozialversicherung', 'Sozialabgaben',
'Zweiter Arbeitsmarkt', 'Beschäftigungsgesellschaften', 'Technologische
Arbeitslosigkeit' und viele andere mehr.

Da alle diese Begriffe untereinander in vielfältiger Beziehung stehen
und miteinander vernetzt sind, kann man ein nahezu beliebiges Bündel
von ihnen herausgreifen und daraus gängige Sentenzen formulieren: Sätze, welche nicht nur die Reden der Gewerkschaftsfunktionäre zum
1. Mai schmücken und noch den plattesten parteipolitischen Sprüchen
die Weihe hochmoralischer Weisheit verleihen, sondern welche in der Tat
auch die öffentliche Meinung – bis hin zur Unternehmerschaft – beherr-
schen. Ein solches Aussagebündel wäre beispielsweise: „Arbeit ist keine
Ware oder zumindest keine Ware wie jede andere und bedarf deshalb des
besonderen Schutzes durch Staat, Gesellschaft und Rechtsprechung. Insbesondere der natürliche Antagonismus von Kapital und Arbeit, also der
Vorrang des Profitinteresses der Unternehmer vor den Interessen der
Arbeitnehmer führt – in Verbindung mit der Hilflosigkeit der abhängig
Beschäftigten gegenüber der Macht des Geldes – zur Notwendigkeit einer gebündelten Interessenvertretung des Faktors Arbeit durch Gewerkschaften. Um das planwirtschaftliche Element 'Staat' vom Arbeitsmarkt
fernzuhalten, geschieht das Austarieren der divergierenden Arbeitgeber-

und Arbeitnehmerinteressen am besten in Form der Tarifautonomie der Sozialpartner."

Diese drei Sätze enthalten nahezu ebenso viele Irrtümer und falsche Behauptungen wie sie Wörter zählen. Greifen wir einige heraus:

Die Kollektiv-Moralisten und Herzblut-Pharisäer der Neuzeit versuchen unermüdlich uns weiszumachen, weite Bereiche des menschlichen Lebens dürften nicht dem Markt überlassen werden. Besonders die Arbeit sei, wie schon gesagt, kein Gut wie jedes andere. Aber auch die Gesundheit, die Wohnung, Bildung und Kultur seien jeweils kein Gut wie jedes andere.

Man muß sich fragen, warum nicht auch die Lebensmittel unter diese Kategorie fallen, steht doch unsere Gesundheit und unser körperliches Wohlbefinden in engem Zusammenhang mit Art und Umfang ihres Genusses sowie mit ihrer Qualität. Und warum nicht auch das Auto, mit dem wir jederzeit unser eigenes Leben gefährden oder eine nahezu beliebige Zahl anderer Menschen töten können? Genau besehen, dient das Gerede von den besonderen Gütern und ihrer speziellen Schutzwürdigkeit der politischen Kaste und den Syndikatsfürsten nur dazu, riesige Märkte, ja die größten Märkte einer Volkswirtschaft überhaupt, der machtbegrenzenden Wirkung des Wettbewerbs zu entziehen und ihren eigenen machterzeugenden Monopolinteressen dienstbar zu machen. Insbesondere wer über den Faktor Arbeit gebietet, der gebietet auch über die Menschen, der hat nahezu den ganzen Menschen und dessen ganzes Leben in der Gewalt.

Der Verbaltrick mit der angeblichen Besonderheit des Arbeitsmarktes ist ein wirksames Instrument zur Unterdrückung, Ausbeutung und faktischen Versklavung der Massen.

Natürlich hat der Mensch in metaphysischer und humanitärer Betrachtung keinen Preis; er ist keine Ware, und sein Wert kann in keiner Währung dieser Welt gemessen werden. Sehr wohl aber ist seine Arbeitsleistung eine Ware, besser: ein Produktionsfaktor, der außerhalb einer archaischen Selbstversorgerwirtschaft (also diesseits der Steinzeit) nur dann seinen vollen Wert entfalten kann, wenn er wie jedes andere Gut angeboten und nachgefragt werden kann, wenn er – anders gesagt – einen Markt hat. Arbeit ist entweder autarke Selbstversorgungsleistung in einer bäuerlichen Stammesgesellschaft (und diese Zeit ist lange vorbei)

oder Sklavenarbeit unter der Peitsche oder nach der Gnade eines Feudal-
herren (und auch das ist gottlob lange vorbei); oder aber sie ist die frei-
gewählte Leistung eines freien Mannes, der seine Arbeit auf einem freien
Markt an denjenigen verkauft, der am meisten dafür zahlt und/oder die
angenehmsten Bedingungen für die betreffende Tätigkeit bietet. Der
Wert (und damit auch der Preis) dieser Arbeit bestimmt sich letztlich
nicht nach den Launen oder der Willkür irgendeines Arbeitgebers, sondern nach den Präferenzen und Wünschen der Konsumenten (in Verbindung mit der Knappheit der eingesetzten Ressourcen). So wie der Konsument im direkten Kontakt mit einem Handwerker darüber befindet,
ob er eine Leistung haben will und was er dafür zu zahlen bereit ist, so
bestimmt er auch – auf dem Umweg über das Produkt oder die Leistung
eines Unternehmens – darüber, was dieses Unternehmen im Wettbewerb
für den Faktor Arbeit in einer jeweils spezifischen Verwendung ausgeben
kann.

Genau das ist es, was den Arbeiter zu einem freien Mann und seine
Arbeit zur Quelle seines Lebensunterhalts macht: daß der Unternehmer,
der auf dem Wege der konkurrierenden Konsumentenbefriedigung etwas
verdienen will, auf ihn angewiesen ist; daß nicht ein Gebieter über seine
Arbeitsleistung verfügt und daß keine Behörde ihm Arbeitsplatz und
Lohnhöhe als Gnadenakt zuweist, sondern daß Unternehmer ihn um-
werben und ihn in einem frei ausgehandelten Vertrag für sich gewinnen
bzw. von einem anderen Unternehmer abwerben müssen.

Wer behauptet, Arbeit sei keine Ware oder keine Ware wie jede andere, der will den arbeitenden Menschen von diesem einzig menschenwürdigen Mechanismus abkoppeln und ihn dem arroganten Almosengehabe
von Funktionären ausliefern, die für das vom Empfänger selbst finanzierte Gnadenbrot seinen politischen Gehorsam einfordern und ihre
Monopolrenten beziehen. Hinter der Behauptung, Arbeit sei keine
Ware, schreibt der Doyen der deutschen Nationalökonomie, Herbert
Giersch, stecke die Vorstellung vom gerechten Preis. „Doch hat der gerechte Preis leider eine fatale Eigenschaft: er ist im Urteil der Anbieter höher als im Urteil der Nachfrager. Fatal sind die Konsequezen: Können die Anbieter sich durchsetzen, gibt es Überfluß (wie im europäischen Agrarmarkt), und gewinnen die Nachfrager die Übermacht – auch
mit Hilfe kurzsichtiger Regierungen – herrscht Mangel…" Und: „Was

künstlich überteuert ist, findet nicht genug Nachfrager; und wer seine Leistung bei den Preisforderungen überschätzt, wirft sich aus dem Markt – gnadenlos." Gnadenlos aber, um Giersch abschließend zu zitieren, ist der Wettbewerb nur bei falschen Preisen. (Giersch 1986, S. 17 f.).

Im Grunde genommen lassen sich, nach einem Diktum von Sir Allan Walters, die wahren Gründe für die Arbeitslosigkeit in zwei Fragen zusammenfassen: Auf der Angebotsseite in die Frage „why work?" (warum arbeiten?), und auf der Nachfrageseite in die Frage „why hire?" (warum Leute einstellen?). (Walters 1994) Das „warum arbeiten?"-Syndrom entsteht, weil so mancher Arbeiter eine Beschäftigung nicht mehr erstrebenswert findet, wenn er die Lohnsteuer, den Verlust an Sozialhilfezahlungen und die geringere Freizeit mit ins Kalkül zieht. Aber noch viel dramatischer wirkt das „why hire?"-Syndrom: Warum soll ein Unternehmer Leute zu Tariflöhnen und mit Soziallasten und Lohnnebenkosten einstellen oder weiterbeschäftigen, bei denen er nichts mehr verdienen kann oder gar Verluste macht, und warum soll er überhaupt noch etwas oder mehr verdienen wollen, wenn die progressive Einkommensteuer ihm das meiste vom Mehrverdienten wieder abnimmt?

Das Gewinninteresse des Unternehmers und das Lohninteresse des Arbeiters sind einander nicht entgegengerichtet, wie die Gewerkschaften behaupten, sondern wirken in die gleiche Richtung: Je mehr Gewinn sich ein Unternehmer von künftigen Aktivitäten verspricht, desto eher wird er neue Leute einstellen und um so größer wird seine Bereitschaft und seine Fähigkeit sein, höhere Löhne zu zahlen. Außerdem schafft – allen anderslautenden marxistischen Parolen zum Trotz – nicht die Arbeit das Kapital, sondern umgekehrt – im weitaus überwiegenden Maße – das Kapital die Arbeit. „In einem Land mit hohen Arbeitskosten", hat der leider allzu früh verstorbene Wolfram Engels geschrieben, „muß die Arbeit so produktiv sein, daß sie diese Kosten trägt, und das ist sie nur, wenn der einzelne Arbeitsplatz ausreichend mit Kapital ausgestattet ist." (Engels 1994). Und schon vor 120 Jahren hat eine der wenigen großen Figuren des deutschen Liberalismus, John Prince-Smith, uns belehrt: „Gegen den Mangel an Befriedigungsmitteln giebt es selbstverständlich kein anderes Hülfsmittel, als eben vermehrtes Schaffen. Und offenkundig läßt sich nur dadurch mehr schaffen, daß man die Kenntnisse, die Geschicklichkeit, den Fleiß, und vor Allem das Kapital vermehrt." (Prince-Smith 1877 a, S. 27) Und: „Die wirklich Darbenden sind solche, deren Arbeitskraft fast gar nicht durch Kapital unterstützt wird und daher entsprechend wenig schafft, solche, ... für deren Einreihung in den eigentlichen Wirtschaftsbetrieb das vorhandene Kapital noch nicht ausreicht. Doch läßt sich zur vollen Beschäftigung Aller das genügende Kapital unschwer und sogar rasch schaffen bei voller Freiheit der wirtschaftlichen Bewegung – wenn nur nicht der Staat zu viel vom Geschaffenen verschlingt." (Prince-Smith 1877b).[1]

Auch ist der sogenannte Arbeitnehmer als individueller Verhandlungspartner gegenüber der Unternehmerschaft nicht abhängig und hilflos, wie das die Gewerkschaften und ihre politischen Parteikumpane zur Begründung ihrer Syndikatsmacht anführen. (Die „hilflosen" Hunderttausendschaften des britischen Murdoch-Konzerns, die völlig „gewerkschaftsfrei" sind, gehören bekanntermaßen zu den Bestverdienern der gesamten Arbeiterschaft des Inselreichs.) Hilflos und abhängig wird er erst dadurch, daß eine jeglicher gewachsenen Rechtsauffassung Hohn sprechende Arbeits- und Sozialgesetzgebung und die staatlich geschützten Tarifkartelle ihn eines seiner wichtigsten Eigentums- und Persönlichkeitsrechte entkleidet haben, des Rechtes nämlich, über seine eigene Arbeitskraft frei verfügen zu dürfen. So wie Fiskus und Sozialstaat den arbeitenden Menschen ex post der Früchte seiner Arbeit berauben, so enteignen sie ihn ex ante von der Verfügungsmacht über seine wichtigste Lebensleistung, die da heißt: körperliche und/oder geistige Arbeit.

Genau besehen, läuft ja jede Mindestlohngesetzgebung ebenso wie die tariflichen Mindestlohnfestlegungen und jegliche tariflich erzwungene Eingruppierung letztlich auf ein Arbeitsverbot hinaus. Wer seine Arbeitsleistung verkaufen will, kann dies nicht zu den von ihm selbst gewollten und freiwillig akzeptierten Bedingungen. Er kann weder einen Lohn unterhalb des Mindestsatzes vereinbaren noch einen, der hinsichtlich seiner Qualifikation und Tätigkeitsart außerhalb der entsprechenden Tarifgruppierungen liegt (in aller Regel auch nicht oberhalb, wegen des sog. „Betriebsfriedens"). Auch die tariflichen und gesetzlichen Arbeitszeitregelungen laufen auf ein Arbeitsverbot hinaus. Inzwischen steuert das BGB die Viertagewoche an. Wer dann also – aus welchen Gründen auch immer (sei es Familiengründung, Hausbau, Ansammlung eines Kapitalstocks für ein selbständiges Gewerbe etc.) fünf, sechs oder sieben

Tage in der Woche arbeiten möchte, der kann und darf das nicht. Gleiches gilt für die restriktiven Überstundenregelungen. Daß die maßlos überdimensionierten tariflichen und gesetzlichen (sozialversicherungs-, steuer- und arbeitsrechtlichen) Lohnnebenkosten (mit inzwischen 80 bis 90 Prozent der reinen Lohnkosten) zwar nicht auf ein direktes Arbeitsverbot, aber auf eine Verunmöglichung von Arbeit (nämlich den Ausschluß vom Arbeitsmarkt) hinauslaufen, ist nur graduell von anderer Qualitat. Außerdem werden die Arbeiter den Viertage-„Segen" ihrer Vormünder erst dann richtig einzuschätzen lernen, wenn er auf ihre „zweite (nichtberufliche) Lebensseite" durchgedrungen ist, auf ihr Leben als Konsument nämlich und als Nachfrager von Handwerksleistungen, von Verkehrs- und Reisediensten, von ärztlicher und pflegerischer Versorgung.

Es gibt also sehr wohl ein „Recht auf Arbeit", wenngleich in einem gänzlich anderen, ja geradezu gegensätzlichen Sinne als dieses Schlagwort üblicherweise verwendet wird. In einer freiheitlichen Wirtschaftsordnung und in einem freiheitlich-rechtsstaatlichen Gemeinwesen kann und darf es kein „Recht auf Arbeit" als verbindlichen Rechtsanspruch des Bürgers (auf einen Arbeitsplatz) an den Staat geben, weil der Staat zur Erfüllung dieses Anspruchs in die Individual- und Entscheidungsrechte der Bürger, der Arbeitnehmer wie der Arbeitgeber, eingreifen müßte. Staatlich zugewiesene Arbeitsplätze, Zwangsarbeit, Investitionslenkung, staatliche Lohnfixierung, Beschäftigungspflicht der Unternehmen – natürlich öffentlich subventioniert – wären die Folge; also eine Zwangsbewirtschaftung wie in Kriegszeiten. Damit wäre dann auch die freie Wirtschafts- und Gesellschaftsordnung am Ende und in ein Zwangssystem nach dem Vorbild der ehemaligen DDR überführt.

In einer Marktwirtschaft, in einer freien Wirtschaftsordnung, gibt es jedoch ein „Recht auf Arbeit" im Sinne eines freiheitlichen Individualrechts, das zu den Privaten Rechten einer jeden Person gehört und insofern auch Bestandteil der Menschenrechte ist. In einem Rechtsstaat, der diesen Namen verdient, gehört zu den Persönlichen oder Privaten Rechten (private rights) – oder, wenn man so will, auch zu den Eigentumsrechten (property rights), daß ein jeder sein Humankapital (also sein Eigentum an Arbeitskraft, Können, Wissen, Geschicklichkeit etc.) zu jedem Preis anbieten darf, bei dem er einen abschlußwilligen Vertrags-

partner findet. Ebenso zu jeder entsprechenden zeitlichen und arbeitsin-
haltlichen Kondition. Ist dem einzelnen diese Möglichkeit aufgrund
„arbeitsrechtlicher" Bestimmungen oder wegen der Herrschaft von
Arbeitsmarkt-Syndikaten und von Tarifkartellen verwehrt und wird er
infolgedessen arbeitslos oder unterhalb seiner Leistungswilligkeitsgrenze
beschäftigt, so hat man ihm sein wohlverstandenes „Recht auf Arbeit",
sein Individualrecht auf den zentralen und existenziellen Kern seiner
Persönlichkeit und seiner Lebensgestaltung genommen. Deshalb gibt es
für das, was wir „Tarifautonomie" nennen, sowie für die staatlich
gestützte Syndikatsmacht der Gewerkschaften nur eine zutreffende
Bezeichnung: Es sind quasi-totalitäre, freiheitsfeindliche und freiheits-
zerstörende Zwangselemente, die in einer wirklich freiheitlich-rechtsstaatlichen Wirtschafts- und Gesellschaftsordnung nichts zu suchen haben. Die wahren Menschenrechte sind, das hat Edmund Burke schon vor
über hundert Jahren herausgestellt, nicht die aus einem fiktiven Naturzustand abgeleiteten abstrakten Natur- oder Menschenrechte, sondern
jene Rechtssicherheit, die sich im Verlauf der Entwicklung zu modernen
Staaten herangebildet und welche der Staat als eine seiner wenigen ori-
ginären Aufgaben zu gewährleisten hat. Die wirklichen Menschenrechte
sind in diesem Sinne die Rechte des Bürgers auf die Früchte seiner
Arbeit, auf das Erbe seiner Eltern und auf die Erziehung seiner Kinder
(wobei zum Begriff der „Früchte der Arbeit" nicht nur die Ernte der
Arbeitsleistung gehört, sondern auch die freie Entscheidung über die
Saat, also den Einsatz der eigenen Arbeitskraft).
    Der moderne Allzuständigkeitsstaat reguliert, dirigiert, manipuliert
und beschränkt diese zentralen Persönlichkeitsbereiche nahezu beliebig
– und tritt somit die wirklichen Menschenrechte mit Füßen. Als Blend-
manöver lenkt er statt dessen beim Wort „Menschenrechte" den Blick
auf Dinge wie das Asylrecht, das in Wirklichkeit zur Sphäre des freiwilligen Gastrechts gehört, sowie auf die „Hilfe bei Not" (sprich: Sozialhilfe), die in Wahrheit zu den Tugenden jenes christlichen Glaubens gehört,
um den sich der neuhedonistische Abtreibungsstaat doch eigentlich einen Dreck schert. Die Unfreiheit kommt eben fast immer auf den Flü-
geln falscher und verfälschter Begriffe daher. Und das Täuschungsvoka-
bular des Wohlfahrtsstaates ist ein ganzer Geierschwarm an derart geflü-
gelten Wesen. Neuerdings gehören auch die Menschenrechte dazu.

Beim Tarifkartell schließlich, in euphemistischem Zynismus als „Sozialpartnerschaft" bezeichnet, ist die öffentliche Sprachverwirrung bereits so weit gediehen, daß jegliche prinzipielle Kritik an der Institution als Tabuverletzung gilt, ja sogar im Arbeitgeberlager als schändlicher Angriff auf eine sakrosankte „demokratische" und – man höre und staune – „rechtsstaatliche" Institution. Seltsamerweise wird dabei stets ein einfaches Entweder – Oder an die Wand gemalt: Entweder Autonomie der Tarifpartner oder Staatlicher Dirigismus; ganz so als sei die Alternative zur Cholera nicht die Gesundheit, sondern die Pest. Es ist unter solchen Umständen bereits von bewundernswertem Mut zu sprechen, wenn namhafte Ökonomen diesbezüglich schlichte Wahrheiten aussprechen. So beispielsweise Professor Wolfram Engels, wenn er lapidar konstatiert: „Die Tatsache, daß der Gesetzgeber die Kartellbildung am Arbeitsmarkt nicht nur erlaubt, sondern fördert, führt dazu, daß die tatsächlich vereinbarten Preise für die Arbeit von den markträumenden Preisen abweichen können und in der Regel auch abweichen. Das ist die Ursache der Arbeitslosigkeit." (Engels 1995, S. 67) Und an anderer Stelle: „Am Arbeitsmarkt wurde das Wettbewerbsprinzip als unmoralisch verworfen und durch Solidarität ersetzt. Seitdem herrscht das Kartell der Tarifpartner, und Arbeitslosigkeit ist zur Geißel moderner Gesellschaften geworden." (Engels 1992) Oder Dr. Gerd Habermann, wenn er schreibt: 'Sozialpartnerschaft' ist ein Ausdruck für das mächtigste Kartell der deutschen Geschichte auf dem Arbeitsmarkt, das für die andauernde strukturelle Massenarbeitslosigkeit unserer Zeit verantwortlich ist." (Habermann 1995)

Die destruktiven Wirkungen der Tarifautonomie beschränken sich jedoch keineswegs auf das Phänomen Arbeitslosigkeit. Soweit die Ergebnisse von Tarifverhandlungen zu Lohnabschlüssen führen, die einzelbetrieblich und/oder gesamtwirtschaftlich über dem Produktivitätsfortschritt liegen, was seit Jahrzehnten regelmäßig der Fall ist, entspricht die gesetzlich geschützte Tarifautonomie der offiziellen Legitimierung zweier Boxer, sich nicht nur im Ring die Nasen polieren zu können, sondern auch die Zuschauer des Spektakels reihenweise k.o. schlagen zu dürfen. Die verheerenden volkswirtschaftlichen Schäden der überhöhten Abschlüsse, nämlich – außer der Arbeitslosigkeit – auch Inflation, Investitionsenthaltung der Unternehmen, Kapitalverschwendung durch Kon-

kurse und übermäßige Rationalisierung, Kapitalfehllenkung und strukturelle Verwerfungen mit nachfolgenden Rezessionen oder gar Depres-
sionen tragen jedenfalls nicht nur die betroffenen Unternehmen und die
Arbeitslosen, sondern auch – und vor allem – die Konsumenten und
Sparer. Und das sind wir alle.

Die Aktionen des Tarifkartells haben ja (im Verbund mit den überhöhten Lohnnebenkosten des Wohlfahrtsstaates) nicht nur direkte Wirkungen wie die durch zu hohe Löhne und durch lohnkostenerhöhenden
tariflichen „Sozialklimbim" verursachte Arbeitslosigkeit, sondern auch
indirekte. Hier nur ein Beispiel: Die ständig über dem Produktivitätsfortschritt liegenden Tarifabschlüsse heizen die Inflation an und verzerren die Produktionsstrukturen. (Bereits Lohnerhöhungen im Ausmaß
der erzielten Produktivitätssteigerungen sind nur dann durchführbar,
wenn die umlaufende Geldmenge entsprechend erhöht wird. Sogar wenn
das Preisniveau (bei Vorliegen von Produktivitätsfortschritten) sich nicht
erhöht, liegt eine sogenannte „kompensierte Inflation" vor. Hierauf hat
vor fast 30 Jahren schon L. Albert Hahn hingewiesen. (Hahn 1967, bes.
S. 24). Ebenso wird der Anstieg der Soziallasten forciert, die a) in die
Lohnforderungen eingerechnet werden und b) über Transfers die Nachfrage – relativ zur kostenbedingt geringeren Produktion – erhöhen. Gegen beides, also gegen die Inflation und gegen die aus den Produktions-
verzerrungen erwachsenden Boom- und Rezessionsphasen, setzen die
Notenbanken die Zins- und die Geldpolitik ein. Steigen die Zinsen zum
Zweck der Inflationsbekämpfung, so üben die Investoren Zurückhal-
tung, und bereits abgeschlossene oder in Durchführung befindliche
Investitionsvorhaben werden vielerorts unrentabel. Was wiederum stei-
gende Arbeitslosigkeit zur Folge hat. Öffnet die Notenbank andererseits
bei Rezessionsgefahren den Geldhahn und senkt die Zinsen, so werden
die notwendigen Bereinigungen der eingetretenen Strukturverzerrungen
im Produktionssektor verhindert oder vorzeitig abgebrochen. Die Konsequenz: neue künstliche Aufschwungphasen, die in neue, noch tiefere
Bereinigungskrisen mit noch mehr Arbeitslosigkeit führen. Dennoch,
trotz Rezession und wachsender Arbeitslosigkeit – und weil, in den
Worten von Carl Christian von Weizsäcker, nicht Menge an Arbeit unser
Problem ist, sondern mangelndes Denken (Weizsäcker 1994, S. 117f.) –
fordern die Gewerkschaften zum Beweis ihrer Existenzberechtigung

höhere Löhne, und machen die Regierungen zur Finanzierung sogenannter aufschwungfördernder Maßnahmen noch mehr Schulden (wobei man anmerken muß, daß auch gleichbleibende oder unterproportional sinkende Löhne bei Arbeitszeitverkürzung höhere Löhne sind). Trotz Rezession steigt die Inflation, wofür man den schönen Namen „Stagflation" gefunden hat. Es folgen: erneutes Gegensteuern der Notenbank und erneute Arbeitslosigkeit. Ein von den Kartell- und Geldverschwendungs-Fürsten selbst erzeugter Teufelskreis. Und alles zu Lasten der Steuerzahler, der Konsumenten, der Sparer und Geldvermögensbesitzer sowie zu Lasten des volkswirtschaftlichen Kapitalstocks und eines gesunden Wachstums. Aber auch erneut zu Lasten der (zunehmenden Zahl) der Arbeitslosen – und damit wiederum der Steuerzahler und der soziallastgeschröpften Arbeitnehmer, die „einspringen" müssen. Ein marodierender Prozeß der langfristigen Verarmung, der schlußendlich über Staatsbankrott und Währungsreform in der Totalenteignung aller Bürger enden muß.

Deshalb lautet meine These: Die sakrosankte Tarifautonomie ist die gesetzliche und staatliche Schutzgarantie für quasi-legislative Kartelle, die im je eigenen Macht-, Überlebens- und Gewinn-Interesse die Volkswirtschaften der Industriestaaten und die Kaufkraft der Währungen ruinieren und damit auch die Grundlagen der freien und rechtsstaatlichen Gesellschaften der westlichen Welt zerstören dürfen.

Um wenigstens noch einige wenige der übrigen Tarn- und Täuschungsformeln auf dem ideologischen Schlachtfeld Arbeitsmarkt zu entschleiern, seien noch zwei weitere Sätze formuliert, die – in wechselnden Kombinationen natürlich – dem Sprachschatz der Funktionäre entstammen. Sie lauten in etwa: „Da sich die Weltwirtschaft und insbesondere auch der Standort Deutschland in einem tiefgreifenden Strukturwandel befindet, gilt es, der wachsenden strukturellen und technologischen Arbeitslosigkeit durch Arbeitszeitverkürzung und gerechtere Verteilung der Arbeit entgegenzuwirken. Weil es außerdem billiger und besser ist, Arbeit zu finanzieren statt Arbeitslosigkeit, kommt der staatlichen Beschäftigungspolitik und den arbeitsplatzerhaltenden Subventionen wachsende Bedeutung zu."

Auch hier handelt es sich um eine Anhäufung von irreführenden und oft absichtlich fehlinterpretierten Begriffen. Weil sie zudem meist miteinander verwoben werden, kommen kumulative Desinformationsbündel zustande, deren Unsinns-Dimension kaum noch zu entwirren und darzustellen ist.

Daß sich die Weltwirtschaft am Beginn – zum Teil schon inmitten – des tiefsten und umfangreichsten Strukturwandels seit der Industriellen-Revolution befindet, ist unter Ökonomen keine Neuigkeit mehr. Struktureller Wandel ist zwar prinzipiell ein ewiges Phänomen; was sich jedoch seit längerer Zeit an sozio-ökonomischem Wandel im Osten, in Fernost, in Südamerika und generell im gesamten pazifischen und asiatischen Raum abspielt, und was sich außerdem mit der weltweiten Vernetzung der Kommunikations- und Informationsmedien am Horizont abzeichnet, geht weit über das bisher Erfahrene hinaus und verdient zu Recht den Namen Zeitenwende. Wo die alten Industrienationen Europas – und speziell Deutschland – schon bei Beginn dieses Prozesses gelandet sind, zeigt ein Blick in den „World Development Report 1994": Während Südkorea sein Bruttoinlandsprodukt von 1970 bis 1992 um den Faktor 32 vergrößert hat (von 9 auf 296 Milliarden Dollar), Hongkong um den Faktor 26, China 19, Japan 18, brachte es Deutschland (West) als „Spitzenreiter" unter den Europäern gerade mal auf den Faktor 9,6. Doch auch *innerhalb* der „alten" Industrienationen vollzieht sich ein Strukturwandel, der in seiner Dramatik dem vor hundert Jahren einsetzenden Umbruch in der Agrarwirtschaft gleichzustellen ist. (Seither ist der Anteil der im Agrarsektor beschäftigten Menschen von über 70 Prozent auf unter fünf gefallen.) Ein Vergleich Deutschland–USA zeigt, wohin die Reise geht: Ist in den USA nur noch 16 Prozent der arbeitenden Bevölkerung im Industriebereich tätig, so liegt diese Ziffer in Deutschland noch beim doppelten Wert, nämlich bei 32 Prozent. Daß die osteuropäischen Reformstaaten derzeit mit industriellen Arbeitskosten von 92 Pfennigen (in Rußland) bis 4,50 DM (in Ungarn) gewissermaßen vom Startblock aus ins Rennen gehen können (während Deutschland ein Bleigewicht von DM 43,– am Bein hat), reichert den Stoff, aus dem die Alpträume der Zukunft sind, zusätzlich mit Dramatik an.

Das hierbei von den Gewerkschaften ins rhetorisch-ideologische Rennen gebrachte Schlagwort von der „technologischen Arbeitslosigkeit" als einer Art unabwendbarem Schicksal der „reifen" Industrienationen ist nur ein Ablenkungsmanöver, und ein schlechtes dazu. Überall, wo sie im richtigen Zusammenhang dargestellt werden, sprechen die Fakten eine andere Sprache; insbesondere wenn man den Blick nicht ideologisch verengt ausschließlich auf den Anfang des jeweiligen Umstrukturierungsvorgangs richtet, sondern auf den Gesamtverlauf und auf sein schließliches Ergebnis. So hat beispielsweise die britische Telecom bei und nach ihrer Privatisierung vor zehn Jahren 80000 Mitarbeiter entlassen. Heute aber arbeiten in diesem Bereich (bei der British Telecom und den vielen Unternehmen, die sich um sie herum neu angesiedelt haben) 400000 Menschen MEHR als damals. Oder stellen wir uns nur einmal vor, der bereits erwähnte Strukturwandel in der Landwirtschaft von einem dort tätigen Bevölkerungsanteil von über 70 auf unter fünf Prozent innerhalb weniger Generationen wäre mit der Parole „technologische Arbeitslosigkeit" verhindert worden, indem man die Arbeitszeit der Landwirte sukzessive verkürzt oder die Bauern und Landarbeiter mit Subventionen in Beschäftigung gehalten hätte. Die wenigen von uns, die dann überhaupt auf die Welt gekommen und anschließend nicht verhungert wären, würden heute auf dem Elendsniveau Bangladeschs dahinsiechen.

Wenn Deutschland (und Europa) in besagtem und sich wahrscheinlich über mehrere Jahrzehnte erstreckenden Umbruch bestehen und nicht zum Entwicklungsland verkommen will, bedarf es einer nahezu vollständigen Befreiung und Flexibilisierung des Arbeitsmarktes. Doch selbst über die Mindestbedingungen einer solchen größeren Arbeitsmarktfreiheit, nämlich über die Lohnflexibilität, ist mit den Gewerkschaften – außer über einige kosmetische Operationen – nicht zu reden. Aus deren Sicht kann das auch gar nicht anders sein. Denn Lohnflexibilität würde relativ niedrige Tariflöhne (als Mindestlöhne) voraussetzen. Wie sollten die Löhne sonst flexibel sein können, wenn der Abstand zwischen Effektivlöhnen und Tariflöhnen zu gering ist?! Wäre der Abstand aber groß genug, um die Signal- und Anreizwirkungen einer echten Flexibilität zuzulassen, so würde das dem Ruf der Gewerkschaften schaden, die Mitgliederzahl dezimieren und die Funktionärspfründe trocken legen. Also MÜSSEN sich die Kartellfürsten gegen Lohnflexibilität stemmen (und damit im Endeffekt auch gegen bessere Beschäftigungschancen in der Gegenwart – und erst recht in der Zukunft).

Freilich kann man solches auf längere Sicht destruktive Gehabe nicht allein den Funktionären anlasten (obwohl es buchstäblich deren „Geschäft" ist). Es gilt hier – wie vielerorts in der politischen Ökonomie – der Satz, den der Kronberger Kreis in seinem neuesten Dossier formuliert hat: „Eine auf höhere Beschäftigung ausgerichtete Wirtschaftspolitik und Lohnpolitik wird durch ein öffentliches Bewußtsein behindert, auf das Ignoranz mehr Einfluß hat als Einsicht in die gesamtwirtschaftlichen Zusammenhänge." (Kronberger Kreis 1995) Und selbst von klugen Theologen kann man diesbezüglich einiges lernen, so beispielsweise von Pfarrer Peter Ruch, wenn er schreibt: „Die ganze Lohnpolitik der letzten Jahrzehnte ist ein Suchtsyndrom, und es fehlt auch keineswegs an den Zerfallserscheinungen." (Ruch 1992)

Weniger der soliden Theologie als vielmehr dem Voodoo-Zauber bleibt allerdings die Erklärung des Wunders vorbehalten, wie die Gewerkschaften – und zunehmend, wenngleich notgedrungen, auch die Unternehmen – das Arbeitslosigkeitsproblem mit permanenter Arbeitszeitverkürzung lösen wollen. Das „Wunder" besteht hierbei aus dem Umstand, daß man offensichtlich in einer dynamischen, ja zunehmend dynamischen Welt die Arbeit als das einzige statische Element betrachtet. Der ganze Unsinn mutet in etwa so an, als würden mehrere einfältige Menschen ein Aktienzertifikat in Stücke zerschneiden, um den Besitz gleichmäßig untereinander aufteilen zu können.

Der neuerliche Vorstoß der Gewerkschaften vom Januar 1995 in Richtung Viertagewoche wurde auch von den Arbeitgeberverbänden und von den politischen Parteien unterstützt. Nun glauben also ALLE an die Münchhausiade, daß man mehr Arbeit mit weniger Arbeit schaffen kann. Unabhängig von der erneuten Verteuerung der Arbeit wird das Saysche Gesetz die Unverantwortlichen in Politik und Verbänden lehren, daß es auch „rückwärts" (bzw. mit negativen Vorzeichen) wirkt, daß also die sinkende Produktion ihre „eigene" sinkende Nachfrage (und das heißt auch: sinkende Realeinkommen) schafft. (Das „Saysche Theorem der Absatzwege" von Jean Baptiste Say [1767–1832], besagt, grob dargestellt: Der Gesamtumfang der Produktion stimmt mit der Gesamtnachfrage überein. Güter werden stets [eigentlich] mit Gütern oder Diensten gekauft. Jedes Wirtschaftssubjekt kann daher nur in dem Umfang Güter nachfragen als es selbst an Werten geschaffen hat. [Die weiteren Implikationen des Theorems sind in vorstehendem Zusammenhang nicht von Belang.])

In der Denksystematik der permanenten Arbeitszeitverkürzer müßte man sich konsequenterweise fragen: Warum nicht gleich die Nulltagewoche? Dann gäbe es definitionsgemäß auch keine Arbeitslosigkeit mehr. Wir würden im Paradies leben.

So sind auch die Arbeitszeitverkürzungs- und Arbeits„verteilungs"-Modelle, wie sie vor einiger Zeit unter den Firmennamen RWE, VW und Mohn durch die Medien gingen, einzelwirtschaftlich nichts anderes als Verzweiflungstaten der betreffenden Unternehmen zur Erleichterung des übermäßigen Lohndrucks, die jedoch nur kurz- bis mittelfristig funktionieren können. Gesamtwirtschaftlich sind es Selbstverstümmelungsmaßnahmen, ein volkswirtschaftlicher Selbstmord auf Raten. Sogar dann, wenn die Verringerung der Arbeitszeit (ob Wochen-, Jahres- oder Lebensarbeitszeit) der vorhandenen Belegschaft vollständig durch Neueinstellungen kompensiert werden würde (was nicht der Fall ist) und wenn es sich bei allen Neueingestellten um bislang dauerhaft Arbeitslose handeln würde (was gewiß ebenfalls nicht zutrifft), so bliebe doch die Tatsache bestehen, daß mit MEHR Beschäftigten die GLEICHE Arbeitsmenge geleistet werden würde. Der gesamtwirtschaftliche Output bliebe also bestenfalls derselbe, was bedeutet, daß der Wachstumseffekt des Einsatzes von mehr Händen und Köpfen ausbleibt und verschenkt wird. Soweit dabei noch das Rentenalter vorverlegt wird, handelt es sich für diesen Teil um eine Verlagerung der Arbeitskosten auf nachfolgende Generationen. Eine – vorübergehende – „Verbesserung" des gesamtwirtschaftlichen Aufwand/Nutzen-Verhältnisses würde nur dann vorliegen, wenn es keine Möglichkeit gäbe, die bislang Arbeitslosen auf andere Weise in den Arbeitsprozeß einzugliedern. Und das ist – nach allem Gesagten – nicht der Fall.

(Völlig anders stellen sich die Dinge bei den Flexibilisierungs-Modellen der individuellen Arbeitszeit dar, bei denen die gesamte Jahres- und Lebensarbeitszeit nicht verkürzt wird. Hier wird dem einzelnen Arbeitnehmer mehr Entscheidungsfreiheit über die Einteilung seiner Tätigkeitszeiten eingeräumt, was unter dem Freiheitsaspekt des Individuums positiv zu werten ist, soweit die gesamtwirtschaftlichen Opportunitätskosten dadurch nicht mehr ansteigen als die Summe der Einzelnutzen aus dem Flexibilitätsgewinn. Bisher haben die Gewerkschaften sich jedoch mit einem kaum zu beschreibenden „Affentanz" gegen solche

232 Freiheit und Arbeit

Modelle gewehrt, weil ihr Einfluß um so schwächer wird, je souveräner die Arbeitnehmer über ihre Zeit verfügen können. Erst neuerdings wächst unter dem Druck der sogenannten Basis die Bereitschaft zum Einlenken.)

Als noch weit unredlicher als die arithmetischen Taschenspielertricks mit der Arbeitszeitverkürzung, aber auch als verhängnisvoller für die Entwicklung der marktwirtschaftlichen und rechtsstaatlichen Gesellschaftsordnungen, werden sich auf Dauer die mythologischen Rechenkünste von der „gerechteren Verteilung" der Arbeit erweisen. Renate Merklein hat recht, wenn sie schreibt: „Die Verteilung von Geld und Gut [und in diese Kategorie fällt auch die Arbeit, Anm. d. Verf.] ... entzieht sich allen Gerechtigkeitskategorien. Der Markt verteilt Einkommen nicht als eine Art von Zensuren für Leistung und Tüchtigkeit. Er verteilt vielmehr wertungsfrei ausschließlich nach Knappheit; wenn er daran aus Gerechtigkeits- oder sonstigen Gründen gehindert wird, sind Ineffizienz und Verschwendung die unausweichliche Folge." Und: „Von jenen, die mit dem Ziel 'Gerechtigkeit' (soziale) starten, wird am Ende immer nur Enge in den Staatshaushalten und Verarmung bei den Bürgern produziert." (Merklein 1993)

Da sich das Mammut-Thema der „Sozialen Gerechtigkeit" als der leersten aller mystischen Worthülsen des Wohlfahrtsstaates (zu denen auch die „gerechte Verteilung der Arbeit" gehört) auf dem hier begrenzten Platz nicht hinreichend darstellen läßt, sei nur schlaglichtartig hinzugefügt: Mit dieser Lieblingsvokabel des politischen Pharisäertums haben wir in den letzten Jahrzehnten die ökonomischen Märkte, die nach Gewinnanreizen arbeiten und hocheffizient sind, sukzessive an den politischen Markt ausgeliefert, der nach Machtanreizen funktioniert und sich reihum als untauglich zur Lösung ökonomischer Probleme erwiesen hat. Wo immer etwas staatlich initiiert, organisiert, finanziert und gelenkt wird, muß das Ergebnis ineffizient sein, weil solche Unterfangen außerhalb des im Privatbereich selbstverständlichen Verlust- und Haftungsrisikos stehen, sowie außerhalb des „trial-and-error"-Korrektivs des Wettbewerbs. Als Mindestgebot müssen ökonomische Aktivitäten des Staates also kontrolliert werden, weil der Vorgang stets Verfügung über fremdes Geld, fremdes Eigentum oder fremde Rechte impliziert – und weil (im Unterschied zu privaten Investitionen) der Finanzier nicht selber die

Kontrolle ausüben kann. Kontrolle aber bedeutet Macht. Das heißt: Die Macht des Staates wird durch (staatliche) Kontrolle nicht eingeschränkt, sondern gesteigert. Deshalb bedarf die Kontrollinstanz der Oberkontrolle. Und das wiederum bedeutet noch mehr Macht. Der Staat und seine Handlungsmuster sind *wesensmäßig* ein Krebsgeschwür: Denn wenn sie auch nur dem ganz natürlichen Gesetz des Lebens, dem Wachstum folgen, so heißt das: Wuchern, Metastasen, Siechtum und Verderben. Milton Friedman hat das in den lapidaren Satz gegossen: „Wir haben den funktionierenden [ökonomischen] Markt ausgehungert und den untauglichen [politischen] Markt gemästet. Dies ist im wesentlichen die Geschichte der letzten 60 Jahre." (Friedman 1993)

Jedenfalls werden wir das Höchstmaß an jener undurchführbaren Form der Gerechtigkeit zweifelsfrei erst dann erreicht haben, wenn wir alle als Penner durch zerfallende Städte irren. Und diese Entwicklung ist alles andere als utopisch, denn die „Sozial"-Vokabeln sind die wirksamsten Brenneisen, mit denen der Sozialismus in die Hirne und Herzen der Menschen eingebrannt wird. Geglüht werden sie auf den pseudo- (weil kollektiv-) moralischen Feuern der politischen Gesellschaftsingenieure und Berufsaltruisten.

Bleibt noch die Betrachtung des staatlichen Bereichs der Arbeitsmarkt-Interventionen, also vor allem die sogenannte Beschäftigungsförderung mit einer reichen Palette von gesetzlichen, judikativen, fiskalischen und budgetpolitischen Maßnahmen, sowie das große Feld der sogenannten arbeitsplatzerhaltenden Subventionen. Sie reichen von den legislativen Regelungen zur Frühpensionierung, von Zwangsquoten für Behinderte sowie von jeder Art Kündigungshindernis über die gesamte Elendsskala der arbeitsrechtlichen Gerichtsbarkeit und lyrischen Neuschöpfungen wie dem „Zweiten Arbeitsmarkt" oder „Beschäftigungsgesellschaften", bis hin zum Massenbegräbnis-Paragraphen 613 a BGB für notleidende (und deshalb verkaufswillige) Unternehmen, zu einem jede Vorstellungskraft sprengenden Verhinderungs- und Lähmungs-Fiskalismus für unternehmerische Aktivitäten und bis zu den labyrinthischen Verquickungen zwischen den öffentlichen Haushalten und den Budgets der Bundesanstalt für Arbeit oder der Kranken- und Rentenkassen. Hierher gehören natürlich auch alle Formen staatlicher Konjunktur- und Wachstumspolitik sowie alle Förderungs- und Erhaltungssubventionen für Unternehmen, Branchen, Gebiete, etc. Das alles kann hier natürlich nicht im Detail, sondern bestenfalls streiflichtartig und unter prinzipiellen Aspekten behandelt werden.

Dabei stoßen wir – wie bei den meisten Problemen des politischen Aktionismus – auf die beiden Urweisheiten der Nationalökonomie. Irgendein kluger Kopf unserer Profession, ich glaube es war der genialische Henry Hazlitt, hat einmal gesagt, es gäbe für die Unterscheidung zwischen guten und schlechten Ökonomen zwei ebenso einfache wie grundlegende Kriterien: 1. ob der jeweilige Kandidat zwischen den kurz- und den langfristigen Wirkungen einer Maßnahme unterscheiden könne, und 2. ob er zwischen deren sichtbaren und unsichtbaren Konsequenzen zu differenzieren vermöge. Bei jeder Art staatlicher Aktivität zur Beschäftigungsförderung und/oder Arbeitsplatzsicherung (außer beim Setzen des richtigen freiheitlichen Ordnungsrahmens) schlägt die mangelnde (und oft in bewußter Absicht vernachlässigte) Beachtung dieser beiden Kriterien mit voller Schadenswucht zu. In kurzer Sicht mag es einem staatlichen Beschäftigungsprogramm gelingen, einige neue Arbeitsplätze zu schaffen, schon auf mittlere, erst recht aber auf längere Sicht jedoch werden damit nicht nur keine neuen Arbeitsplätze kreiert, sondern sogar vorhandene zerstört und zukünftig mögliche verhindert. Denn alle diese Programme müssen vom Steuerzahler – ob Konsument, Arbeiter oder Produzent – bezahlt werden. Also werden Mittel sowohl aus dem Konsum- als auch aus dem Investitionssektor abgezogen. Die an anderer Stelle mit staatlichen Dirigismen und Subventionen „geschaffenen" Jobs sind stets weniger produktiv als diejenigen, die der Markt erzeugen oder aufrechterhalten würde (wenn man ihn nur nicht behindert oder verzerrt hätte), weshalb früher oder später einsetzende Bereinigungskrisen unvermeidlich sind. Per saldo tritt auf längere Sicht ein Nettoverlust an Arbeitsplätzen ein. Auch wenn die Regierungen die Steuern nicht erhöhen, sondern statt dessen Defizite und Schulden anhäufen, um die Beschäftigung zu fördern, so bedeutet das, daß die Sparer und Käufer der Schuldtitel ihr Geld nun dem Staat leihen anstatt privaten Schuldnern. Der negative Nettoeffekt bleibt der gleiche.

Andererseits sieht man zwar – als Beispiel – die Reifen, die in einem geförderten Unternehmen produziert werden, sowie die neuen oder erhaltenen Arbeitsplätze dort, aber nicht die (in der Marktbewertung weit wertvolleren) Häuser oder Maschinen, die dadurch an anderer Stelle nicht hergestellt wurden, und nicht die produktiveren Jobs, deren Neueinrichtung an anderer Stelle unterbleiben mußte. Außerdem gilt die einfache ökonomische Wahrheit, die das Mitglied des Sachverständigenrats, Horst Siebert, auf den kurzen Nenner gebracht hat: „Jeder, der zusätzliche Ausgaben des Staates fordert, sollte sich nichts vormachen: Er greift dem Arbeitnehmer in die Tasche, denn die Steuern müssen bei einer Arbeitseinkommensquote von 80 Prozent am Volkseinkommen letztlich vom Faktor Arbeit, also der breiten Masse der Bevölkerung getragen werden." (Siebert 1995) Und den Satz des Ministerpräsidenten von Sachsen-Anhalt, Reinhard Höppner, es sei besser, Menschen für Arbeit zu bezahlen als für Arbeitslosigkeit, ordnet Wolfgang Reeder treffenderweise der „demagogischen Ökonomie" zu und führt aus: „Wenn wir Menschen für Arbeit bezahlen statt für die Arbeitslosigkeit, so müssen wir außer den Personal- auch die Kapital-, die Material-, die Umweltkosten finanzieren. Ein Bergmann kostet Bürger und Steuerzahler das Dreifache seines Nettolohnes. Von 100,- DM Ausgaben für Agrarmarktordnungen kommen 20,- DM bei den Landwirten an. Arbeit statt Arbeitslosigkeit zu finanzieren, kostet das Drei- bis Fünffache. Und diese Mittel müssen andere Unternehmer, Arbeitnehmer, Verbraucher mit Steuern und Preisen aufbringen." (Reeder 1994, S. 36)

All die politische Lyrik vom „zweiten Arbeitsmarkt", „Beschäftigungsgesellschaften", „Arbeitsbeschaffungsmaßnahmen" und wie die unsere Sprache und unser Denken vergiftenden Neuschöpfungen noch heißen, laufen letztlich nur auf die Finanzierung versteckter Arbeitslosigkeit (anstelle von offizieller Arbeitslosigkeit) hinaus und blockieren den für die Beschäftigungspotentiale der Zukunft so wichtigen Strukturwandel und die für den Produktionsfaktor Arbeit unerläßliche Produktivität. Solche politischen Gauklerstücke führen zielsicher in die Schaukasten-Vollbeschäftigung nach dem Muster der vormaligen DDR und in das bekannte Finale der Tragödie.

Zu einer Zeit als das politische Beschäftigungsförderungs-Fieber noch in Form der Medizinalvokabel „Konjunkturspritze" grassierte, nämlich in den sechziger Jahren, hatte der große Währungstheoretiker L. Albert Hahn bereits die Politik davor gewarnt, „mit konjunkturellen Kanonen gegen strukturelle Spatzen [zu] schießen." (Hahn 1967, S.17) Das Ergebnis, so Hahn, sei stets das Gegenteil des Angestrebten, und die mit leichterem oder vermehrtem Geld geführten Kampagnen zur Beseitigung der Arbeitslosigkeit würden stets nach gewisser Zeit zu einer Vergrößerung der Arbeitslosigkeit führen. Nicht zuletzt deshalb, weil dabei der Produktionsfaktor Kapital in Relation zum Produktionsfaktor Arbeit verbilligt werde, was zu einer Substitution von Arbeit durch Kapital führe.

In tieferer Betrachtung sind das alles Spätfolgen der verheerenden Keynes'schen Theorie, die wahrscheinlich weltweit mehr ökonomischen Schaden angerichtet hat als alle Zerstörungen des Zweiten Weltkrieges – und die wohl am trefflichsten besagter Albert Hahn mit dem Satz charakterisiert hat: „Im Grunde hat Keynes nichts anderes getan, als aus der Not nach unten starr gewordener Löhne die Tugend einer Inflationstheorie der Beschäftigung zu machen." (Ebenda, S. 13) Trotz akribischer theoretischer Widerlegung durch viele der besten Ökonomen unserer zweiten Jahrhunderthälfte und trotz dutzendfacher Beweise seiner Fehlerhaftigkeit in der wirtschaftlichen Praxis der Industrienationen hält sich das keynesianische Denken hartnäckig in den Köpfen der politischen Machbarkeitsgläubigen. Das ist auch nicht verwunderlich, hat es doch der politische Dauerdividenden abwerfenden Vulgärökonomie akademische Weihe verliehen. Dennoch grenzt es an ein Wunder, wenn auch ein schauerliches, daß kürzlich die Sozialdemokraten erneut ein Milliardenprogramm zur Ankurbelung der deutschen Wirtschaft gefordert haben – und das ungeachtet der jüngsten Erfahrung der Japaner, die feststellen mußten, daß ihre aus drei dicht aufeinanderfolgenden Stimulierungsprogrammen bestehenden Herkules-Pakete wirkungslos blieben. (Der Zürcher Publizist Walter Hirt bezeichnete das 480-Milliarden-Mark-Monster zutreffend als das größte keynesianische Konjunkturprogramm, das die Weltgeschichte jemals gesehen hat.)

Welch eigenartige Vorstellung, man könne einen Vielfraß, der nach maßlosen Völlerei-Orgien mit Blähungen, Bauchschmerzen und Kurzatmigkeit darniederliegt, dadurch wieder auf die Beine bringen, daß man ihm eine besonders üppige und fette Mahlzeit einflöße.

Bleibt noch, einen kurzen Blick auf die unendliche Geschichte bzw. auf das ins uferlose ausgeartete Thema „Sozialversicherung" zu werfen. Auch hierzu müssen deshalb einige generelle Anmerkungen genügen:

Der von Fürst Bismarck aus machtpolitischen Gründen durchgeführ-

te und bis heute fortwirkende Geniestreich, die Sozialversicherungsbeiträge zwischen Arbeitgebern und Arbeitnehmern hälftig aufzuteilen,
war und ist in mehrfacher Hinsicht eine Fiktion:

1. verbaut dieser Trick dem Arbeitnehmer die Sicht auf sein VOLLES
Arbeitsentgelt und die VOLLEN Sozialversicherungsabzüge davon,
denn auch der sogenannte „Arbeitgeberbeitrag" ist de facto in voller
Höhe Lohnbestandteil, der eigentlich dem Arbeitnehmer zustünde;
2. belastet, betriebswirtschaftlich gesehen, nicht nur der Arbeitgeberanteil an den Sozialversicherungsabgaben die Unternehmenskalkulation,
sondern auch die vom Arbeitnehmer getragenen Beträge. Beides sind –
zusätzlich zum reinen Lohn – Kosten des Faktors Arbeit. Besonders
deutlich wird das bei einer Erhöhung der Sozialabgaben-Prozentsätze.
Dann erhöhen sich nämlich, obwohl es nur nach einem Mehrabzug vom
Bruttolohn aussieht, die absoluten Lohnkosten, weil die Arbeitnehmer-
vertretungen in aller Regel mindestens auf gleichem Nettolohn bestehen
und die (scheinbar nur „internen") Erhöhungen auf die Tarifforderungen
aufschlagen. 3. verteuern die Lohnnebenkosten in Form der Sozialversicherungen (über die Kalkulation) die Preise der hergestellten Güter
oder bereitgestellten Dienste. Der Arbeitnehmer, der stets auch Verbraucher ist, wird also – auch in Höhe der Arbeitgeberbeiträge – nochmals
belastet.

Es ist an der Schwelle des dritten Jahrtausends an der Zeit, dem Sozialstaat diese den mündigen Bürger verhöhnende Maske vom Gesicht zu
reißen, damit endlich für jeden einzelnen sichtbar wird, was ihn die sozialen Beglückungen tatsächlich kosten und in welchem Ausmaß ihm die
Früchte seiner Arbeit aus der Tasche gezogen werden. (Es ist mehr als
genug der Täuschung, daß er nicht sehen kann, was ihm die Inflation und
die Bereitstellung der öffentlichen Güter heimlich und auf versteckten
Umwegen entwendet.) Deshalb sollte er in der Diskussion mit seinen
politischen Repräsentanten darauf bestehen, daß allen arbeitenden Menschen das VOLLE Bruttoarbeitsentgelt – inklusive der Lohnsteuern
sowie der Arbeitnehmer- UND Arbeitgeberbeiträge zu allen Sozialver-
sicherungssparten ausbezahlt werden. Der Arbeitnehmer sollte sich für
mündig genug halten, seine Steuern und Sozialversicherungsbeiträge selber abzuführen. Konsequenterweise sollte er sogar noch weitergehen
und auch darauf drängen, daß die bislang gänzlich versteckten Lohn-

kostenbestandteile ausschüttungsfähig gestaltet werden. Beispielsweise ein Zusatzlohn für seinen (ihm dann freistehenden) Verzicht auf Kündigungsschutz, ein Zusatzlohn für jeden von ihm freiwillig zugestandenen Karenztag im Krankheitsfall (also für jeden Tag, den der Arbeitgeber im Krankheitsfall nicht zahlen müßte) und einen Zusatzlohn für die freiwillige Zusage der Nichtbeteiligung an Streiks, usw. Auf diese Weise könnte jeder Arbeiter und Angestellte selber bestimmen, was ihm die zusätzliche Sicherheit der einen oder anderen Art wert ist oder nicht. Das Sicherheitsbedürfnis hinsichtlich der Risiken „Krankheit", „Arbeitslosigkeit", „Invalidität", „Alterseinkommen" etc. ist ja – je nach Alter, Vermögen, familiärer Situation, Vertrauen in die eigenen Fähigkeiten, Mobilitätsbereitschaft, etc. – ganz unterschiedlich. Der mündige Bürger würde bei einer solchen Handhabung auch die Mittel erlangen, um sich seine eigenen Sicherungssysteme nach individuellen Präferenzen oder Risikokalkülen aufbauen zu können. (Das alles würde eine Mindestversicherungs-Pflicht gegen extreme Risiken nicht ausschließen; jedoch sollte auch hierfür nicht der Weg über ein staatliches Monopol, sondern über die konkurrierenden privaten Versicherungsunternehmen gewählt werden, wobei es von besonderer politischer Klugheit zeugen würde, den verschiedenen Gewerkschaften die Arbeitslosenversicherung zu übertragen.)

Carl Christian von Weizsäcker hat einmal in einem brillanten Essay und am Beispiel der Diskussion um die Pflegeversicherung aufgezeigt, wie der besagte uralte Bismarck-Trick den Gewerkschaften dazu dient, das „Primitivdenken" zu fördern und ihre Klientel in der Illusion zu wiegen, auf ihre vermeintlichen Interessenvertreter angewiesen zu sein. „Die Frage, ob Karenztage bei der Lohnfortzahlung im Krankheitsfall als Ausgleich für den Arbeitgeberanteil der Pflegeversicherung eingeführt werden sollen", schreibt er, „wird... von den Gewerkschaften so dargestellt, als ginge es hier um einen Verteilungskampf zwischen Arbeitgebern und Arbeitnehmern. In Wirklichkeit geht es aber um einen Verteilungskampf innerhalb der Arbeitnehmer, nämlich zwischen denen, die mehr – und denen, die weniger von der Lohnfortzahlung im Krankheitsfall profitieren. Ist dies schon Tollheit, hat es doch Methode. Weitverbreitete Denkfehler dieser Art sind nicht zufällig. Sie stützen die Interessen jener, die in der politischen Arena ... für ihre Klientel Gedanken und Forderungen formulieren. (Weizsäcker 1994, S. 114)

Generell kann man sagen: Wer die Arbeit zum Zwecke der Finanzierung des Sozialstaats belastet, fördert massiv die Verarmung eines Volkes. Nicht nur, weil das Sozialsystem des Wohlfahrtsstaates früher oder später unfinanzierbar wird und – mit dramatischen Verarmungsfolgen – zusammenbrechen muß. Und nicht nur, weil das übertrieben eng geknüpfte soziale Netz die Leistungsanreize verkümmern läßt, sondern auch, weil die Schere zwischen kostenbedingt schrumpfenden Renditeaussichten des Investiv- oder Sachkapitals einerseits und den wachsenden Rendite-(Verzinsungs-)Verlockungen des Geldkapitals andererseits zu einer gigantischen Gasblase des internationalen Finanzsystems führt. Die Gegenbuchung zu diesem „Super-Bubble" sind unterbliebene Investitionen (Erhaltungs- und Neuinvestitionen). Es wird also im wahrsten Sinne des Wortes ein „Scheinreichtum" angehäuft, der in Wirklichkeit nur illusionärer Ersatz für echten Reichtum ist, im Kern also fortschreitende reale Verarmung.

Mit einer solchen realistischen Sicht der Dinge setzt man sich natürlich unweigerlich dem empörten Aufschrei jener stolz besoldeten Hohepriester der „öffentlichen Moral" aus, die heute mehr denn je die Medientempel des Meinungsmonopols besetzt halten. Alles (Unterstellung Nr.1) unter dem ausschließlichen (Unterstellung Nr. 2) Aspekt der Ökonomie zu sehen – so ihr prinzipieller Vorwurf –, auch und besonders den zutiefst menschlichen Teil des Lebens, nämlich die Arbeit, sei zynisch und menschenverachtend (Unterstellung Nr.3, soweit Wahrheit nicht per se zynisch und wissenschaftliche Analyse nicht eo ipso menschenverachtend ist). Deshalb soll an dieser Stelle abschließend das Phänomen Arbeit noch aus moralischer, ja sogar aus religiöser Sicht (natürlich nach der gewiß nicht weitverbreiteten Auffassung des Verfassers) gestreift werden:

„Arbeit" ist ein zentraler Begriff in den biblischen Texten. Nicht ohne Grund galten die arbeitsethischen Tugenden wie Fleiß, Tüchtigkeit, Sparsamkeit, Disziplin und haushälterische Verwaltung jahrhundertelang als christliche Gebote und als Begleitmerkmale des frommen gottesfürchtigen Lebens. Gott, so die Botschaft der biblischen Bilder, hat den Menschen nach seinem Ebenbild, also als Mitschöpfer erschaffen und hat ihm die Erde zur gestalterischen Entwicklung überlassen. Die Arbeit ist hierbei die willens- und intellektgesteuerte Kraft, welche die Materie vermittels Phantasie und Kreativität erst zum Partner, zum Werkzeug und

zum Produkt des Geistigen und des Lebendigen macht. Die physische
Welt wird nach den Vorstellungen des Menschengeistes geformt und gewinnt durch gestaltende Arbeit erst Sinn. Kurz: Arbeit ist nicht nur notwendiges Mittel zur Existenzsicherung, es ruht in ihr auch eine ernste
Würde und ein tiefreligiöses schöpferisches Element.

Auch unter diesem Aspekt (und nicht nur unter dem Gesichtspunkt
der Effizienzminderung und der Ressourcenverschwendung) ist jede Art
von staatlichem Protektionismus, von strukturerhaltenden Subventionen
und von vermeintlich „beschäftigungssichernden" Maßnahmen eine
Sinnentleerung der menschlichen Arbeit und eine Versündigung an
ihrem schöpfergegebenen Auftragscharakter. Wenn Hunderttausende
von Europäern damit beschäftigt sind, Früchte, Getreide, Gemüse und
tierische Produkte zu produzieren, die hinterher entweder sinnlos und
aufwendig gelagert oder unter weiterem riesigen Arbeitsaufwand wieder
vernichtet werden, wie das die sozialistische (vom Sozialisten Sicco
L. Mansholt konstruierte) EG-„Agrarmarktordnung" seit Jahrzehnten
induziert, organisiert, prämiert und praktiziert, dann bedeutet das
gleichzeitig Sinnbetrug an den arbeitenden Menschen und Verhöhnung
des göttlichen Auftrags zur schöpferischen Mitgestaltung der Erde und
ihrer Fruchtbarkeit.

Dabei sollte nicht übersehen werden, daß auch die Begleiterscheinungen dieses frevlerischen Tuns, die Überdüngung der Böden in öden
Monokulturen, die Verseuchung des Grundwassers durch chemische
Pflanzenschutz- und Düngesubstanzen, die Zerstörung der Pflanzenviel-
falt (durch genormte Europrodukte) und der subventionierte Mißbrauch
der Tiere in Massenhaltungen, dem biblischen Gebot von der verant-
wortlichen Umsicht des „guten Verwalters" zuwiderlaufen. Und auch
jene Milliardensubventionen, mit denen der destruktive Prozeß in Gang
gehalten wird, müssen ja der Arbeit von Menschen (Steuern, Abgaben,
Zölle) und der Brieftasche der Konsumenten (übereteuerte Produkte) entstammen, deren diesbezüglicher Arbeitsaufwand somit in indirekter
Weise dem planwirtschaftlichen Irrwitz unterworfen und ebenfalls zu
entsprechenden Teilen seines Sinnes entleert wird. Ganz zu schweigen
von den innovativen und kreativen Leistungen, die wegen solcher Ressourcenverschwendung , solcher Kapitalbindung und solcher fehlgelenk-
ten Arbeitskraft verhindert werden bzw. erst gar nicht entstehen können.

Gleiches oder ganz Ähnliches gilt für alle Arten von Subventionen, also auch für strukturerhaltende und (allenfalls kurzfristig wirksame) „arbeitsplatzsichernde" Maßnahmen im industriellen Sektor. Wenn bspw. der deutsche Kohlebergbau jahrzehntelang mit gigantischen Milliardensummen konserviert wird, dann impliziert das nicht nur massiven Betrug an den Steuerzahlern und Konsumenten, sondern auch eine tiefe Verletzung des Arbeitssinnes und der Arbeitswürde der Kumpel, die ihre Lebensarbeitszeit im Bewußtsein der Vergeblichkeit, ja sogar Schädlichkeit ihrer Mühen verbringen müssen. Darüber hinaus dürfte es dem Verständnis der Menschen vom Segen und Wert ihres Tuns in dieser Welt wenig zuträglich sein zu wissen, daß sie von der Wiege bis zur Bahre auf Kosten anderer leben.

Nicht anders verhält es sich mit dem gesamten Komplex der lohn- und lohnnebenkosteninduzierten Arbeitslosigkeit und mit jenen staatlichen Beschäftigungsprogrammen, die stets nur an Symptomen herumkurieren. Auch hier – wie bei allen politischen Interventionskaskaden – liegen die Ursachen der Misere letztlich darin, daß man die Bestimmung der Preise (hier: Lohnsätze) nicht dem freien Spiel von Angebot und Nachfrage, also nicht dem Markt überläßt, der allein die Knappheitsrelationen der Ressourcen (auch der menschlichen Ressource „Arbeit") und die wahre Bedürfnisstruktur der Konsumenten anzeigen kann. Statt dessen bestimmen die parteipolitisch flankierten Macht- und Profitinteressen der Tarifkartelle über den Preis (ja sogar über den „Einheitspreis") des wichtigsten Eigentums eines jeden Menschen, nämlich über den Preis seiner Arbeitskraft. Von Margaret Thatcher, der „eisernen Lady", stammt der treffliche Satz: „Des Menschen größte Ressource ist er selber, aber er muß frei sein, um diese Ressource nutzen zu können." So aber, in der Unfreiheit staatlich strangulierter Märkte, erhalten die einen, dank der Erpressungsgewalt der Kartellfunktionäre, mehr als ihre Arbeit wert ist (auch im Sinne des gestalterischen Schöpfungsauftrags) und mehr als ihnen nach dem Maßstab der wahren Bedürfnisstrukturen und echten Knappheitsrelationen zusteht. Und die anderen werden ihrer Mitgestaltungsmöglichkeiten an den göttlichen Geschenken namens Erde, Leben und Fortschritt beraubt und müssen statt dessen von entwürdigenden Almosen leben. (Die Arbeitslosengelder beispielsweise bleiben auch dann Almosen, wenn man dem gigantischen Umverteilungsmechanismus, den die Sozialgesetzgeber mit Verträgen zu Lasten Dritter in Gang setzen, das Schwindeletikett „Versicherung" aufklebt. Um kein Almosen, sondern echte Leistung auf Gegenseitigkeit [mit Solidaranteil wie bei jeder Versicherung natürlich] zu sein, müßte die Arbeitslosenversicherung auf freiwilliger Basis nach individuellen Risikokalkülen erfolgen können.)

All dieser über eine solide Ordnungspolitik hinausgehende sozial-, wirtschafts- und gesellschaftspolitische Machbarkeitswahn erweist sich also letztlich – unter den Auspizien religiös-christlicher oder moralischer Betrachtung des Phänomens „Arbeit" – als Frevel. Als Frevel an dem auf Kreativität und Erneuerung, auf Wandel und Verbesserung gerichteten Schöpferauftrag an den Menschen, im Schweiße seines Angesichts das Gesicht und die Fruchtbarkeit der Erde mitzugestalten. Nicht nur der fundamentalistische Sozialismus, der uns die Konstruierbarkeit irdischer Paradiese und die Inthronisierung der Götzen „Absolute Vernunft", „Autonome Gesellschaft" und „Soziale Gerechtigkeit" vorgaukelt, erweist sich in letzter Konsequenz als Gotteslästerung. Auch der schleichende Halb- und Dreiviertel-Sozialismus des demokratischen Interventions-, Protektions-, Subventions- und Umverteilungsstaates setzt ein weit über die materielle Sphäre hinausreichendes Zerstörungswerk in Gang. Hinter der ökonomischen Effizienz- und Wertminderung des Faktors Arbeit wird dem metaphysisch sensibilisierten Auge der tiefere Kern des Geschehens sichtbar: ein ersatzreligiöser blasphemischer Kult. Nicht ohne Grund schwinden Religion und christlicher Glaube im Wohlfahrtsstaat dramatisch. Im „alten Vorbild" Schweden ist die Entchristlichung konsequenterweise zur Perfektion gediehen. Wenn die Kirchen, wie bislang, fortfahren, den egalitaristischen Veitstanz der Parteien mit ihren Gesängen und Kanzelreden (in völligem Mißverständnis des Prinzips der Nächstenliebe) zu begleiten und anzuheizen, dann wird der Tag nicht mehr fern sein, an dem die Glocken Europas schweigen und nur noch die Hohepriester der Massenmedien und der Funktionärspaläste ihre sozialkleptokratische Liturgie zelebrieren werden. Doch dann wird es das (christliche) Abendland nicht mehr geben. Wie sein nicht-innerweltliches Gegenstück „Luzifer", so hat auch Leviathan tausend Namen und tausend Methoden, die Menschen und ihre Welt zu zerstören.

Anmerkung

1 Auf diese Schriften wurde ich durch den Beitrag „Der deutsche Liberalismus und die deutsche Freihandelsbewegung – Eine Rückschau" von Ralph Raico in der „Zeitschrift für Wirtschaftspolitik", 36. Jhrg., S. 263–281 aufmerksam. Professor Raico ist einer der brillantesten Historiker der USA, Hayek-Schüler und exzellenter Kenner der deutschen Geschichte.
Eine entsprechende Würdigung von John Prince-Smith sowie aller namhaften Köpfe des deutschen Liberalismus (vor allem im 19. Jahrhundert) findet sich in Gerd Habermanns „Der Wohlfahrtsstaat – Geschichte eines Irrwegs" (Propyläen: Berlin 1994), dem wohl bedeutendsten Standardwerk zu diesem Thema.

Literatur

Engels, Wolfram 1992: Kommentar „Moral als politische Waffe", in: WirtschaftsWoche Nr. 52 v. 18.12.1992.

Engels, Wolfram 1994: Kommentar „Sabotage", in: WirtschaftsWoche v. 22.12.1994.

Engels, Wolfram 1995: Umrisse einer neuen Gesellschaftsordnung, in: Detmar Doering / Fritz Fliszar (Hrsg.): Freiheit: Die unbequeme Idee (DVA: Stuttgart), S. 57–98.

Friedman, Milton 1993: Rede bei der Einweihung der neuen Zentrale des Cato-Instituts im Sommer 1993.

Giersch, Herbert 1986: Die Ethik der Wirtschaftsfreiheit, in: Vaubel/Barbier (Hrsg.): Handbuch Marktwirtschaft (Neske: Pfullingen), S. 12–22.

Habermann, Gerd 1995: Das ‚Soziale'- ein Mythos des 20. Jahrhunderts, in: Werner Bruns/Walter Döring (Hrsg.): Der selbstbewußte Bürger – Die liberalen Perspektiven (Bouvier: Bonn), S. 302–314.

Hahn, L. Albert 1967: Ewige Hochkonjunktur und Kommandiertes Wachstum. Vorträge und Aufsätze des Walter Eucken Instituts, Nr. 17 (Mohr: Tübingen).

Kronberger Kreis 1995: Dossier „Arbeitslosigkeit und Lohnpolitik – Die Tarifautonomie in der Bewährungsprobe", Argumente zur Wirtschaftspolitik Nr. 52 v. Juni 1995 (Frankfurter Institut).

Prince-Smith, John 1877a: Die sogenannte Arbeiterfrage, in: Otto Michaelis (Hrsg.): John Prince-Smith: Gesammelte Schriften, Berlin, Bd. 1.
1877 b: Der Mensch, ebenda, S. 21–23.

Radnitzky, Gerard 1982: Das Verhältnis von individuellen Freiheitsrechten und Sozialrechten, in: L. Bossle/G. Radnitzky (Hrsg.): Die Selbstgefährdung der offenen Gesellschaft (Naumann: Würzburg), S. 63–125.

Reeder, Wolfgang 1994: Kritik der demagogischen Ökonomie, in: Die politische Meinung, Nr. 298 v. Sept. 1994, S. 36–38.

Ruch, Peter 1992: Artikel „Das Drogenproblem – Fluchtpunkt eines fragwürdigen Menschenbildes", in: Neue Zürcher Zeitung vom 10. Sept. 1992.

Walters, Sir Allan 1994: Jobs and how to lose them, in: economic affairs, vol. 14, No. 4, June 1994, S. 47.

Weizsäcker, Carl Christian von 1994: Verkürztes Denken – der entmündigte Bürger, in: liberal 36/3, August 1994, S. 109–118.

Die Autoren

ANTHONY DE JASAY

Anthony de Jasay verließ sein Heimatland Ungarn zur Zeit der kommunistischen Machtübernahme im Jahr 1948. Er ist Absolvent der Universitäten von Budapest und West-Australien. Er war Ökonom an der Universität Oxford und Investmentbanker in Paris. Heute lebt er als Privatgelehrter in der Normandie (Frankreich).

Veröffentlichungen

Aus den zahlreichen Publikationen A. de Jasays sind vor allem drei Werke zu nennen, die auf dem Gebiet der Politischen Philosophie Weltruhm erlangt haben:
- The State, 1985, Oxford, Blackwell;
- Social Contract, Free Ride: A Study of the Public Goods Problem, 1989, Oxford, Clarendon Press;
- Choice, Contract, Consent, 1991, London, Institute of Economic Affairs.

Seine Werke wurden auch ins Spanische, Französische und Deutsche übersetzt.

VÁCLAV KLAUS

Geb. 1941 in Prag, verheiratet, zwei Söhne. Studium und Abschluß an der Prague School of Economics 1963. Weiteres Ökonomie-Studium in Italien und an der Cornell University. Bis 1970 Forschungsarbeit am Ökonomischen Institut bei der Tschechischen Akademie der Wissenschaften. Nach dem Einmarsch der Warschauer Pakt-Truppen in die Tschechoslowakei war Václav Klaus gezwungen, die Akademie aus politischen Gründen zu verlassen. Von 1971 bis 1986 verschiedene niedrigere Positionen in der Tschechoslowakischen Staatsbank. 1987 Erlaubnis zur Rückkehr an die Akademie als Leiter der Abteilung für Makroökonomische Politik des neugegründeten „Institute of Forecasting".

Václav Klaus war einer der Gründer der Tschechoslowakischen Bürger-Forum-Bewegung und wurde zum ersten nicht-kommunistischen Finanzminister nach mehr als 40jähriger kommunistischer Herrschaft in seinem Heimatland berufen. Im Oktober 1991 Stellvertretender Premierminister, und im Juni 1992 – nach dem Sieg in den Parlamentswahlen – Premierminister der Tschechischen Republik.

Zahlreiche Ehrentitel (u. a. der Universitäten von Boston, Guatemala, Guadalajara [Mexico], Prag, Belgrano [Argentinien]) sowie zahlreiche internationale Preisverleihungen (in Deutschland z.B. Ludwig-Erhard- und Konrad-Adenauer-Preis).

Veröffentlichungen

- A Road to Market Economy (English, Top Agency, Praha 1991)
- Tomorrow's Challenge (Prazská imaginace, Praha 1991)
- Economic Theory and Economic Reform (Genex + Top Agency, Praha 1991)
- Signale aus dem Herzen Europas (Gabler, Gennex, 1991)
- I Do Not Like Catastrophic Scenarios (Sagit, Ostrava 1991)
- Dismantling Socialism: A Road to Market Economy II. (English, Top Agency, Praha 1992) Karel Hvizdala: The First on the Right Side (Cartonia, Praha 1992)
- Why Am I a Conservative? (Top Agency, Praha 1992)
- The Year – How much is it in the History of the Country? (Compress, Wien 1993)
- The Czech Way (Profile, Prague, 1994)
- Rebirth of a Country (Ringier, Praha 1994)

NORBERT WALTER

geboren am 23. September 1944 in Weckbach/
Unterfranken. Studium der Volkswirtschaftslehre
an der Universität Frankfurt. Promotion 1971.
1968–71 Institut für Kapitalmarktforschung,
Frankfurt. 1971 Assistent von Professor Giersch
am Institut für Weltwirtschaft in Kiel, danach
Forschungsgruppenleiter, 1975 Leiter der Kon-
junkturabteilung, 1978 Professor und Direktor
am Institut. 1986 John J. McCloy Dist. Research
Fellow / American Inst. for Contemp. German
Studies an der John Hopkins University,
Washington D. C.; 1987 Volksw. Abt. der Deutschen Bank AG, Frankfurt, 1990 Chefvolkswirt
der Deutschen Bank Gruppe, 1992 zusätzlich
Geschäftsführer der D. B. Research.

Veröffentlichungen

Was würde Erhard heute tun? (Poller: o. J.);
Wohin treibt die Wirtschaft? – Die Wende zu
mehr Markt (zus. mit Rüdiger von Voss)
(Seewald: 1984); Der neue Wohlstand der Nation
(Econ: o. J.). Zahlreiche Beiträge in amerikanischen, deutschen, italienischen und französi-
schen Publikationen und Sammelbänden.

GERHARD RADNITZKY

geboren am 2. Juli 1921 in Znaim, Südmähren,
CSR. Kampfpilot später Abfangjäger. Studium an
den Universitäten Stockholm und Göteborg.
Ab 1968 Universitätendozent in Wissenschaftstheorie in Göteborg; 1973–76 ordentlicher Professor an der Ruhr-Universität Bochum, 1976–89
o. Prof. für Wissenschaftstheorie an der Universität Trier. 1972 Visiting Professor an der State
University of New York at Stony Brook; 1978
Fellow of the Japan Society for the Promotion of
Science. Membre Titulaire der Académie Internationale de Philosophie des Sciences; Mitglied der
Mont Pèlerin Society.

Veröffentlichungen

Über 180 Zeitschriftenaufsätze und Buchbeiträge;
Bücher u. a.: „Contemporary Schools of Meta-
science (1968, 1973), „Preconceptions in Research
(1974), Epistemologia e Politica della Ricerca
(1978), Entre Wittgenstein et Popper: le vrai, le
faux, l'hypothése (1987). Herausgeber oder
Mitherausgeber u. a. von: Progress and Rationality
in Science (1979), (beide auch in Deutsch, Ita-
lienisch und Spanisch); Evolutionary Epistemo-
logy (mit W. W. Bartley III, 1987), Centripetal
Forces in the Sciences, 2 vols. (1987, 1988), Universal Economics (1992), Government: Servant or
Master? (mit Hardy Bouillon, 1993), Values and
the Social Order, 2 vols. (mit Hardy Bouillon,
1995).

HANS F. SENNHOLZ

Geb. am 3. Februar 1922 in Lünen-Brambauer, Westfalen. Deutscher Jagdflieger im 2. Weltkrieg. Studium an den Universitäten Marburg, Köln und New York. Promotion zum Dr. rer. pol. in Köln (1949) und Doctor of Philosophy in New York (1955) bei Professor Ludwig von Mises. 1956–1992 o. Professor am Grove City College in Pennsylvania. Seit 1992 Leiter der F.E.E. (The Foundation For Economic Education) in Irvington, New York, der ältesten und einflußreichsten Stiftung zur Erforschung und Verbreitung des liberalen Gedankengutes. Mehrfacher Ehrendoktor.

Veröffentlichungen

Mehr als 600 Aufsätze und Artikel zur amerikanischen Wirtschafts- und Sozialpolitik. Bücher u. a.: „Divided Europe" (1955), „Gold is money" (1975), „Death and Taxes" (1976), „Age of Inflation" (1979) (auch in Spanisch), „Money and Freedom" (1985) (auch in Spanisch und Polnisch), „The Politics of Unemployment" (1987), „Depts and Deficits" (1987).

ROLAND VAUBEL

Geboren 1948. Studium an den Universitäten
München, Oxford und Columbia University
(New York). Bachelor of Arts in Philosophy,
Politics and Economics (1970). Master of Arts in
Economics (1972). Wissenschaftlicher Mitarbeiter
am Institut für Weltwirtschaft, Kiel (1973–84),
zuletzt als Forschungsgruppenleiter. Promotion
zum Dr. rer. pol. (1977) und Habilitation (1980)
an der Universität Kiel. Associate Professor
(1979) und ord. Professor (1980) für Monetary
Economics an der Erasmus Universität Rotter-
dam. Gastprofessor für International Economics
an der Graduate School of Business Administration der University of Chicago (1981). Seit 1984
Professor für Volkswirtschaftslehre an der Universität Mannheim. Mitglied des Wissenschaftlichen Beirats beim Bundesministerium für Wirtschaft und des Academic Advisory Council des
Institute of Economic Affairs, London.

Veröffentlichungen

Monographien (in Auswahl): Strategies for Cur-
rency Unification (1978), Choice in Monetary
Union (1979), Internationale Absprachen oder
Wettbewerb in der Konjunkturpolitik? (1980),
Handbuch Marktwirtschaft (1986, hg. mit Hans
D. Barbier), The Political Economy of Interna-
tional Organisations in International Money and
Finance (1988), Sozialpolitik für mündige Bürger
(1990), The Political Economy of International
Organizations (1991, hg. mit Thomas D. Willett),
The Centralisation of Western Europe (1995).

REVEREND ROBERT A. SIRICO

Gründer und Präsident des Lord Acton Institute
in Grand Rapids, Michigan, sowie Minister of
Reconciliation am Catholic Information Center
in Grand Rapids. Studium an den Universitäten
von Southern California und London. Magister-
Diplom (Master of Divinity) der Catholic University of America. Mitglied der Mont Pèlerin
Society, Adjunct Scholar (Kooptierter Wissenschaftler) am Mackinac Center in Midland, MI,
sowie Mitglied bei der American Academy of
Religion und der Philadelphia Society. Regular
lecturer beim Sommer-Programm der Universität
Aux-en Provence und lecturer an der International Academy of Philosophy in Liechtenstein
sowie an der Universität von Lublin, Polen.
Beirat des Städtischen Instituts von Prag.

Veröffentlichungen

Zahllose Beiträge und regelmäßige Kolumnen in
mehr als zwanzig namhaften Zeitschriften und
Zeitungen der USA, Großbritanniens, Argen-
tiniens, Chiles, Italiens, Ungarns und Venezuelas.
Co-Autor vieler wissenschaftlicher Werke.
Neueste Publikation: A Moral Basis For
Liberty, IEA, London 1994.

WALTER BLOCK

Mitglied der ökonomischen Fakultät am College
of the Holy Cross, Worcester, MA; Adjunct
Scholar (Kooptierter Wissenschaftler) beim Fraser
Institute, Cato Institute und Mises Institute. Mit-
glied bei der American Economic Association, der
Western Economic Ass., der Eastern Economic
Ass., der British Colombia Ass. of Professional
Economists, der Canadian Economic Ass., der
Canadian Ass. for Business Economists und der
American Law and Economics Association.
Vorher Lehraufträge an den Universitäten von
Stony Brook (S.U.N.Y.), Baruch (C.U.N.Y.) und
Rutgers. Rundfunk- und Fernseh-Kommentator.

Veröffentlichungen

Defending the Undefendable (1976), Amending
the Combines Investigation Act (1982), Focus on
Economics and the Canadian Bishops (1983),
Focus on Employment Equity (1985); The U.S.
Bishops and their Critics (1986), Lexicon of
Economic Thought (1988).
Herausgeber von zwölf Büchern sowie Autor
zahlloser Beiträge in Wissenschaftlichen Zeit-
schriften und Jahrbüchern.

ANDREAS K. WINTERBERGER

Geb. 1956. Diplomabschluß an der kantonalen
Handelsschule in Zürich. Bis Oktober 1986 Aus-
landsredakteur der liberalen „Zürichsee Zeitung".
Bis 1990 Leiter der Stelle für Wirtschaft und
Politik am Gottlieb Duttweiler Institut (GDI)
in Rüschlikon. Dann freier Journalist und Ost-
deutschland-Korrespondent. Ab 1994 Deutsch-
land-Korrespondent verschiedener Schweizer
Zeitungen in Bonn. Beiratsmitglied des Liberalen
Instituts in Zürich.

Veröffentlichungen

- Hayek and Liberalism's Future in: Christoph
  Frei / Robert Nef (eds.): Contending with
  Hayek, Peter Lang, Bern 1994;
- Strömungen liberalen und libertären Denkens
  (erscheint demnächst); zahlreiche Aufsätze,
  Beiträge, Artikel und Rezensionen in Büchern,
  Fachzeitschriften und Zeitungen.

ROLAND BAADER

Roland Baader, Diplom-Volkswirt, Jahrgang 1940, studierte Nationalökonomie und Soziologie an den Universitäten Freiburg i. Br. und München. Seine Diplomarbeit (auf dem Gebiet der Wissenschaftstheorie) schrieb er bei Professor Friedrich A. von Hayek im Jahr 1967. Von 1968 bis 1985 Industriemanager und Unternehmensleiter. Ab 1987 freier Autor.

Veröffentlichungen

- Anlage 2000 (Gilliar: Waghäusel 1987)
- Gold: Letzte Rettung ...? (Fortuna: CH-Ebmatingen 1988)
- Kreide für den Wolf – Die tödliche Illusion vom besiegten Sozialismus (Tykve: Böblingen 1991)
- Die Euro-Katastrophe - Für Europas Vielfalt - Gegen Brüssels Einfalt (Tykve: Böblingen 1993)
- Maastricht und die Folgen (I); Was ist Freiheit (II) (Schweizerzeit: CH-Flaach 1994)
- Die Enkel des Perikles (Band 1 der Reihe „Freiheitsdenker der Gegenwart" [Hrsg.], Resch: Gräfelfing 1995)
- Wider die Wohlfahrtsdiktatur (Band 2 [Hrsg.], Resch: Gräfelfing 1995)
- Zahlreiche Artikel und Beiträge in Zeitschriften, Zeitungen, Jahrbüchern.

Wirtschaft und Gesellschaft

Obwohl das Abendland in diesem Jahrhundert die negativen Folgen von Ideologien und Irrlehren auf tragische Weise erfahren mußte, ist die aktuelle Literatur von abenteuerlichen Ideen durchdrungen. Zu den ideologischen Weltbildern gesellen sich pseudoreligiöse Vorstellungen, die in esoterischen Lehren des sogenannten New Age ihre Wurzeln haben.

Ziel dieser Buchreihe ist es, von kompetenten Autoren Gedanken und Konzepte vorzustellen, deren Aussagen frei von derartigen Einflüssen sind. Die Autoren erarbeiten den Inhalt pragmatisch und aufgrund gesicherter wissenschaftlicher Erkenntnisse. Doch dort wo Werturteile gefällt werden müssen, gründen sie auf dem christlich-abendländischen Weltbild.

Autoren und Titel

Heijo Riekmann	Management am Rande des neuen Jahrtausends
Johannes Czwalina / A.Walker	Der Manager zwischen Karriere und Familie
Wolfgang Fikentscher	Die Freiheit und ihr Paradox
Leo A. Nefiodow	Kondratieff-Zyklen – Ein Anti-Krisen-Konzept
Herbert Giersch	Gedanken zur Wirtschaft
Hans Graeve	Der Aufbau der Geschichte und der Gegenwart
Johannes Gründel	Das manipulierte Leben – Gene zwischen Technik und Moral

Die Reihe Wirtschaft und Gesellschaft ist in Vorbereitung.
Die ersten Bände erscheinen Anfang 1996.

Verlag Dr. Ingo Resch Postfach 1469 · D-82156 Gräfelfing
Tel. 089/8 54 65-0 · Fax 089/8 54 65-11